色

中國古代情色文學和春宮祕戲圖

殷登國——著

導讀

殷登國

在四、五十年前，也就是上個世紀六〇、七〇年代，台灣的風氣還是很閉塞的，不但中學施行男女分校，老師在上「生理衛生」課，講到「男女性器官」一節時，也是紅著臉叫同學們自己看。「性」是卑下齷齪、污穢骯髒的，情慾是傷風敗德、不可告人的，我們都天真的以為孔子應該沒有老婆、高高在上的女老師應該不會上廁所。正因為如此壓抑閉塞的環境，才更誘發了青春期的孩童如饑如渴、不擇手段地尋找一切與「性」有關的圖文資料，並且積習成癖，才成就了如今攤在讀者面前的這套《春——中國古代情色文學與春宮祕戲圖》和《色——中國古代情色文學與春宮祕戲圖》。

「情色文學」在我們那個年代不這樣稱呼，我們直指文本地稱它作「黃色小說」。那時能夠在牯嶺街舊書攤買到的，是張競生《性史》和《性史續集》，各有十來篇談個人性經驗的香豔文字，很晚之後才知道三〇年代的《性史》當初曾在上海出版了二十幾集，但都是不堪入目的糟粕之作，我個人後來也買到《性史》第六集，的確無足觀者，只是書商牟利之工具而已，一點保存的價值也沒有。

西洋方面的黃色小說，最著名的就是英國小說家D・H・勞倫斯在一九二九年寫的《查泰萊夫人的情人》了，這是真正具傳世價值的文學名著，但在英國、在台灣，起初都被列為禁書，說它誨淫傷風、下流敗德，一直到晚近才被世人予以公正的評價。因為被官方視為淫書，六〇年代它就以各種不同的開本、書名（如《查夫人》）

流傳於舊書攤的一隅，等識貨的客人紅著臉向老闆探詢購買。其實它真是一部文學名著，我手邊有饒述一在一九三六年的譯本，是相當流暢完美的一個譯本，書中色情的片段至今仍印象深刻，一檢即得，因為在青春期記憶力最強的時期翻閱過太多遍了。

我們就如此飢不擇食地找尋各種黃色小說來讀。在大學時代看了《肉蒲團》、《杏花天》，在唸研究所時看了《金瓶梅詞話》、《如意君傳》、《痴婆子傳》、《株林野史》，踏入社會的一九八〇年代，書賈杜潔祥出版《中國古稀豔品叢刊》，裡面有《隔簾花影》、《繡榻野史》、《閨豔秦聲》、《燈草和尚》……等二十幾部詩詞小說，雖然版本極差，但好過沒有，想要研究中國古代情色文學的人，總算有米可炊了；一直要等到一九九〇年代中期，由陳慶浩、王秋桂教授主編的《思無邪匯寶》出刊，我們才有比較完備、字跡清晰的中國古典色情小說可供研究。這一套叢書中最重要的是清人曹去晶所著的《姑妄言》，它的重要性決不在《金瓶梅詞話》之下。利用這一套「匯寶」，可以寫幾十篇博士論文，行家都知道我的話一點不誇張。從清朝以迄民國七〇年代，在這三百多年之間，政府一直以「誨淫」來看待黃色小說，一禁再禁、三禁四禁，然而野火燒不盡，春風吹又生，如今，中國古典情色文學終於像《查泰萊夫人的情人》一樣，被給予比較公正的對待和評價，讓學者可以從其中披沙揀金，讓一般人可以一窺我們的老祖宗都是怎麼折騰這檔事，真可謂皆大歡喜。

作為一個普通的讀者，如果粗粗具備閱讀文言文的能力，就可以從《姑妄言》下手，再接著看《金瓶梅詞話》，有了這兩部長篇情色文學打基礎，培養了好眼力，以後再看其他古典情色小說，就具備了品評優劣的能力，可以分辨孰優孰劣，再專注幾個自己感興趣的題目（如古人閨中的性玩具、古人偷情的伎倆、古人如何向異性搭訕、古人的性禁忌……），假以時日，就可以由讀者變學者了。

情詩豔詞等韻文是情色文學的另一塊園地，裡面也有賞玩不盡的瑰寶，從《詩經》、《六朝民歌》、唐人小說中的豔詩、宋人的豔詞、元曲中的豔曲，到明人馮夢龍的《山歌》、《掛枝兒》，到清人王廷紹的《霓裳續譜》、華廣生的《白雪遺音》，到清末民初的時調俗曲（商務印書館有出版中研院史語所珍藏的各種本子），幾千首質樸優美的詩詞歌曲，只看你從哪個角度切入研究它，拙著《春》、《色》書裡，有一些最粗淺的例子。我個人以為，讀古代中國的情詩，當從明人馮夢龍輯《掛枝兒》入手，而後讀清朝俗曲如《白雪遺音》等等，然後再讀六朝民歌、宋詞元曲，最後才讀《詩經》。因為《詩經》比較典奧，需要有點底子才好懂。

也許有人以為民歌俗曲，淺鄙不堪，有什麼好讀的？最近（二〇一四年十月）看到報載謝霆鋒與王菲離婚十一年後復合，兩人在王菲位於北京東三環亮馬橋的外交公寓恩恩愛愛地共度了四天四夜。記者架起望遠鏡頭拍到躺臥沙發上的王菲把頭枕在謝霆鋒腿上，與情郎喁喁細語。誰也不知道王菲對謝霆鋒說什麼，只有我知道。我知道王菲說的是：

> 宿昔不梳頭，絲髮被兩肩；
> 婉伸郎膝上，何處不可憐？
>
> ——晉人〈子夜歌〉

你說讀不讀中國古代的情詩豔詞，有沒有差別？

＊　＊　＊

其次再談祕戲圖。

我一直到一九六八年進大學以前，始終沒看過任何一幅中國春宮畫，甚至讀完四年大學，情況也沒有改變，只看過幾幅日本的浮世繪春宮而已，因此對春宮畫究竟是怎麼一回事，充滿了好奇心。那時看過一本三島由紀夫的小說《春雪》，裡面提到男主角松坂清顯的侯爵父親家藏了一幅（卷）浮世繪春宮，對女陰如惡靈的可怖描繪，至今仍記憶在心，只可惜手邊無書，無法具引。讀研究所以後，班上有外國年輕人旁聽，託他從國外帶回外國書商出版的中國色情藝術研究《雲雨》一書，從此才漸漸知道中國春宮畫究竟長得是怎麼樣，加上《金瓶梅詞話》有兩百幅木刻版畫，裡面有少部分是色情的，中國祕戲圖的輪廓逐漸變得清晰了。

讀完研究所當完兵，踏入社會工作之後，我開始在《民生報》開闢專欄「古典的浪漫」，寫了一系列介紹中國情色習俗的短文，文章必須附圖，我在報端所刊登的圖片，就有一部分是中國祕戲圖，這在當時可謂「驚世駭俗」。記得有一年過春節前，新聞局局長宋楚瑜先生託報館邀約了二十名作家，由他和副局長作東，席開兩桌喝歲末酒，以示犒勞。我記得宋局長談笑風生地打趣說：「殷登國，你哪來的這麼多春宮畫刊登在報紙上？」新聞局是專管文藝界的黃黑尺度的，可見那時我是如何的招搖。可是因為寫作與興趣的關係，我始終對中國祕戲圖的畫冊保持高度的收藏興趣，隨著八〇年代、九〇年代的文網漸寬（與網路情色的沛然莫之能禦，印刷品的情色成了大巫中的小巫息息相關），還有西洋書商幾度刊印介紹中國春宮畫的彩色專書，我們才終於對中國春宮畫的來龍去脈有了粗淺的印象。

至今我看過數以百計的中國祕戲圖（複製品），大約同等數量的西洋春宮，和兩者相加起來的數量的日本春宮畫，綜合來說，中國春宮畫在人物描繪上，比不過西洋春宮畫的寫實立體；在題材情節上，比不過日本浮世繪的變化多端；但是，我們老祖宗留下的幾百幅春宮畫，仍是極可珍視的文化遺產，它讓後世子孫了解古代中國人的家具陳設、對纏足的迷惑、對女性的審美觀（比方不重視女性豐滿的胸脯）、衣飾髮式、性愛好尚（包括性姿勢的偏好、性道具的使用）……在幾百年之間（由元朝到清末民初）的演變，都留下可供研究的寶貴資料。

比方說，因為佛教傳入中國，印度的坐具也跟著傳入，唐朝以前席地而坐的中國人，到了宋朝以後漸漸開始坐椅子了，椅子在男女性愛中發揮了很重要的功能，它的高度使若干性姿勢（如老漢推車）成為可能，使男性在做愛時因為站立的關係，變得輕鬆省力，更容易取悅女性、讓女性達到高潮，中國春畫中出現的椅子，和坐在椅子上面的人用什麼姿勢雲雨交歡，就是個很有意思的研究題目，日本人承襲了大唐文化，至今仍堅持跪在榻榻米上，性愛以俯臥蹲跪為主，那種拘束辛勞、事倍功半，是在大量的性愛光碟中清晰可見的。

又比方說，漢魏六朝時的《素女經》，裡面只有「九法」——九種性愛姿勢，到了唐朝初年的《洞玄子》，就擴大為「洞玄子三十法」——包括二十七種性愛姿勢、男女組合（如一男兩女）和四種前戲；對擁吻愛撫的強調，和性姿勢的更複雜多變，似乎受到《印度愛經》的影響，《印度愛經》就強調各種嚙吻和愛撫的重要，印度Khajuraho在十世紀所建的Kandariya Mahadeva寺廟外的石刻男女裸交，其姿勢的扭曲顛倒，變化多端，一直予世人深刻的印象。性姿勢在中國祕戲圖中，始終是一個可以和文字描述相互印證的研究課題。

又比方說，祕戲圖中有許多女人三寸金蓮的描繪，如何利用這些實證來研究古代中國纏足的源起與演變、大陸南北方纏足形制的差異、纏足的方式變化，以及中國人如何迷戀女性的小腳（戀足癖）等等，都是很有意思的研究方向。

他如婦女髮飾的變化、衣飾的變化、化妝時尚的演變、家具陳設的演變……，都可藉祕戲圖中的實例，作為研究的佐證。

《春——中國古代情色文學與春宮祕戲圖》、《色——中國古代情色文學與春宮祕戲圖》是由筆者年輕時所著《千年綺夢》與《古典的浪漫》兩書匯集而成，文章有幾處稍加添改，圖片部分則有較多的補強，但它始終只是個「拋磚引玉」的作品，如今圖文資料更豐富齊備了，我們期待更精彩紛呈的研究問世。

是為序。

二〇一四年十月十八日於加拿大

目錄

情色行業篇

性愛寶藏篇

性愛文化篇

中國人對性的觀念

保持距離以策安全？
（晚明絹畫）

某帝時，宮人多懷春疾。醫者曰：「須敕數十少年藥之。」帝如言。後數日，宮人皆顏舒體胖，拜帝曰：「賜藥疾癒，謹謝之。」諸少年俯伏於後，枯瘠蹣跚，無復人狀。帝問是何物？對曰：「藥渣。」

前述這一則引自明人鄭瑄《昨非庵日纂》卷十三的寓言故事，說明了傳統中國人對「性」所抱持的觀念，認為男女交歡是男人虧損，女人佔便宜的事；這是因為古人認為一滴精等於九滴血，男人在性行為後，精液的流失自然會對身體有損害，而接受寶貴精液的女人也順理成章地成了受惠者。

要追溯「珍視男人精液」觀念的由來，我們不得不提到上古時的黃帝。

黃帝是中華民族的共同始祖，不但五千年中華文化是從黃帝開始算起的，中國人還把許多重要的發明歸功於他。這位大人物對男女之事有何高見呢？傳說裡，黃帝曾造訪隱居在崆峒山石洞中的上古仙人廣成子，向他請教長生之道。在廣成子的回答中，有如下的話：「毋勞爾形、毋搖爾精，毋俾爾思慮營營，乃可長生。」

這段話雖然出於明人李攀龍的《列仙全傳》，但是黃帝和廣成子的對談卻是個古老的傳說，在上古時代就影響了許多關心「養生之道」的中國人，像《韓詩外傳》說：「嗜慾者，逐禍之馬也。」《漢武帝內傳》說：「淫為破年之斧。」這些主張多少都曾受到廣成子「毋搖爾精」的影響和啟示。

佛教傳入中國後，佛經散播著對「性」的敵視觀念；中國人男女間的性的關係，就更加敵對和惡化了。像《靈寶通微經》上說：「且淫欲頗恣，如飲鹹水，多飲多渴，唯死而已，何有厭足？」又如《大方廣佛華嚴經》卷十七上說：「被諸女色，昏醉其心；為欲所溺，不能得出；如糞中蟲，樂著糞處；如穢弊豬，不淨嚴身。」把沉溺在女色中的人比喻作糞中之蛆、穢中之豬，這是何等嚴重的警告！

在原始道家和佛教中人兩面夾攻下，後世中國的養生者，都強調「性」是傷生的、女人是可怕的，男人最好和異性保持距離，萬不得已而發生關係時，也要珍惜寶貴的精液，儘量避免洩精。從六朝以前的性學醫籍《素女經》上的話：「御女當如朽索御奔馬，如臨深坑下有刃，恐墮其中，若能愛精（不洩），命亦不窮也。」到明朝時楊慎《古今諺》所云：「服藥千裹，不如一宵獨臥；服藥千朝，不如獨臥一宵。」和蘭陵笑笑生《金瓶梅詞話》第七十九回裡的短詩：「二八佳人體似酥，腰間仗劍斬愚夫；雖然不見人頭落，暗裡教君骨髓枯。」以至於清末民初的《剪靛花》雜曲〈臥龍舟〉所云：「古語良言說得透，耕不壞地累死牛。」和淮南民歌〈小乖姐〉的：「小乖姐生得白如霜，殺人不要刀和槍，金蓮好比勾死鬼，吐沫好比迷魂湯，鮮花好比五閻王。」都同樣地強調了精液的可貴和女色的可怕，要長生的男人只有儘量避免房事。

綜上所述，古代中國的養生者，對性和女人是充滿了偏見的；幸而中國人雖然相信他們所說的，相信性是「洪水猛獸」，可是做起來卻又像豁出去似地義無反顧、勇往直前，大多數的中國人絕不會為了企圖長生而戒絕女色的（否則十三億人口從何而來？）。宋朝時，杭州太守薄傳正有一天遇到了一位年踰九十卻紅光滿面的術士；在一番熱忱款待後，太守問術士長年之術。術士說：「這個簡單，只要戒絕色慾就可以了！」薄太守低頭想了老半天，回答術士說：「如果必需戒絕色慾，就算長命千歲又有什麼好處呢？」薄傳正的一番話，正是大多數中國人的心聲，他們無寧更欣賞「牡丹花下死，作鬼也風流」的那份灑脫。

《肉蒲團》雖然一再被官方加以查禁，衛道之士也一再地把它貶為不堪入目的淫書，可是書中對「性」的態度，比上述那些養生者合情合理得多了；該書作者李漁在卷一上說：「未近女色之際，當思曰：此藥也，非毒也，胡為懼之？既近女色之際，當思曰：此藥也，非飯也，胡為溺之？」不溺不懼才是中國人對「性」所應有的正確觀念和態度吧！

黃帝問道於廣成子（明刊《列仙全傳》）

雨不灑花花不紅

哥是天上一條龍，妹是地下花一叢；
龍不抬頭不下雨，雨不灑花花不紅。

——雲南民謠

這是一首文辭淳樸優美、意象豐富瑰麗的民謠，它很巧妙地運用了中國修辭學裡把男陽比喻成龍、女陰比喻成花的典故，在描述大自然景觀生態的表象背後，卻透露出了男女交歡的無限旖旎浪漫氣息。更難得的是傳達了中國人心目中「獨陽不生，孤陰不長」的健康的性觀念。

中國傳統的觀念是反對獨身主義的，因為它違反了「天地絪縕，萬物化醇；男女構精，萬物化生」（《易繫辭》下）或「天地合而萬

物生，陰陽接而變化起」（《荀子》禮論）的天道；《穀梁傳》莊公三年裡也說：「獨陰不生、獨陽不生、獨天不生，三合然後生。」只有在天地交泰、陰陽交合之後，萬物才欣欣然有了生意。「雨不灑花花不紅」正是這個道理的具體說明。也因為男女交媾是上應天道的大事，是自然界中最自然的現象，中國人還相信在月白風清、花前月下野合所生的子女最聰明哩！古畫中也經常出現男女在戶外野合的情景。

類似「雨不灑花花不紅」的民謠，也流傳於古代中國的許多地方：像貴州歌謠說：「十七、八歲不聯（連，戀）郎，黃皮寡瘦命不長；隔壁有個聯郎妹，臉像桃紅紙一張。」廣東海豐的客家民謠說：「我話你莫咁俏良，閒事你莫咁常當；一月勻有三五擺（次），人又精神命又常。」江南情歌說：「山歌越唱越新鮮，柿子經霜蜜樣甜；甜菜經霜紅苗嫩，小姐經郎轉少年。」都是很好的例子。

在戶外交合的男女既應天道又法自然（清康熙年間絹畫）

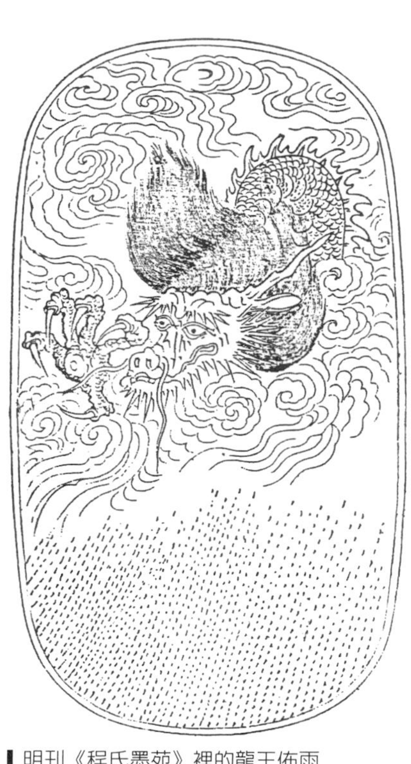

明刊《程氏墨苑》裡的龍王佈雨

為什麼享有性生活的女人會格外成熟而艷麗呢？原因就在於男人把至可寶貴的精液輸給了女人；明人徐樹丕《識小錄》上說「男子精血，少如膏雨，壯如露，令蕊嫩含滋、春芽吐潤。」對女人來說，常常有男人的「雨露滋潤」，固然是件有益身心的事；對男人來說，常常「施雲佈雨」，就未免有「傷生之虞」了。清初人丁耀亢《金瓶梅續集》第三十回裡，年近七旬的李守備，娶得一個四十五歲的娘子，又另外弄了個女人留在屋裡，勾搭了三、四天，結果弄得守備添上了四件寶：「腰添上彎，腿添上酸，口添上涎，陽添上綿（謂軟拖如綿絮）。」真是「災情慘重」。所以俗諺常勸男人「多吃肉不如多獨宿」「服藥千裹，不如一宵獨臥；服藥千朝，不如獨臥一宵。」而要男人儘可能地「躲破鼓」。

「躲破鼓」的典故是這樣的；《兩般秋雨盦隨筆》的作者梁紹壬說：「有人養二猿，牝者甚淫，一日失牡，叫號不已。主人偏覓不得，翌日乃出自破鼓中；古今號令避內差者，曰『躲破鼓』。」女人真如清人沈起鳳在《諧鐸》卷十裡所形容的：「脂刀截骨，花箭攢心，一片歡場，即狠羅剎湯沐邑」嗎？為什麼男人總還是奮不顧身的勇往直前？

「獨宿」的觀念並不和「獨陽不生」相衝突；因為獨宿並不是要男人永遠獨宿，只是要他們少和女性交歡，在和女性交歡時，也儘可能地「愛精嗇命」，做到「御而不施」、「多御少女而莫數瀉精」的地步，別只貪圖一時之快，糟蹋了千金之體。明人吳敬所編《國色天香》卷四「謹慎十章」的第九章「多獨宿」也說：「寡居獨宿鍊元陽，鍊得元陽性命長；無為大道有為作，執定念頭勒馬韁。色所以成夫婦、續源流，以全人道；未嘗謂竭精而淫以損命。凡有子之後，一點勿泄，方謂世之真丈夫。故曰：『丹田原是仙家種，豈肯輕輕付與人』，又曰：『尿尿渠，膿血聚，算來有甚風流處？不如急早鍊還丹，莫待閻王催促去。』」

但是一般男人能做到「交而不泄」的真是少之又少；因此算起來，男女交歡應該是件男人吃虧、女人佔便宜的事情才對。為什麼發生兩性糾紛時，人們總是說男人佔了女人的便宜呢？這個百思不得其解的疑惑，不是筆者第一個想到的，早在三百五十年前，就有一個女孩子疑惑了；晚明清初的馮夢龍在《笑林廣記》卷六裡，有一則「沒良心」說：

> 一妓倚門而立，見有客過，拉人打丁（嫖妓曰「打丁」）；適對門樓上，姑嫂二人推牖見之。姑問嫂曰：扯他何事？嫂曰：要他行房。須臾事畢，妓取厘戥（秤銀子的天平）夾剪（夾碎銀錠的剪刀）付之。姑曰：彼欲何為？嫂曰：行過了房，要他出銀子。姑嘆曰：好沒良心，如何反要他出？

幾番雲雨恰恰好

皇帝後宮佳麗衆多，往往縱欲短命。（明人絹本春畫「隋煬帝行淫圖」）

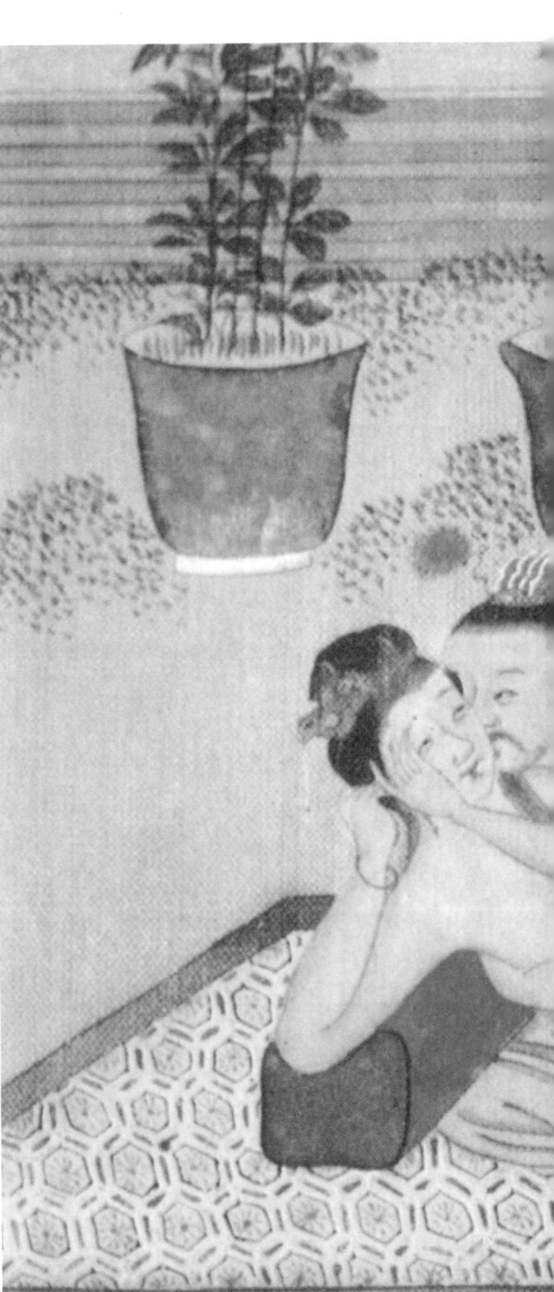

子曰：「食色性也。」食色雖是天性，各人的稟賦卻大不相同；有的人一頓要吃三、四碗飯，有的人只吃小半碗，有的人對異性十分熱中，有的人卻可有可無。

清人采蘅子在《虫鳴漫錄》卷二裡說：「常開平（明初開國功臣常遇春）三日不御女，皮裂血出，軍中擄妓自隨，明太祖不之禁。近世紀文達公（編纂《四庫全書》的紀曉嵐）日必五度，否則病。」一天五次是如何分配的呢？采蘅子說：「五鼓入朝一次、歸寓一次、午間一次、薄暮一次、臨臥一次。」這只是「例行公事」，還不包括他乘興即興的交歡；紀曉嵐真是精力過人了。縱慾的另一端是無慾或不男，像南北朝時，享年八十六歲的梁武帝蕭衍，曾經對左右的人說：「朕絕房室三十餘年」又如宋明帝也是個「性」趣缺缺的人，《南史》後廢帝和陳太妃傳上說：「人言明帝不男，故皆呼廢帝（劉昱）為李氏子。」

雖然個人對性的興趣有如此懸殊的差異，但特異的人終究只佔少數；對大多數「中等資質」的人來說，多久和異性交歡一次才算適中呢？

最早提到房事次數問題的是西漢武帝時「罷黜百家、獨尊儒術」的大儒董仲舒。董仲舒在《春秋繁露》這本書的〈循天之道〉篇上說：「使男子不堅牡不家室，陰不極盛不相接……是故新牡十日而一游於房，中年者倍新牡，始衰者倍中年、中衰者倍始衰、大衰者以月當新牡之日」這是說年輕人十天一次最理想，中年人二十天一次，覺得開始衰老的人四十天一次，再不行的八十天一次，老年人則十個月一次。

對大多數人言，董仲舒訂定的這個「房事頻率表」似乎有些嫌少嫌低，稍後的性學醫籍《素女經》上，對男女性慾的發洩次數，就有較為頻繁的規定：「人有強弱，年有老壯，各隨其氣力，不欲強快，強快即有所損。故男年十五，盛者可一日再施、瘦者可一日一施；年二十，盛者日再施，羸者可一日一施；年三十，盛者可一日一施、劣者二日一施；四十，盛者三日一施、虛者四日一施；五十，盛者可五日一施、虛者可十日一施；六十，盛者十日一施、虛者廿日一施；七十，盛者可三十日一施，虛者不寫（瀉）。」是因為董仲舒是男人，比較愛惜自己的身體，所以行房次數訂得少，素女是女人，只圖自己舒服，才希望多多益善嗎？兩人對房事頻率的意見竟然如此懸殊，讓人無所適從。

隋唐時的性學醫籍《玉房祕訣》裡，對此事有比較中肯的規定：「年廿，常二日一施；三十，三日一施；四十，四日一施；五十，五日一施；年過六十以去，勿復施寫。」

在台灣，自古也流傳著兩個與房事頻率有關的俚諺，十分有趣；一則是：「怕死瞑瞑一，不怕瞑瞑七。」這是說怕死的人，一夜只交合一次；不怕死的人交合七次。另一則是：「二更更，三瞑瞑，四數錢，五燒香，六拜年。」這是指二十歲的男人，精力旺盛，不妨每更一次，三十歲的人就要減少到每夜一次了，到四十歲時，要像數錢時一五一十的算法，也就是五夜或十夜才可一次；五十歲的男人要像古人初一、十五燒香一樣，半個月一次；到了六十歲時，次數要減少到一年一次，像拜年一樣了。後者倒也不失為一種合理的方式。

其實，人體的生理構造，有其自然的調節和保護功能，當男人精力透支、疲勞過度或身體有病時，就自然不舉而無法行房。只要順其自然，只要是自然的勃起，一天幾次或幾天一次都是正常的，只有濫服壯陽藥物才可能「縱慾過度」而造成對身體的戕害；這個道理，素女早已說得十分明白：「不欲強快，強快即有所損。」而世上偏有「竭澤而漁」的人，像晚清遊戲主人《一見哈哈笑》裡一則「嘲採戰」所說的：

黄帝御三千六百女而成仙，後人祖為採戰之術，一老翁欲用之，置姬妾，日夜嬲戰，誰知屢戰屢北，遂成虛癆之疾；猶自強戰不輟。延醫診視，醫云：腎氣大虛，精髓已竭，非峻補不可。老翁曰：虛不虛且勿論，不知我還有腦髓沒有？醫云：骨髓雖竭，腦髓尚在。翁喜曰：想不到我還有腦髓，請問先生，我這腦髓還夠戰幾回的？

連腦髓都要賠進去，這可真是不知死活了。

三十餘年不近女色的梁武帝（故宮博物院藏，畫家佚名）

蠱惑男人的媚術

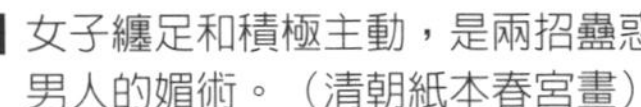

女子纏足和積極主動，是兩招蠱惑男人的媚術。（清朝紙本春宮畫）

> 姑媱之山，帝女死焉，其名曰「女尸」，化為䔄草，其葉胥成（相重），其華（花）黃，其實如菟丘（菟絲），服之媚于人。
>
> ——《山海經》卷五・中山經

古代中國「三從四德」的教育方式，塑造成傳統婦女對男性的依賴心理；塑造成「菟絲附女蘿」的婚姻局面。對於不能獨立的女性而言，一生中最重要的事，莫過於如何獲得並保持男人的愛憐了。

這種不平等的兩性關係，如果缺乏情感的聯繫，當「色衰愛弛」男人變心時，失寵的女人再怎樣打扮、再怎樣效顰也無濟於事，她們就只有求助於幾近迷信的「媚術」了。

漢朝時，民間流行的媚術是在「子日」洗澡。古代中國以干支記日，十二天就有一天是子日，子日洗澡獲得丈夫愛憐的俗信，見載於東漢儒生王充的《論衡》，他對這種俗信頗不以為然地說：「沐書曰：子日沐令人愛之……，夫人之所愛憎，在容貌之好醜……，使醜如嫫母，以子日沐，能得愛乎？」（《論衡》卷廿四・譏日篇）

靠擇日洗澡獲得男人愛情，當然是妄誕無效了；失寵的女人只好別求他途。兩晉時，人們又相信吃了詹草或䔄草的果實，便可以得到男人的歡心。張華在《博物志》卷三上說：「詹山帝女，化為詹草，其葉鬱茂，其花黃，實如豆，服者媚於人。」詹草和前引《山海經》中所說的䔄草，同屬於初民的變形神話，未嫁的少女死後所以能夠化為一種具有媚夫魔力的草，是古人對其未嫁而亡的遺憾所作的一種報償，企圖用變形來替代生命死亡的無奈事實。

䔄草或詹草既是一種神話中的仙草，一般人自然不易找到，失歡的女人又只有把注意力轉向鳥類，古代傳說中具有媚力的鳥有細鳥、布穀鳥等等。細鳥據說是漢武帝時，西域勒畢國所進貢的一種小鳥，形如大蠅、狀似鸚鵡、聲如黃鵠，武帝後宮的嬪妃都很喜歡細鳥，因為說來奇怪，細鳥飛到誰的身上，武帝就對那個女人發生了興趣。可惜細鳥並沒有在中國繁殖成功，在人們心目中，也成了神話中的仙鳥了。

布穀鳥倒是常見的禽鳥，又叫鳲鳩，跟杜鵑很像，但體形稍大，農曆穀雨後，就在田野間「布穀布穀」地叫個不停，一直叫到夏至後才不叫。布穀鳥如何讓女人產生媚

左：劉婆子介紹丈夫劉理星替潘金蓮回背（《金瓶梅詞話》第十二回木刻插畫）
右：西門慶鞭打和小廝偷情的潘金蓮（《金瓶梅詞話》第十二回木刻插畫）

力呢？唐朝時浙江鄞縣的名醫陳藏器在《本草拾遺》上說：「食布穀腦骨，令人宜夫婦。」是布穀鳥雌雄恩愛嗎？小小的禽鳥怎麼會發生讓男女恩愛的媚力？

唐朝以後，媚術逐漸演變成更具迷信色彩的巫術了。唐玄宗的兒子棣王李琰有兩個妃子爭風吃醋，其中一人便向巫師求助。巫師給她一道符，要她偷偷把符放在李琰的鞋子裡，李琰就會比較喜歡她了；這是記載在《唐書》棣王本傳裡的事情，看來不是好事者捏造的。能使異性相愛的神符也叫和合符，在後世《萬法藏典》、《靈驗神符大觀》等符書中，還可以見到。

媚術在後世也稱「回背」，意思是讓變心的男人把背回轉過來。明人蘭陵笑笑生《金瓶梅詞話》第十二回裡，失歡於西門慶的潘金蓮，請劉婆子的瞎眼丈夫、江湖術士劉理星替她「回背」；劉理星說：「既要小人回背，用柳木一塊，刻兩個男女形像，書著娘子（潘金蓮）與夫主（西門慶）生時八字，用七七四十九根紅線扎在一處，上用紅紗一片蒙在男子眼中，用艾塞其心，用針釘其手，下用膠粘其足，暗暗埋在睡的枕頭內，又朱砂書符一道燒成灰，暗暗攪在釅茶內，若得夫主吃了茶，到晚夕睡了枕頭，不過三日，自然有驗。」潘金蓮不懂劉理星搞什麼把戲，劉理星一一解釋道：「用紗蒙眼，使夫主見你一似西施一般嬌豔；用艾塞心，使他心愛到你；用針釘手，隨你怎的不是，使他再不敢動手打你，著緊還跪著你；用膠粘足者，使他不再往那裡胡行。」

潘金蓮在求助劉理星之前，曾因私通小廝琴童，被西門慶剝光了衣裳用馬鞭抽打；說也奇怪，經過劉理星回背，潘金蓮就一直受到西門慶逾常的寵愛，直到西門慶脫陽死在潘金蓮肚子上為止，她再也沒被西門慶責打過。真是回背的功效嗎？誰也不知道。

媚術絕不止是古代中國婦女的迷信而已，近代還流傳著一些難以解釋的媚術；像廣州觀音山麓有一棵老檳榔樹，附近幾十里的居民都視之為愛神：「年少婦女為丈夫所不寵、或丈夫遠出久不歸、音信斷絕者，每取丈夫宿昔所用褲帶，繞繫樹身，對樹膜拜，或更刺色紙為夫婦同馬圖，並貼樹幹，謂如此，可邀愛神眷顧，丈夫身心為褲帶所繫，將不復作遠遊矣。」這是民初學者許地山告訴羅香林的話，記載在羅香林《民俗學論叢》一書中。

又如閩南晉江縣洛陽江邊有個涼亭，涼亭中有座泥塑的泗州佛，當地人相信，單戀或失戀的少女，只要挖一點泗州佛腦後的泥巴，偷偷撒在愛人身上，就會使對方變得熱情起來，愛情也必有完滿的結局。如今泗州佛的腦袋，都已被人挖得剩下了半個，可見女性對蠱惑男人的媚術需要的迫切。

兩性的結合，原本應該是在人格上健全而獨立的兩個個體，彼此因真心相愛才生活在一起的，可是古代的婚姻多半是父母之命、媒妁之言，愛情只有靠婚後來培養，女人在經濟和精神上又不能獨立，難怪歷史上有那麼多失歡失寵的女性，有那麼多不可思議的媚術出現了。

追求女人的巫術

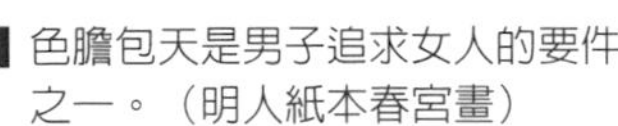

色膽包天是男子追求女人的要件之一。（明人紙本春宮畫）

中國有句俗話說：「男追女隔重山，女追男隔層紗。」古往今來，男人為了翻越那重山，贏得自己心儀的紅粉佳人，真可說是絞盡腦汁，不遺餘力。民歌最能夠表達男人追求女人的那份辛苦了：

妳的容顏常常見，妳的身子我未曾粘。賣風流生生把我魂勾散，三分魂勾去我的二分半。有姻緣來無姻緣？有姻緣，年裡等來月裡盼；無姻緣，省得時刻長思念。

——清人華廣生《白雲遺音》馬頭調〈妳的容顏〉

變一面青銅鏡，常對姐兒照；變一條汗巾兒，常繫姐兒腰；變一面琵琶，常被姐兒抱；變一根紫竹簫，常對姐櫻桃，到晚來品一曲，才把相思了！

——《白雪遺音》滿江紅〈變一面〉

那個少男不曾因「妳的容顏」而飽嚐苦惱，為了似有似無的姻緣，日夜神魂顛倒？那個少男不曾癡心妄想過「變一面」、「變一面」，終致給自己帶來永遠無法撫平的創傷？因此，古代中國曾經出現過一些追求女人的巫術，企圖讓女人不由自主地順從男人，也就不足為奇了。

在宋人洪邁《夷堅志》裡，有一則茅山道士在夜半時分施行「玉女喜神術」把黃花閨女攝入密室中加以淫污的故事；清人紀曉嵐《閱微草堂筆記》卷十五也說：「紅教喇嘛有攝召婦女術」；但他們對巫術的本身都語焉不詳。其實，最早把這類巫術公開的是晉人張華。張華在《感應類從志》上說：「月布在戶，婦人留連。」註云：「取婦人月水布燒作灰，婦人來，即取少許置門閫門限，婦人即留連不能去。」女人的月經在許多原始民族中，都被附會上了神祕的色彩，古代中國自然也不例外；有關中國人對於月經的迷信，筆者將另有專文敘述。撇開張華所說「月布巫術」是否靈驗的問題不談，這個辦法在施行時有其困難——怎樣才能取得心上人的月水布呢？

和前者相似的是「毛髮巫術」。毛髮往往也被先民附會了種種迷信的色彩，像中國人相信腳毛可以驅鬼，頭髮可以魘勝。《金瓶梅詞話》第十二回裡，西門慶在妓女李桂姐面前逞能，桂姐與潘金蓮有隙，便使激將法要西門慶

頭髮雖是女性美的表徵，也能成為男人施行巫術的工具（晉顧愷之《女史箴圖》）

回家去剪潘金蓮的頭髮。西門慶回家對潘金蓮說了，金蓮卻一口回絕道：「……這箇剪頭髮卻不成，可不諕死了我罷了……。」西門慶再三強求，金蓮問他要頭髮做什麼，西門慶回說做網巾。金蓮道：「你要做網巾，我就與你做；休要拏與淫婦，教他好壓鎮我。」等潘金蓮剪下一綹頭髮給西門慶，西門慶第二天卻拿到妓院去獻寶。結果被桂姐一把搶去不還給西門慶，「背地裡把婦人頭髮早絮在鞋底下，每日躧踏。」說也奇怪，自此以後潘金蓮就每天「頭疼惡心、飲食不進」了。

用頭髮來勾致婦女的巫術，在《秋水集》裡，有一則頗可警世的故事：姚江某私塾先生看上了館童的母親，便要館童回去向他母親討幾根頭髮來。館童之母覺得事有蹊蹺，便到屋後馬房裡從一匹公馬的尾巴上拔了幾根尾鬃給兒子。這位私塾先生獲得毛髮後，便在夜裡書符作法；結果馬坊裡的公馬立刻春情發動，牠奮力掙脫了馬韁，跑到私塾先生的臥室來。私塾先生嚇得繞室而走，公馬卻緊追不捨；他走投無路只好逃到屋外，跳入院子裡的古井中，結果發狂的公馬也跟著跳入，把心術不正的私塾先生咬死了。（見清初人趙吉士《寄園寄所寄》卷上〈人妖〉引）

變一面青銅鏡，常對姐兒照，變一條汗巾兒，常繫姐兒腰，變一面琵琶，常被姐兒抱；變一根紫竹簫，常對姐櫻桃，到晚來品一曲，才把相思了！（圖／胡平）

近人李川《幽默笑話》裡，有一個類似的故事，私塾老師向學生要他母親私處的恥毛，他母親叫兒子去關帝廟拔了一根周倉的既短又彎曲的鬍子交差；結果入夜後，私塾老師用硃砂畫了兩道符，和那根毛一道燒了；不久，竟把周倉請來，好好地「修理」了私塾老師一頓。

「毛髮巫術」除了要有心上人的頭髮或體毛外，還得要會書符作法，才能讓對方意亂情迷，自動前來相就；這對一般人而言，就更難上加難了。後世有些江湖術士，只要登門求助的顧客知道女方的生辰八字，便能書符讓她對顧客發生好感；像下面這首引自當代學者羅香林輯《粵東之風》裡的一首〈腳臂咁白〉就是一例：「腳臂唻（這般）白褲咁（如此）烏，連（戀）你唔（不）倒唔工夫；阿哥今年患（用）下本（錢），三吊六錢畫張符。」這類讓女人癡情的靈符，在《靈驗神符大觀》一類的符籙書裡，還煞有其事地記載了不少種。

符籙真能改變女人的心意嗎？清朝中葉時，潮州有個樸實無華的妓女美娘，對梅州陳生一往情深；她替陳某生下一個兒子後，便偷偷逃出了妓院，住到陳家。老鴇費盡苦心找到陳家去，美娘當然說什麼也不肯再回妓院。鴇母鎩羽而歸後，便「延道士作法，俗名『狗頭符』。」說也奇怪，施法後不久，美娘便自動回到妓院來了。這是清人俞蛟《潮嘉風月記》裡的一則故事，說明了符籙的神奇效力。

男女交往，總應該彼此心甘情願，不管基於何種動機，上述勾致女人的巫法總是不足為訓的！正因為它們不足為訓，才逐漸為人淡忘，只成了民俗學上一頁珍貴的史料吧。

青樓中的「迷湯」

筆記小說裡，有許多妓女對嫖客猛灌迷湯，把嫖客錢財榨得精光，嫖客還一心認為妓女多情多義的故事。局外人總覺得天下那有這麼傻的人，連「婊子無情」的道理都不懂？會像個三歲小孩一樣地被人玩得團團轉？妓女怎麼可能有這麼大的媚力？

妓女的媚力是訓練出來的，娼家自有一套訓練雛妓的課程，讓她們去蠱惑嫖客。諺云：「打掐擰罵咬哭死從良跑」，這十字訣正是妓女蠱惑客人的最佳武器。清人華廣生《白雪遺音》裡，有一首馬頭調〈教妓〉就說：「鴇兒無事把姐兒叫：用心聽著，有客登門，仔細觀瞧，快把米湯灌。灌迷了心，騙他東西裝害臊，不要輕饒。他若是不疼錢，同飲酒來同歡笑，眉眼要風騷。他的力盡囊空，就與他絕交，後悔也遲了。倘若再有錢，把想他的話兒編一套，說得他親熱著。客若悔前情，一行哭來一行笑，說的是老謠。」

而珍藏於中研院的俗曲唱本中，也有一首題為〈走早毀妓〉的馬頭調，敘述老鴇教妓說：「設機關，把人纏，死口編就的計連環，要換真心不能彀，假意溫存是虛吣嚕探。續（敘）交情，把迷湯灌，嘴甜心苦巧語花言。鬥心機，竟（競）玄關，從良嫁你是謠漢（搖撼）山；能溜哄，會誆騙，要你的東西粧（裝）羞慚；由之他嘴裡鬧花串，見景兒生情信口編，將人哄，將人攥，薩貓六眼兒全是謠言。」如果說嫖客和妓女的相處是「兩軍對陣」，受過訓練的妓女先就佔了上風。

除了本身的條件外，妓女也膜拜神明，祈禱神明讓她們生意興隆、財源不斷。像河北、山東等地的妓女拜東嶽天齊大帝，上海一般娼家拜萬福行宮茅山殿裡的三茅真君，上海的粵妓則拜司徒廟裡的觀音菩薩，南京的青樓女子拜老郎神（老郎神一說是管仲、一說是唐玄宗），廣東的娼妓拜二叔公（神名不可考），台灣南部的流鶯則拜狩狩爺豬八戒。娼妓拜神不僅希望神明「保佑俺有錢的相好都來到，夜夜別閑著」（京妓拜東嶽大帝語，見《白雪遺音》中「逛廟」），有時甚而希望神幫著她們愚弄誆騙嫖客；如昔日台南娼館的鴇母和娼妓，早晚祭祀狩狩爺豬八戒時，都念誦道：「狩狩爺、狩狩爺，腳蹺蹺、面獠獠，保庇大豬（指嫖客）來進稠（豬圈，指妓院），來倥倥（呆呆）、去戇戇（笨笨），腰斗（錢袋）隨阮摸，暗路敢行，狗吠免驚，父母罵免聽，某（妻）子敢講話就喫拍駢（耳光）。」大概只有豬八戒這樣風流好色的神，才會跟妓女合作、愚弄嫖客吧！

禱神還只是希望神明幫忙，靈不靈全憑神明作主；妓女再怎樣祈禱都算不得邪門，邪門的是娼家常施行一些詭異的巫術，使得嫖客對妓女俯首貼耳、言聽計從。

明朝時的妓女，就利用白眉神來施邪法；大畫家沈周在《客座新聞》上說：「教坊妓者，以術魘子弟（嫖客），必供白眉神，朝夕禱之：子弟往來不絕。至朔望日，用手帕、異針刺神面，謂子弟奸猾打乖者，佯怒之，

救苦救難的觀音菩薩是上海粵妓膜拜的對象（近人董夢梅畫）

撒帕著子弟面，將墜於地，令拾之，則子弟心悅誠服而不他之矣。」白眉神據明人趙南星說，就是春秋時代、率領九千嘍囉行劫天下的大盜柳盜跖，語云「男盜女娼」，看來盜與娼的關係真是密切。為什麼用手帕蒙住白眉神的臉，用針隔著手帕刺神，手帕就具有蠱媚的效力？為什麼把這塊手帕丟在嫖客臉上，等手帕落下時要他接著，就能讓人產生心悅誠服的魔力呢？這真是不可思議的事情。

更不可思議的青樓邪術見載於明人劉玉記的「已瘧編」：某位少年郎看上了一位妓女，妓女見他既英俊又有錢，便百般奉承他。少年郎被迷惑得在娼家一住就是一年多，雖然那裡還有其他更漂亮、更有才情的妓女，少年郎卻不屑一顧。有一天早晨，少年郎躺在樓上窗邊，對妓女說他中午想吃魚；不久，他看到妓女拎著魚從樓下進屋。少年心想，家裡婢僕很多，為什麼她要親自下廚呢？便從樓窗上悄悄俯窺；他看見妓女把魚放在空碗裡，而後匆匆出房，不久，她又提著一個瓶子進來，把瓶中的水倒進魚碗裡，水是暗紅色的。少年郎疑心大起，匆匆下樓破門而入，才知道暗紅色的水居然是女人的月水。他大為震怒，便拂袖離開了妓院。

月經真有讓人產生愛情的魔力嗎？晉人張華《博物志》上說：「月布在戶，婦人留連。」註：「謂月布埋戶限（門檻）下，婦女入戶則自淹留不肯去。」看來，月經具有不可思議的魔力，是流傳中國的一個古老迷信了。

色情黃牛這一行

大家閨秀身邊的丫環常兼充色情黃牛，替女主人拉皮條。（明代絹本春宮畫）

明萬曆刊本《金瓶梅詞話》第二回裡說：某年某月某一天，西門慶從潘金蓮家門口經過時，金蓮正在放門簾；也不知是有心還是無意，她失手把叉竿正好打在西門慶頭上，打得西門慶失魂落魄、六神無主，從此害了相思病。

西門慶跑去找潘金蓮家隔壁賣茶的王婆想辦法。這位「迎頭兒跟著人說媒，次後攬人家些衣服賣，又與人家抱腰（接生）、收小的，閒常也會做牽頭、做馬伯六、也會針灸看病、也會做貝戎兒（賊）的王婆，手段果然高明，她替西門慶定下了「挨光十計」，藉口要潘金蓮替她縫壽衣，把她約來家裡，終於讓西門慶勾搭到手了。

在古代中國，王婆這類「三姑六婆」常扮演著「拉皮條」的淫媒角色，引誘閨女少婦和登徒子做出傷風敗俗之事；所以有識之士無不勸誡世人和「三姑六婆」保持距離。元人陶宗儀《輟耕錄》卷十就說：「三姑者，尼姑、道姑、卦姑也；六婆者，牙婆、媒婆、師婆、虔婆、藥婆、穩婆也；蓋與三刑六害同也。人家有一于此而不致姦盜者，幾希矣。若能謹而遠之，如避蛇蠍，庶乎淨宅之

明刊《金瓶梅詞話》裡替西門慶潘金蓮拉縴的淫媒王婆

法。」可見其為害之酷烈。

過去報紙說桃園中正國際機場大廳常有「色情黃牛」強拉走觀光客，而後做出騙錢、媒介色情的不法之事；這些人就是古籍中所說的淫媒或雉媒。機場的色情黃牛多半掛名為某某藝品公司、企業公司的「業務經理」、「外交經理」頭銜，用來掩飾其拉皮條的不法勾當。古代的淫媒早已如此，除了三姑六婆，這類人還包括教閨女繡花女紅的繡花娘、替婦女粧扮美容的插帶婆、賣化粧品的賣花婆、雙目失明而以彈唱笑謔取悅閨閣的瞎先生、抬轎子的轎夫、趕馬車騾車的車夫、客棧跑堂的店小二……，他們都有正當職業作掩護，暗中卻是不折不扣的「色情黃牛」。

像清初人文康《兒女英雄傳》第四回裡，跑堂的就對住進客棧的安驥說：「你老不用說了，我明白了，想來是將才串店的這幾個姑娘兒，不入你老的眼，要外叫兩個。你老要有熟人只管說，別管是誰，咱們都彎轉得了來，你老要沒熟人，我來給你老說咱們這兒頭把交椅……」把淫媒嘴臉刻畫得躍然紙上。

明刊《金瓶梅詞話》裡的淫媒王婆

比起來，古代的淫媒比今日的色情黃牛還可惡，因為色情黃牛不過是替尋芳客與妓女媒介說合而已；古代的淫媒卻專門替好色男人打良家婦女或大家閨秀的歪腦筋，嚴重地破壞了社會道德規範。清中葉人玉魫生在其《海陬冶遊錄》卷上說：「滬城有賣花媼，善作雉媒，於小街隘巷，構屋數椽，凡客所屬意之美人，雖良家妾媵，不難託其招致，但不能作夜度孃耳。富室子弟，多餌以重金，謀片晷歡，名曰借臺……。」

古代對色情黃牛的處罰，記載很少；或許是他們很少失風被捕的緣故吧！不過，民國七、八年間，在湖南長沙的一個女淫媒「劉麻子」，在屢屢勾引名門閨秀、良家婦女和大官巨賈的側室小星與素不相識的男子苟合後，最後是被長沙警備司令張石侯將軍「梟首示眾」的，可見一般人對色情黃牛的痛恨。

深宮怨女情難遣

在專制帝王時代，宮廷中有兩種人身世堪憐：一是被閹割的太監、一是虛度芳華的宮女；由於宮廷裡需要許多男女僕役擔任諸般雜事，太監和宮女便成了帝制時不可或缺的「犧牲品」。兩千多年來，雖然「吳宮花草埋幽徑，晉代衣冠成古丘」，但宮女和太監的悲慘遭遇卻沒有太大的改變。本文就來談談古代宮女無可排遣的寂寥、和她們被扭曲了的性生活。

皇帝有三宮六院、有無數嬪妃，這些嬪妃的日常起居衣食，都需要有人照料；請男人來照料皇帝不放心，請太監來照料也不全能勝任，皇家便配合需要，向民間作不定期的徵選秀女。這些充任宮女的少女，能夠被帝王看上、獲得寵幸的，真是少之又少、萬中無一；連嬪妃都沾不到君王的雨露了，又何況這些伺候嬪妃的丫環呢？

▎左：清宮貴婦以假陽繫腰互相慰藉
▎右：清中葉描繪宮中妃嬪們裸身磨鏡以滿足性飢渴的春畫

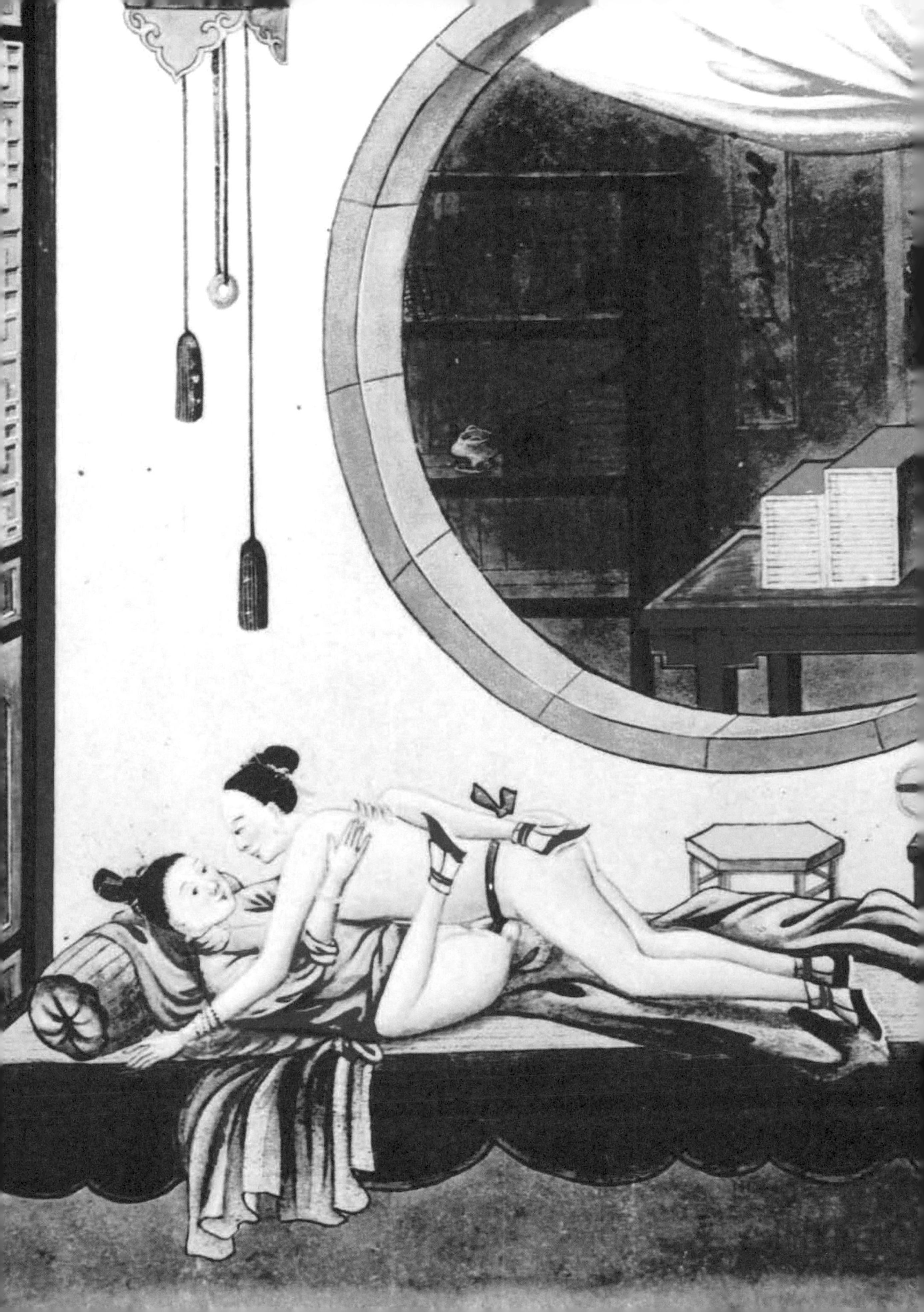

正因為宮女生活寂寥，唐僖宗時，才發生了宮女在替前線戰士縫製棉袍時，把一首感慨萬端的情詩縫在袍中；衣袍被一位名叫馬真的士卒所得，事情傳入僖宗耳裡，皇帝特將那名宮女賜嫁給馬真的故事。

另一件與思春宮女有關的故事「紅葉姻緣」，也發生在唐僖宗時：一位韓姓的宮女，在一片紅色的楓葉上題了一首詩：「流水何太急，深宮盡日閒；殷勤謝紅葉，好去到人間。」楓葉從御溝中流出宮，被讀書人于祐所得，他頗有所感地在另一張楓葉上題了：「曾聞葉上題紅怨，葉上題詩寄阿誰。」而後把它從御溝上游流放進宮；沒想到這片紅葉也為韓氏所得，更沒想到韓氏廿五歲時被放出宮，居然作了于祐的妻子。

關於宮女在深宮中浪擲青春的情形，晚唐的大詩人白居易曾經感慨地詠道：「上陽人，上陽人，紅顏闇老白髮新；綠衣監使守宮門，一閉上陽多少春。明皇末歲初選入，入時十六今六十；同時採擇百餘人，零落年深殘此身。憶昔吞悲別親族，扶入車中不教哭；皆云入內便承恩，臉似芙蓉胸似玉。未容君王得見面，已被楊妃遙側目；妒令潛配上陽宮，一生遂向空房宿。宿空房，秋夜長，夜長無寐天不明，耿耿殘燈背壁影，蕭蕭暗雨打窗聲……。」（〈上陽白髮人〉）道盡了宮女生活的枯寂無聊。

當「春風桃李花開日，秋雨梧桐葉落時」，感懷思春的宮女如何發洩情慾呢？她們除了自慰之外，就只有找別的宮女「對食」或與宮中太監結為「菜戶」了。

「對食」是指宮女彼此合作，以各種愛撫來發洩性慾的女同性戀行為，《前漢書》卷九十七〈外戚傳〉裡，就有關於宮女對食的記載：「房（宮婢道房）與宮（女史曹宮）對食」東漢應劭註云：「宮人自相與為夫婦名『對食』。」或許夫妻的特色之一是對桌而食吧，當時人便把結為夫妻的宮女隱稱為「對食」。

有些宮女卻不慣與同性假鳳虛凰，而寧可找太監去發洩情慾；太監雖然不是男人，但畢竟曾是男人，並且終究與女人稍有不同。關於宮女和太監偷情的事，歷朝也時有所聞；像明思宗崇禎帝有一次召田貴妃，田貴妃坐著由宮女抬來的鳳輿去見皇帝，皇帝問為何不讓太監抬轎子？田妃說：「小太監多恣意無狀。」皇帝沒聽懂，田妃只好又說：「坤寧宮（周皇后居處）小太監狎宮婢，不得不迴避。」崇禎皇帝一聽大怒，便派人到坤寧宮搜查，果然搜出了不少「狎具」，也就是太監用來對付宮女的「假陽」。（事見清人查慎行《人海記》）

宮女太監的匹配，有時也成了半公開的事，或竟得到有司的默許。《明史》懿安后本傳上說：「宮人無子者，各擇內監為侶，謂之『菜戶』，其財物相通如一家，相愛如夫婦；既而妃嬪以下亦頗有之，雖天子亦不之禁，以其宦者，不之嫌也。」「菜戶」一詞的由來，據說是因為太監不能人道，宮女與太監的匹配，便有些「吃齋」的意味在內；這樣說來，一般的夫婦應該稱作「肉戶」了。

宮女自慰也好、對食也好、和太監結為菜戶也好，都只是「畫餅充飢」而已，除非獲得君王的臨幸、或被發放出宮，她們始終只有過著被扭曲了的性生活。

宮女在深宮熬到頭髮白了、嚥下最後的一口氣之後，便被太監抬出宮掩埋了事，明朝時專門埋葬宮女的地方叫「姥姥墳」，在京城西便門外二十里的諸葛莊南邊；據清人劉廷璣說：「冢固纍纍、碑亦林立……每於風雨之夜，或現形或作聲，幽魂不散……。」（《在園雜志》卷三）清人沈榜《宛署雜記》卷十裡更說，宮女臨死時，都遺言不要把棺材埋得太深；她們相信，埋得愈淺愈可以早些轉世投胎、重新作人。大概她們臨死時的願望，全都是來世別再當宮女吧！

近人郭冰如「長恨歌圖」中的白髮宮女

太監也有性生活

清初人夏敬渠《野叟曝言》第八十八回裡，有段對話很有意思：有位名叫懷恩的太監，送文素臣小公子五雙綉鞋，素臣收下後笑問：「老太監並無內眷，怎這鞋綉得如此鮮麗？」懷恩答說：「宮中（太監）都有宮女對食，這是懷恩對食親手做的，因時日局促，趕慌了，做得不好，博老夫人一笑罷了！」

上述對話中太監「娶妻」一事，絕非小說家向壁虛構之言，太監和宮女私下結為夫妻，在歷朝後宮中均時有所聞；他們同是被鎖在深宮裡，失去自由的人，他們同是生活枯寂、迫切需要安慰的人，彼此結伴也是很自然的事。清初人史玄在《舊京遺事》裡說：「內官（太監）宮人私侍，名為『對食』，又稱『菜戶』。」這是明朝時北京宮殿裡的情形。太監和宮女私下裡結為夫妻，多半是兩相情願之事，如果宮女是被逼迫的，用強的太監則被稱為「白浪子」（清初人毛奇齡《西河詩話》中語）；「白」是「閹割」的意思，因為閹割後就「清清白白」了（所以民間自行閹割者稱「私白」），「白浪子」就是「花太監」或「風流太監」。

太監和宮女結為夫妻，也不全是偷偷摸摸的，有些太監或因有功、或因受寵而獲得皇帝賞賜妻子；像唐玄宗就替太監李輔國娶元擢之女為妻，明宣宗也曾賜太監陳蕪兩位宮女作妻子。也有些權大勢大的太監公然娶妻，並且對象及於民間良家女子；像唐玄宗時太監高力士就垂涎河間刀筆吏呂元晤美麗的女兒，而將她娶回家當老婆，並讓呂元晤升官當少卿以為報。又如明英宗時，鎮守大同的太監韋力轉，強取民女為妾，結果事情鬧到皇帝面前，這類例子真是不一而足。

嫁給太監的女人，也並非全是被迫的，對某些貧家女而言，太監的財富和權勢足以遮蓋住他們身體上的缺陷。《野叟曝言》第廿五回裡，有一個太監對賣魚的少女說：「你敢（情）還沒有丈夫，咱家裡富貴多著哩；你若有爹媽，回去說知，咱情願多出些銀子，帶妳進京，做個乾夫妻。你爹媽要做官，咱就給他做，你到那時，方知儘著你受用，不強似你賣魚嗎？」以歷朝許多有權有勢的太監來印證，上述太監的一番話倒並非虛言。

北平的宦官

或許有人會問，太監是「不男」之人，連一點「本錢」都沒有，幹嘛要討老婆？其實，娶妻子也不全為了發洩性慾啊，洗衣燒飯、吹燈作伴，太監照樣需要有個女人照料衣食起居、說說知心話。而且，太監為什麼就不能有性生活呢——如果我們把「性生活」的定義放寬一些的話。

從常理來推測，沒有了「本錢」的太監，大概只能用各種愛撫的手段來發洩情慾、滿足異性吧，事實也大致如此。關於太監的性生活，史籍中雖然談論得很少，但仍有些蛛絲馬跡可循；明朝中葉時，田藝蘅的父親在北京作官，與太監侯玉交情深厚。侯玉不但有太太，還有好多小老婆，都長得貌美如花。後來田某父親督學廣東，出京時，侯玉替他送行，並贈給他兩個女子；這是與太監相交至厚者才有的事。兩女中有一個名叫白秀，長得楚楚動人，是侯玉極為寵愛的姬妾。田父暇時好奇地向白秀探問起太監的性生活，結果真如傳言「相愛淫謔甚于平人夫妻居室之事」。田藝蘅在其《留青日札》卷二裡，引述白秀的話說：「每一交接，則將女人遍體抓咬，必汗出興闌而後已。其女人每當值一夕，則必倦病數日，蓋慾火鬱而不暢故也。」這是相當真實可靠而足以信賴的「第一手資料」。

除了手口並用外，有些太監在與女人交歡時還使用類似假陽的「狎具」，據清人查慎行《人海記》所載，明思宗聽田貴妃說後宮小太監恣意狎弄宮婢，大怒之下派人到後宮搜索，果然找出了不少的狎具。而清末民初時，北京若干有名的藥材舖中，也有「陰角」出售，據說就是清宮太監用來對付宮女的狎具；陰角是一截類似男陽的鹿茸乾角，不過角上的茸毛已被擦盡。從陰角亦可想見太監和女人敦倫交歡時的情狀了。

蜂擁著慈禧太后的一群清宮太監，右首為李蓮英，左首為崔玉貴

一樹梨花壓海棠

元朝紙本春畫描繪男人壓著女子行淫的情景。

二八佳人七九郎，蕭蕭白髮對紅粧；
杖藜扶入銷金帳，一樹梨花壓海棠。

——《趣味集》卷二詩話

前引七絕詩，是六十三歲的老人納一十六歲的少女作小星，友人所作的遊戲詩；以梨花之白、海棠之紅，來形容紅顏白髮的匹配，真是十分鮮活，因而「一樹梨花壓海棠」也成了老夫少妻的代名詞。

紅顏白髮的婚配，一向被人當作風流韻事來談；晚明淩濛初《拍案驚奇》卷二十「李克讓竟達空函　劉元普雙生貴子」就是個例子，故事說洛陽有一官人，姓劉名弘敬，字元普，曾任青州刺史，六十歲告老還鄉，繼娶了未滿四十歲的夫人王氏。劉元普平時廣行善事、仗義疏財，到了七十歲時，四十多歲的夫人竟替他生了一個兒子。有一天，丫環不小心失手跌哭了公子，奶媽罵她，她回嘴道：「你這老豬狗！倚仗公子勢力，便欺負人，破口罵我！不要使盡了英雄，莫說你是奶子，便是公子，我也從不曾見有七十歲的養頭生，知他是拖來也是抱來的人……？」

奶媽一狀告到劉元普那兒，當晚劉元普把朝雲叫到房裡，摒退了眾人，關起房門，要和朝雲真刀真鎗地試一試本事，消她的疑心。朝雲不敢違拗，只得脫衣伺寢。但只見：一個似八百年彭祖的長兒，一個似三十歲顏回的少女。尤雲殢雨，宓妃傾洛水，澆著壽星頭；似水如魚，呂望持釣竿，撥動楊妃舌。乘牛老君，摟住捧珠盤的龍女；騎驢果老，搭著執笊籬的仙姑。胥靡藤纏定牡丹花，綠毛龜採取芙蕖蕊。太白金星淫性發，上青玉女慾情來。

淩濛初說：「劉元普雖則年老，精神強悍。朝雲只得忍著痛苦承受，約莫弄了一個更次……。」一個更次就是兩個鐘頭，這可真是「乖乖隆地咚」！淩濛初的形容是否誇大，筆者不敢斷言，但其他古籍裡，也常常提到精力旺盛的老人，像清人劉獻廷《廣陽雜記》卷二裡，形容攻打俄國有功的大將林興珠「雖老，不能一日無婦人。」清人袁枚《新齊諧》中有一則「百四十村」說閣學周公煌的祖父九十九歲才結婚，新娘子十九歲，是貪圖萬金聘禮才下嫁的；結果夫妻生了一個兒子，就是周公煌的父親。老人活到一百四十歲才死，妻子還是早他一步去世的。

在男人眼中，紅顏白髮是人生的佳話韻事，在女人心理，卻往往覺得這種匹配真是委屈萬分：因為人一上了年紀，辦事效率自然差了，精力再怎麼也無法跟後生小夥子相比。晚明淩濛初在《二刻拍案驚奇》卷十「趙五虎合計挑家釁　莫大郎立地散神奸」裡，形容年望七十的莫翁偷情時的光景就說：「老人家，再不把淫心改變，見了後生

天寶四年，六十一歲的唐玄宗娶二十七歲的楊玉環為妃

家（年輕人）只管歪纏。怎知道行事多不便：搵腮是皺面頰，做嘴（親嘴）是白鬚髯，正到那要緊關頭也，卻又軟軟軟軟軟。」

清朝乾隆年間刊行的《笑林廣記》卷六上，也有一個「老娶」的笑話，說一老人欲娶，女孩見他鬚髮盡白，不肯嫁他。老頭兒賄囑媒人說：包管他每夜有事，如果一晚空度良宵，願被打五大板子。女孩嫁過來後，初夜老頭兒還勉為一度，次晚就不能動彈。女孩把老頭兒推倒在地，狠狠地打了五板。老頭兒挨完之後伏在地上不肯起來，女孩問他幹嘛？老頭兒陪笑地說：「求賢妻索性打上整百，往後一起好算帳。」

《笑林廣記》卷六裡，還有一則更好笑的「上路來」，嘲諷行房的老人說：「一老翁勉力行房，陽痿不能進，舞弄既久，不覺鼻涕橫流，因嘆曰：我說為何這等乾澀，原來打從上路出來了。」這樣的本事，如何能贏得少女的歡心？

少女不喜歡上了年紀的情郎，動作慢慢吞吞也是原因之一，晚明馮夢龍輯集的蘇州民謠《山歌》卷四裡的〈老人家〉就說：「結識私情沒結識箇老人家，老人家做事慢他他；後生家見子（了）人來三腳兩步閃開子去，老人家還要的的搭搭摸蒲鞋。」偷情時動作這樣慢條斯理，人來了怎生閃避？

但是上了年紀的人，談戀愛也未必輸小伙子，財力、名望、智慧、、體貼和耐性都是他們令少女心動之處。民初時，某文士年逾六十，膝下猶虛，央媒人覓得一美女為妾；女孩心有未甘，洞房之夜出對句為難新郎說：「白屋堂前，白髮郎君，嘴扁扁、背駝駝，呸啐嘰，站開些，今生莫想。」不料這老新郎滿腹詩文，立刻對出下句道：「紅羅帳內，紅粉佳人，眉清清、目秀秀，哎喲呀，靠攏來，前世姻緣。」新娘一聽對仗工整，也只好半推半就地寬衣解帶了。

在外人看來，紅顏白髮倒真是一樁前世註定的姻緣呢！

福建兩廣的女同性戀風俗

描繪女同性戀的一幅當代名畫

中國並不曾出現和「男風」相對的名詞：「女風」，這說明了女同性戀在中國遠不及男同性戀來得普遍。雖然如此，古代宮廷裡的宮女、尼庵裡的尼姑，和戲班女伶之間，仍然有發生同性戀的可能；筆記小說裡，也間或提到一些女同性戀的特殊個例。值得注意的是福建和兩廣的許多縣市鄉鎮，不但曾經有過女同性戀的事情發生，並且蔚為風俗，這就是本文所要談的「金蘭會」與「不落家」了。

在民初人張心泰《粵遊小誌》裡，曾對當地的女同性戀有一番好奇的描述：「廣州女子多以拜盟結姊妹名『金蘭會』……。近十餘年，風氣又復一變，則竟以姊妹為連理枝矣。且二女同居，必有一女儼若稾椹（丈夫）者。然此風起自順德村落，後傳染至番禺、沙茭一帶，效之更甚；即省會中亦不能免，又謂之『拜相知』。凡婦女訂交後，情好綢繆，逾於琴瑟，竟可終身不嫁。」

這類互結金蘭的女子也稱「自梳女」，這個名詞有兩種解釋：有人認為這是因為當一對女孩結金蘭時，就把

清朝玻璃畫描繪兩貴婦相互自慰

頭髮盤起，改梳成已嫁婦人的髮髻，表示自己嫁了，也有人認為從前雛妓初次接客叫「梳弄」或「梳攏」，稱結金蘭的女子為「自梳女」是「自己梳弄」之意。至於兩個女孩共賦同居時，如何發生肉體關係，民初的學者雖語焉不詳，想來不外是舉體相湊的「磨鏡」或借助「角先生」一類的假陽具而假鳳虛凰一番吧！

福建兩廣發生女同性戀，是有其特殊的地理環境和背景的；這些省份由於地瘠民貧，謀生不易，青年男子往往自小就離鄉背井，到外地討生活，或移民南洋，或討海為生。留在家鄉的女性，也必須自力更生，在缺乏男人扶持的情下，福建兩廣的年輕女子彼此結盟姐妹、互助互慰是很自然的結果。金生「粵桂的自梳女和不落家」一文裡也說：「自梳女……她們完全不恃男人來生活，她們是自謀自食參加各種各式的勞動，如絲廠女工、採桑者、廚役使媽、搖船或挑夫等。」（見《東方雜誌》第卅二卷八號，民國廿四年一月廿四日刊行）

可是「男大當婚，女大當嫁」，作父母的絕對不會允許女兒長此以往，終身不嫁的。當經由父母之命、媒妁之言，自梳女被迫出嫁時，她的同居人雖然不敢違反社會傳統，不敢公然抗拒，卻採取了消極的不妥協，要出嫁的自梳女「不落家」。

所謂「不落家」就是「不失落於夫家」的意思，新娘在婚禮的兩天裡只作名義夫妻，不和丈夫行周公之禮，等第三天回門後，就百般避匿，不返夫家（稱為「走密身」）。為了達到不落家的目的，在自梳女出嫁前夕，她的結義姐妹就把她的內衣內褲用針線密密縫好，同時還給她吃許多「白果」（俗稱「銀杏」），以減少她的大小便，可以不必解衣。婚禮當天，她照樣坐花轎、照樣和新郎拜天地祖宗；只是在進洞房之後，新郎求歡時，她卻取出預藏的刀剪，以自殺為要脅來拒絕新郎。等第三天回門後，自梳女回到結義姐妹身邊時，她們還要檢查她，看她的內衣褲縫線有沒有拆開，如果發現新娘「失身」於夫，還會對她打罵斥辱，嚴施刑罰哩！

新娘夫家對一去不返的新娘往往無法過問，一則自梳女彼此團結、紀律嚴明，不是兩三天有名無實的婚姻制度所能敵對的；更常見的情形是丈夫婚後沒幾天，又得離家謀生，經年不返，男方家長想硬也硬不起來。近人胡樸安在談廣東〈番禺之婚俗〉一文裡就說：「（番禺）鄉中多有子娶婦，滿月後即過埠謀生者，夫無對語，婦亦無怨言。蓋徒有夫婦之名，而未有夫婦之實，故皆淡然若忘也。」（《中華全國風俗志》下篇卷七）

據金生前引文所說，不落家在廣東的高明、順德、南海、鶴山、東莞等縣，廣西的桂林、武宣、邕寧等縣和福建的惠安縣都十分流行；有的自梳女奉行「不落家主義」直到老死，也有的在逢年過節返回夫家，與丈夫履行夫妻義務而生育子女後，便脫離了女同性戀的組織，開始過正常的夫妻生活。

上述女同性戀的風俗並非民初時才有的事，清朝道光年間人梁紹壬在其《兩般秋雨盦隨筆》卷四裡就說：「廣州順德村落女子，多以拜盟結姐妹，名『金蘭會』。女出嫁後歸寧，恆不返夫家，至有未成夫婦禮，必俟同盟姐妹嫁畢，然後各返夫家；若促之過甚，則眾姐妹相約自盡。此等弊習，雖賢有司弗能禁也……。」這種最少延續了一百多年的女風，真可說是一種「異色的浪漫」。

看她是否貞潔

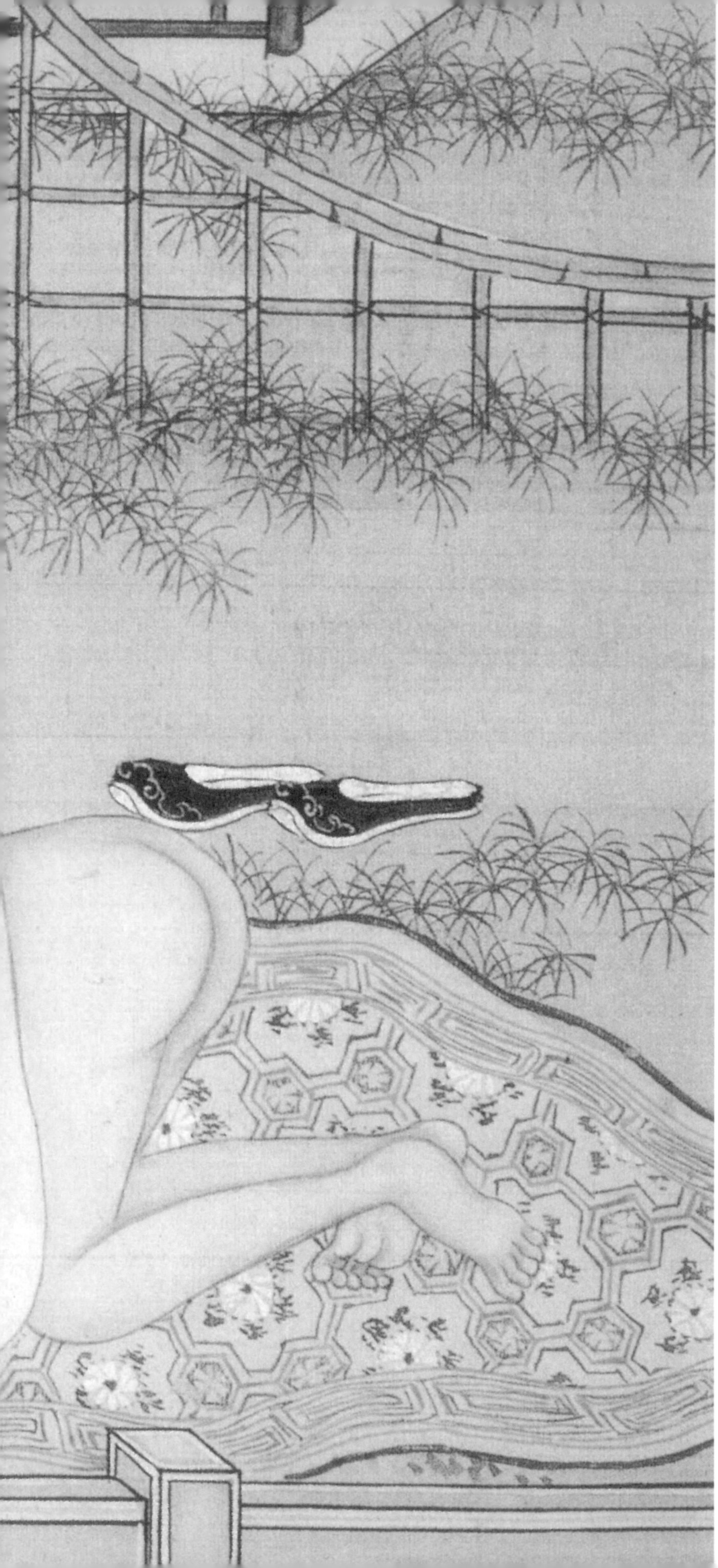

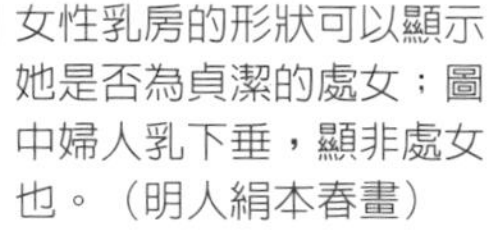

女性乳房的形狀可以顯示她是否為貞潔的處女；圖中婦人乳下垂，顯非處女也。（明人絹本春畫）

自己心愛的女人是否貞潔，是絕大多數男人所關心的事，古往今來的中國人，便曾想過一些試驗女性是否貞潔的辦法。

未婚女性是否貞潔，似乎是「一看便知」的事；筆記小說中也時常出現「處女檢驗」的場面。像明人馮夢龍《醒世恆言》第七卷「錢秀才錯占鳳凰儔」裡，錢青和顏俊是表兄弟；窮秀才錢青長得一表人才，又飽讀詩書，顏俊雖家財萬貫，卻胸無點墨、容貌醜陋。顏俊看上了高贊之女秋芳，派人去高家說媒，相親時怕自己才拙貌醜，壞了大事，便託錢青頂替自己去高家。高贊一見大喜，便答應了婚事。當迎親時，錢青又受託前往；不料風雪阻斷了交通，錢青被迫停留在高家舉行婚禮。洞房花燭夜之後過了三天，錢青才帶著秋芳去見顏俊。顏俊大怒，告到縣衙府裡，錢青對縣官大尹說他受人之託，不敢徇私，雖然和新娘共睡了三個晚上，卻秋毫無犯。大尹不信，當下想出個主意來：

……便教左右喚到老實穩婆一名，到舟中試驗高氏是非處女，速來回話。不一時穩婆來覆知縣相公；那高氏果是處子，未曾破身。

穩婆就是接生婆，她們從性器官外形來鑑別處女的知識，今日的婦產科醫生也都會，並沒什麼了不起，但是學婦產科的男人究竟少之又少，對大多數未婚的男人來說，外形鑑定法是行不通的；他們只能憑初夜時有無「落紅」來判斷女孩是否貞潔。

這種落紅鑑別法也有缺點，一則不落紅不一定就表示不貞，因為處女膜會因其他劇烈運動而破裂，不是只有發生性行為才會破裂。二則落紅也不定就表示貞潔，因為許多醫院都可以替女人施行「處女膜整型」手術，把非處女變回到處女來。在沒發明整型手術的古代，失貞的新娘也可事先準備一塊染上雞冠鮮血的白手帕，事後在黑暗中來個「偷天換日」；更有預先把雞血灌入魚肚泡內用線紮好，入洞房前先塞進自己下體的。……，各式各樣的方法，使「落紅」根本喪失了意義。

雖然落紅不足為憑，古代中國男人還是可以從體態上來看一個女孩有沒有性經驗。現代人以為，有過性經驗的女人，頸子和臀部比較粗肥，古人則有另外的看法；元人王實甫《西廂記》裡，鶯鶯和張生偷情之後，老夫人鄭氏立刻查覺鶯鶯的體態與此前不同了：「這幾日見鶯鶯語言恍惚，神思加倍，腰肢體態，別又不同。」所謂不同云云，大概即是所謂「成熟」的風韻。但風韻嫌抽象，古人還從女孩的眉毛和乳房來辨別她是否處女：《西廂記》裡，張生和鶯鶯初夜之後，張生唱〈賺煞〉道：「春意透酥胸，春色橫眉黛，賤卻那人間玉帛，杏臉桃腮乘月色，嬌滴滴越顯紅白。」清初人金聖嘆在頭兩句下面批道：「看其胸、看其眉，此兩看毒極，正是看新破瓜女郎法也。」據說，非處女的眉毛一根根從皮膚上站起來，處女則緊貼住眉骨的皮膚上。乳房則處女的緊繃繃、昂然挺立，非處女則有軟垂下塌的現象。

上述說法在古代中國流傳很廣，清初人紀曉嵐《閱微草堂筆記》卷廿三〈灤陽續錄〉裡，有一個紀某親耳聽來的故事說：「余幼聞某公在郎署時，以氣節嚴正自任。曾指小婢配小奴，非一年矣。往來出入，不相避也。一日，相遇於庭，某公亦適至，見二人笑容猶未斂，怒曰：是淫奔也。於律，姦未婚妻者杖，遂至呼杖。眾言兒女戲嬉，實無所染，婢眉與乳可驗也……。」眾口同聲說驗婢女的眉毛與乳房以證明她是否處女，亦可見此說非一人之遐思杜撰。

民初學者李金髮編《嶺東戀歌》裡，有一首說：「石榴打（開）花豔豔紅，看妹不曾人開封，開裡封門看得出，身子過扁乳過中。」另一首民初俗曲〈姑娘打鞦韆〉，敘述少女與情郎有私晚歸，父母猜她做了不可告人之事，喝道：「爹娘好怪哉，爹娘好怪哉，怎這晚上妳才

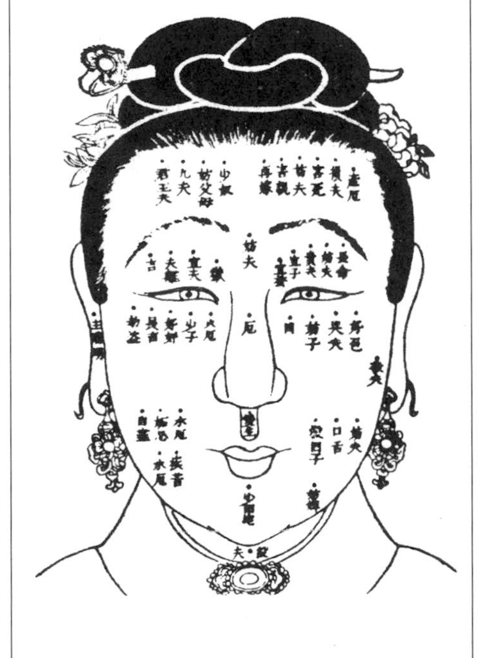

「女人面痣圖」標明左眼角下方有痣之女人好色

來，咂咂大必定是作了怪……。」咂咂指乳房，也都是從乳房來鑑別處女的例子。

除了觀察體態之外，古代中國還用驗血法來鑑定少女有沒有過性經驗。清人采蘅子《蟲鳴漫錄》卷一裡有個故事說：「某家女偶與鄰少聚語，族伯遇之，數日後過伯家，伯憶前事訓以男女有別，應自避嫌。女聞而默然，次日，偕伯母晨妝，對鏡故插酒疵令破，滴血水中，凝如珠，佯詫曰：血入水不散何也？伯母曰：汝女身，應如是，女頷之，蓋以釋前疑耳……。」原來古代中國人還相信處女之血滴入水中不散而凝如珠。

婚前貞潔已如上述，婚後的女人有無外遇，做丈夫的又如何知道呢？古代中國人至少發明了下列兩種辦法：

> 蜥蜴或名蝘蜓，以器養之，食以朱砂，體盡赤，所食滿七斤，冶擣萬杵，點女人支體，終年不滅，唯房事則滅，故號「守宮」。
>
> ——晉人張華《博物志》

試婦女之貞淫，取向東行馬蹄土，密藏於其衣領，

吃了朱砂的守宮通體皆赤，可擣製測試女人貞潔的藥物

如有外情，則自露於言語之間，否則不應。

——民初人汪翰《祕術海》奇術妙方門

這兩個辦法古人行之是否有驗，誰也不知道，但它還是有缺點的，如果太太私下也養了一隻「守宮」，等她偷情完畢，丈夫所點之紅消失了，自己再照原樣點上去怎麼辦？而且對今人而言，這兩個試驗法都不太行得通；一則住公寓的人去那兒找蜥蜴，二則住都市的人既看不到泥土、更看不到馬，那裡去找「向東行馬蹄土」呢？

後世的中國人又想出了「面相」、「體相」法，來鑑別女人的貞淫。如《麻衣相法全書》卷三說：「眼光如水，男女多淫」、「髮濃鬢重兼斜視以多淫」。《古今圖書集成》藝術典第六百四十一卷引〈鬼谷相婦人歌〉云：「有威無媚精神正，行不動塵笑藏齒，無肩有背立如龜，此是婦人貞潔體。有媚無威舉止輕，此人終是落風塵，假饒不是娼門女，也是屏風後立人。」又〈秋潭月說婦人歌〉云：「女人搖膝坐，蜂腰乳大垂，如斯衣食薄，背婿卻為非。女人桃花眼，須防柳葉眉，無媒猶自嫁，月下與人期。見人掩口笑，手慣掠眉頭，對人偷眼覷，終須趁客遊。」可謂鐵口直斷。

而在明人小說《金瓶梅詞話》第廿一回裡，也有〈相淫女歌〉：「斜倚門兒立，人來倒目隨，托腮并咬指，無故整衣裳，坐立隨搖腿，無人曲唱低，開窗推戶牖，停針不語時，未言先欲笑，必定與人私。」這在《古今圖書集成》卷六四一裡稱為「婦人十賤歌」，都可見中國人判斷女性貞淫的標準。

人類學家說，人的祖先是猿猴，猿猴是群婚制，無所謂貞操的，因而在一夫一妻制度下的人類，這種原屬於猿猴的本能常把他們拖向不貞的情境裡，正因為不貞是一種生理上的本能本性，古代以男性為中心的中國社會，才會出現這許多測試女性是否貞潔的方法吧！

安能辨我是雌雄

男同性戀也是雌雄不分的一種性關係。（清人絹本春宮繪卷）

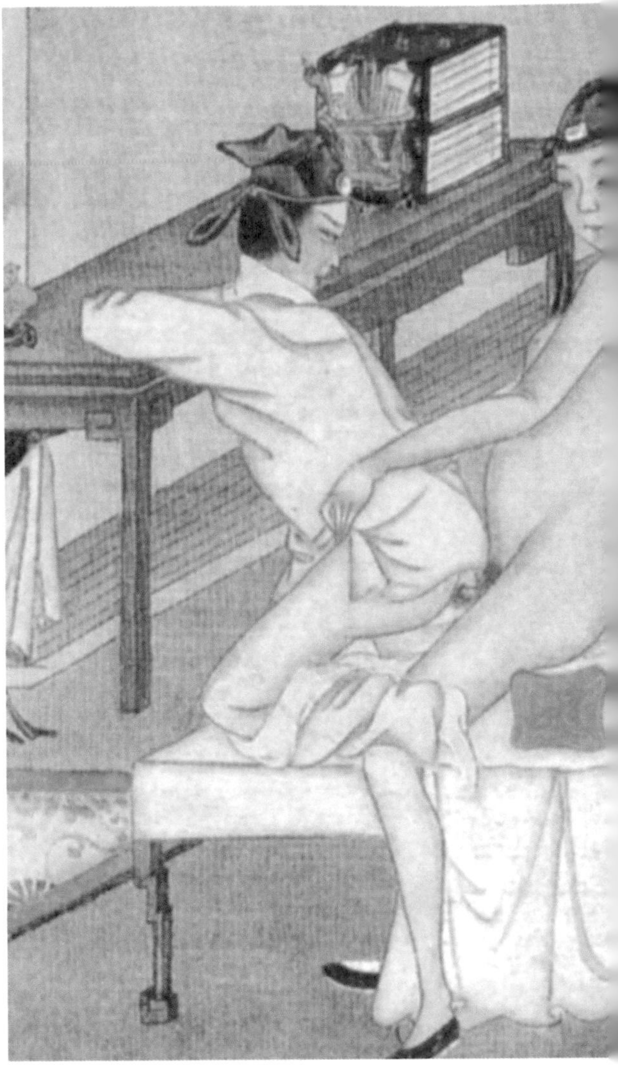

清人李漁《無聲戲》第九回裡，有個接生婆在嬰兒呱呱墜地後，從產房出來，對門外等消息的丈夫說：生下來的既不是兒子、也不是女兒。作丈夫的大惑不解，接生婆要他自己進去看，結果他進房只見：

肚臍底下，腿跨中間，結子丁香無其形而有其跡，含苞荳蔻開其外而閉其中，凹不凹、凸不凸，好像個壓扁的餛飩，圓又圓、缺又缺，竟是個做成的肉餃，逃於陰陽之外，介乎男女之間。

竟是個不男不女，半雌半雄的陰陽人。

近代醫學指出，陰陽人是同時具有男性與女性生殖器官者，由於性器官生長排列方式的不同，又有許多不同的類型。而佛經對各種陰陽人，也曾作過一番分析；

《法華經》就說：「菩薩不應親近五種不男之人，以為親厚。」不男之人也叫「扇搋」或「黃門」（黃門是太監之意），如慧琳《一切經音義》說：「扇搋，此名黃門，其類有五。」那五種不男之人呢？（一）生不男，謂生來男根不發育也。（二）犍不男，謂除去男根者，如閹人。（三）妬不男，謂男根似無，見他人行淫而生妬心，根始勃發也。（四）變不男，謂遇男則變女根，遇女則變男根也。（五）半不男，謂半月能為男根之用，半月不能也。

妬不男或半不男在古籍中資料較少，前者是一種變態心理、後者則屬生理上的病態。犍不男也就是太監，在古籍中的資料倒是很多，但嚴格說起來，只有生不男和變不男，才是真正的陰陽人。

《無聲戲》中的故事是個生不男的例子，變不男在典籍中也時有所聞，像晉人干寶《搜神記》卷七說：「惠帝之世，京洛有人一身而男女二體，亦能兩用人道，而性尤好淫。」明人謝肇淛《五雜俎》卷五也說：「毗陵一搢紳夫人，從子至午則男，從未至亥則女，其夫亦為置妾媵數輩侍之。」有一位在下午一點至晚上十二點之間和這位

左：唐朝的觀音菩薩留著鬍子，是男神

右：宋朝以後的觀音菩薩變成了女神

陰陽人相處交歡的女人，敘述她的感受說：「與男子殊無異，但陽道少弱耳。」這是「亦男亦女」或「半男半女」的陰陽人。

也有從小本來是男人或女人，長大後卻自然變性的，像《搜神記》卷七說：「惠帝元康中，安豐有女子曰周世寧，年八歲，漸化為男，至十七、八而氣性成，女體化而不盡，男體成而不徹，畜妻而無子。」這是隱性的陰陽人，在朝男性或女性變化卻半途而廢的例子。清人王士禎《池北偶談》卷下「女化男」一則說：「山東濟寧，有婦人四十餘，寡數年矣，忽生陽道，日與其子婦狎，久之，其子鳴於官，以事屬怪異，律無明文，乃令閉置空室中，給其飲食，戊午年（康熙十七年，西元一六七八）事也。」又如清初人諸聯《明齋小識》說：「崇禎時，泗涇諸生李玉樹（藻）老而無子，女嫁莫姓，琴瑟未服，黃昏散，歸寧弗復返。日後侍婢有身，詰所從來，知日與女交股睡，復詰女，云化男子已久，驗臍下，觸手盈把，由是得螽斯慶。余妻弟陳墨莊（瑛）娶李氏，為其裔冑。」這是自然變性成功的陰陽人。

對於陰陽人的成因，現代醫學的解釋是胎兒在受精懷孕時，因為卵子的染色體帶了病態基因所造成的；但是古代中國人卻認為是孕婦受了天上的星宿影響所致。

在二十八宿裡，東方的蒼龍七宿是角、亢、氐、房、心、尾、箕；其中的心宿神與房宿神，都是兼具男女兩形之神，如果孕婦感受了此二星宿，生下的小孩就是陰陽人。清人褚人穫《堅瓠集》上就說：「玉曆通志載，心房二宿具男女二形，婦女感之而孕，所生亦具二形。」這種觀念由來已久，在傳為南北朝時梁人張僧繇畫的《五星二十八宿神形圖》卷裡，心星房星二神的贊語就說祂們兼具兩形並且性淫。難怪《搜神記》卷七裡也說陰陽人出現時「天下兵亂，由男女氣亂而妒形作也。」

但變性絕不是件壞事，觀音菩薩不也變過性嗎；從唐朝以前的男身變到宋朝以後的女身。現代的陰陽人在變性後更可以到歌廳夜總會作秀，上電視唱歌，演電視現身說法而大撈鈔票。泰國的變性美女更比正常女性美麗妖豔而大賺觀光財。想想看，男人女人的滋味都嚐過的他們，也算是不虛此生了。

那有姨妹配姐夫

淡掃蛾眉會姐夫的虢國夫人（近人潘峭風畫）

半邊下雨半邊晴，我跟么姨斜對面，打把洋傘看丈人。丈人丈人請上坐，聽我女婿說原因：大姑娘得了懷思病，二姑娘切莫說別人。

么姨在樓上綉花鞋，丟了剪子丟了鞋，輕輕巧巧走下來：那有飯甑兩道箍？那有姨妹配姐夫？

——流傳湖北武昌

這首晚清民初的民謠〈那有姨妹配姐夫〉很有意思，說有個男的「得隴望蜀」，對小姨子動了情，跑到丈人面前去表明心意，希望小姨子別被說媒的給說走了，許配給別人；小姨子在樓上聽到後，趕緊下來表示不願意，說那有一個飯鍋外頭紮了兩道竹篾的箍子？那有小姨子嫁給姐夫去做二房的？

這位小姨子一定是早有了意中人，才這樣急著下樓來搶白的，其實在歷史上，姨妹配姐夫的例子太多了，那裡需要大驚小怪呢？

姊妹共事一夫在上古時曾是婚俗之一，流行於諸侯之間；諸侯娶妻，往往連妻子的妹妹、姪女一道娶回來，這種婚俗稱「媵」，媵是隨嫁而往，也就是新娘的姊妹姪女隨著新娘陪嫁到男家。在《公羊傳》莊公十九年裡說：

「媵者何？諸侯娶一國則二國往媵之，以姪娣從。姪者何？兄之子也，娣者何？弟也，諸侯壹聘九女。」這段話的意思是說諸侯娶了某國之女，同時有另外兩國的兩個女孩陪嫁，每個女孩有她的妹妹（娣，女弟）和姪女（姪，兄女）隨行陪嫁，一共是九個人；所以諸侯「壹聘九女」。

上述姐妹共事一夫的婚姻，在後世雖然逐漸不流行了，但有些皇帝還是把一雙或更多的姐妹花都娶進宮來，像舜娶娥皇、女英，西漢成帝娶趙飛燕、趙合德，唐玄宗幸楊貴妃姐妹（韓國夫人、虢國夫人、秦國夫人），五代時南唐李後主娶大、小周后……，不都是姐妹共事一夫的例子嗎！

為何要娶了姐姐，再娶妹妹，或娶了妹妹，再娶姐姐呢？是要滿足「收藏家」對同一「版本」的「同中有異，異中有同」作一番細細比較時所產生的那份快感嗎？

晚明人馮夢龍輯蘇州民謠集《山歌》卷四中有一首〈姐妹〉，就是描寫姐妹共事一夫時的無邊春色：「姐要偷來妹咦（又）要偷，三箇人人做一頭；好像虎面子上眼睛兩箇孔，銜豬騣（鬃）皮匠兩邊抽。」最末一句是形容鞋匠師傅縫布鞋的形態；舊時縫製布鞋用的蔴線，是用豬鬃引導鑽布孔；鑽孔之前，引線的頭（豬鬃）是銜在嘴邊的，作者用引線穿孔兩邊抽的動作來形容一個男子和姐妹兩人同時在床上雲雨的情景，可謂十分鮮活。這一首山歌也告訴我們：姐妹共事一夫不是只有皇帝才能享受得到的豔福。

同時享有姊妹倆人的男子固然是心滿意足，共事一夫的姐妹，就難免為爭寵而勾心鬥角、破壞手足之情了。像趙合德奪了姐姐在漢成帝跟前的寵愛，趙飛燕就對合德大發脾氣，合德邊哭邊對姐姐說：「姐姐難道忘了我倆從前在寒冬的夜裡，擠一個被子，凍得無法成眠，我擁著姐姐取暖的情景了嗎？今日我倆剛剛才得出人頭地，外人正嫉妒不已，隨時想加害我們、排擠我們，我們姐妹又怎麼忍心自相殘害呢？」這番話打動了趙飛燕，兩人才和好如初。

姐夫能勾上小姨，多半是佔了「近水樓台先得月」的便宜；《山歌》裡有一首〈阿姨〉道：「一條浜（濱，小河川）、兩條浜，第三條浜裡斷舡（船）行。揪起子（了）竹竿拔起子櫓，捉箇小阿姨推倒在後舡倉。阿姨

姐妹共事一夫的娥皇女英（明刊《列女傳》）

道：姐夫呀，你弗要慌來弗要忙，放奴奴起來脫衣裳。小阿奴奴好像寄做在人家一缸頭白酒，主人（指未來的丈夫）未吃你先嚐。」這小姨是半推半就地答允了姐夫。

也有時，小姨是姐姐把她拖下水的，姐姐怕自己的私情被妹妹到處宣揚，便要情郎把妹妹也玩上手。像明人醉月子輯《新鐫雅俗同觀掛枝兒》裡的一首〈商議〉：「俏冤家，近前來，我有句話兒商議：曾囑咐你，悄悄地，休被人知，你緣何人面前，常是調情綽趣？妹妹知覺了，恐怕也講是非，一網的兜來也，鉗住他的嘴。」竟是姐姐帶著妹妹和情郎廝混。而這個「一箭雙鵰」的男子，會不會在心裡唱著民初學者王翼之輯《吳歌乙集》裡的那首〈結識私情結識姊妹倆〉呢：「結識私情結識姊妹倆，兩朵鮮花那一朵香？蜀葵花開來空長大，木樨花雖小滿園香。」那可就得不償失了。

在一夫一妻制的今日，姨妹配姐夫當然是法律所不容許的事情，因此姨妹再漂亮，作姐夫的也只有乾嚥口水了；反過來說，姐夫再英俊，姨妹也只有暗中相戀而已。如果姨妹姐夫有一點眉目傳情的事兒，作姐姐的不吃醋才怪。有一則故事說：某甲偕妻赴岳家祝丈人壽，飲酒大醉，頹臥一室，至夜深猶酣睡不醒，正好小姨偶經其室，見姐夫頭垂床畔，怕他跌下床來，便扶他上枕。在挪移之時，某甲驚醒，醉眼模糊中，以為是自己妻子，便牽衣求歡；小姨倉皇遁去。

第二天早上，小姨在堂下遇到姐夫，又羞又惱，便在粉牆上寫了一首詞說：「好心來扶枕，為何扯俺衣？不看姐姐面，一定是不依；可惱，可惱！」

過了一會兒，某甲看到牆上小姨的題詞，便也提筆在牆上辯白地寫道：「好心來扶枕，醉心拉你衣，只當俺妻到，不知是小姨；抱歉，抱歉！」某甲寫完後才釋然地離開。

正好某甲妻子來找丈夫吃早飯，看到牆上的兩首題詞，不禁醋意大發，便也題了一首詞說：「有意來扶枕，有心拉她衣，牆上寫詩句，全都是做作；可恨，可恨！」

恰巧小舅子進房，看見姐姐在題詞，知道是怎麼一回事之後，他也在牆上寫道：「好心來扶枕，醉心拉她衣，姐妹雖一樣，大的是你妻；錯了，錯了！」

他寫完後，跑去告訴父母；老丈人和岳母也來觀看詩句；老丈人看後大怒地在牆上寫道：「不該來扶枕，不該拉她衣；兩個都有錯，下次不可以；胡鬧，胡鬧！」

岳母心疼女婿，見老頭兒如此題詞，怕女婿下不了台，便在牆上題詞安慰女婿道：「既該來扶枕，也該拉她衣，姐夫戲小姨，本來是常事；再來，再來！」

這樣「豁達」的岳母，真是難得。

野花真比家花香？

清朝春畫描繪挑擔貨郎與鋤田村姑偷歡之情景。

南風唔（不）比北風涼，
家花唔比野花香；
家花有風十里香，
野花無風千里香。

——民初・嶺東戀歌

有花，就有家花、野花之別；有老婆，就有自己老婆跟別人老婆的比較。比較的結果，十個男人有九個說：「老婆是別人的好。」

別人的老婆雖好，大多數的男人看看也就算了，如果動歪腦筋去勾搭，這在今人稱之為「偷情」或「打野食」，古代中國還有「挨光」、「打暖」等極為鮮活的名詞。

民初時一首海南島瓊山的民歌「花有主」，就敘述一個男子看上了別人的老婆，打算展開愛情攻勢：

看見花朵排（伸）出路，
心思摘花又無步（墊腳梯石）；
求得大風打花吊，
打花吊低奔（給）我摸。

男子藉著情歌透露出自己愛慕的心意，而女的回答說：

正見朵花排出路，
你是他人心勿枯（想）；
花有欄杆花有主，
誰種誰成誰來摸。

男的只期盼女的自動獻身，當然偷情不成啦，天下那有這麼便宜的事？

看看明人蘭陵笑笑生《金瓶梅詞話》裡的西門慶吧，看他是如何把別人的老婆攬進懷裡的。西門慶已有一妻四妾了，還先後看上了武大郎的老婆潘金蓮、花子虛的老婆李瓶兒、來旺兒的老婆宋蕙蓮、韓道國的老婆王六兒和熊旺的老婆如意兒等人。

勾搭潘金蓮時，是請認識潘金蓮的王婆居間拉縴，以替王婆縫壽衣為名，把潘金蓮請到王婆家，西門慶再去搭訕的；勾搭李瓶兒時，是施計把李瓶兒的丈夫花子虛請到勾欄妓院中鬼混、徹夜不歸，自己再乘虛而入。西門慶比武大郎或花子虛強多了，不論家世相貌都拿得出去，所以潘金蓮和李瓶兒便輕易地失身了。勾搭宋蕙蓮和王六兒就更簡單了，因為她倆的丈夫來旺兒、韓道國都是自己的奴僕，隨便派個出遠門的差事給他們，再對宋蕙蓮和王六兒略施小惠，那有不肯之理？勾搭熊旺的妻子如意兒也是如此，如意兒是西門慶兒子官哥的奶媽，平常就羨慕西門慶的財富聲勢，所以李瓶兒病死後，西門慶一勾搭如意兒，如意兒立刻就順從了。

偷情的男人當然認為家花沒有野花香了，並且還喜歡聽野花說他比自己丈夫強；《金瓶梅詞話》第十七回裡，李瓶兒就對西門慶說：「他（花子虛）逐日睡生夢死，奴那裡耐煩和他幹這營生？他每日只在外邊胡撞，就來家，奴等閒也不和他沾身……，奴與他這般玩耍，可不砢磣殺奴罷了，誰似冤家（西門慶）這般可奴之意，就是醫奴的藥一般，白日黑夜教奴只是想你……。」這番話當然讓西門慶樂得心花朵朵開了。

別人的老婆真比自己老婆標緻嗎？有時候男人打野食純粹只是佔便宜和嚐鮮的心理在作祟。晚明馮夢龍輯蘇州民謠集《山歌》卷五裡，有一首〈美妻〉說得好：「絕標致箇家婆捉來弗直（值）錢，再搭東夾壁箇喇嗟（邋遢）婆娘做一連。箇樣事務才是五百年前宛魂帳，拾子（了）黃金抱綠磚。」作者馮夢龍在這首民謠後也感慨地說「承恩不在貌，教妾若（怎樣）為容。」

馮夢龍編的《笑林廣記》卷六裡，有一首〈換床〉形容得更妙：

> 一翁欲偷媳，媳與姑說明，姑云：「今夜你躲過，我自有處。」乃往臥媳床而滅火以待之。夜深，翁果至，認為媳婦，雲雨極歡；既畢，嫗罵曰：「老殺才，今夜換得一張床，如何就這等高興？」

「樂由心生」，真是一點也不假。

一心想佔便宜而調戲別人老婆的男子，有時也會自食惡果；春秋時候的魯國人秋胡，娶妻五日便離家到陳國作官；過了五年才回家。快要到家時，他看到路邊有個美麗的婦人在採桑葉，便拿出黃金來想勾搭對方。那個婦人不為所動，秋胡便意興闌珊地回家了。過了一會兒，他半路上挑逗的婦人也進門了，才知道就是自己闊別了五年的妻子；秋胡很慚愧，他的妻子更傷心絕望，最後便投水自盡了。

清人諸聯《明齋小識》裡，有一則〈看妻〉也說：姚某人生性輕佻，有次他跟兩三個朋友在城門處閒逛，遠遠看到前面有幾個女郎打扮得很俏麗，便慫恿友人一起上前調戲。他的朋友走得快，先上前口出穢言、品頭論足了，等姚某趕到現場，才發現她們是自己的妻妾；趕忙忸怩地告訴友人說明真相。別人的老婆就可以讓自己盡情調戲，自己的老婆就不准別人調戲，這是什麼「二元論」哪？

對於抱持「家花沒有野花香」而慣會偷情的男人，民間流傳的一首歌謠不啻是當頭棒喝：「勸君莫借風流債，借得快來還得快；家家有個還債人，你要賴時她不賴。」晚明人淩濛初在《二刻拍案驚奇》卷十四裡，也對慣吃野食者作了一番規諫：「美色他人自有緣，從傍何用苦垂涎？請君只守家常飯，不害相思不損錢。」這些看似「迂腐」之言，倒也值得一些慣打別人老婆主意的人三思。

浪漫繾綣篇

山歌的魔力

月亮出來滿山白，山對山來崖對崖；東山唱歌西山應，唱著唱著挨攏來。（圖／胡平）

車水要唱車水歌，唱起山歌快活多；
八個香瓜榔頭團團轉，雙腳替換快如梭。

人在太陽下揮汗工作時，常會不自覺地哼唱著，像是歌聲能消除疲勞、增進工作情緒和效率似的，民歌就這樣誕生了。

從《詩經》的「采采芣苢」、南北朝的「江南可采蓮」，一直到明清時採茶娘的採茶歌、樵夫的樵歌、農夫的車水歌、下田歌、船夫的船歌，都是這樣誕生的，這類也自娛、也娛人的歌謠，古人統稱之為「山歌」。像清人捧花生《畫舫餘譚》裡，形容南京擺渡的船夫：「手握長篙，裸體圍尺布，相率唱淫褻山歌，三兩句內，必以『小娘子』、『海棠花』間之……。」明明是船歌、水歌，卻也叫作「山歌」。

山歌可以獨唱，也可以對唱。唐朝時，廣東省有一個對唱山歌的故事，像愛情神話般地感人。清人王士禎《池北偶談》卷下〈粵風續九〉一則說：「相傳唐神龍（唐中宗年號，西元七〇五至一七〇六年）中，有劉三妹者，居貴縣之水南村，善歌。與邕州白鶴秀才，登西山高台，為三日歌。秀才歌芝房之曲，三妹答以紫鳳之歌。秀才復歌桐生南嶽，三妹以螺飛秋草和之。秀才忽作變調，曰朗陵花，詞甚哀切。三妹歌南山白石，益悲激若不任其聲者，觀者皆歔欷。復和歌，竟七日夜，兩人皆化為石，在七星巖上，下有七星塘。至今風月清夜，猶彷彿聞歌聲焉。」

劉三妹和秀才化為石像，立於山顛，是為了照顧庇佑後世所有唱山歌的人嗎？王士禎沒有說，誰也不知道。可是，劉三妹的故事卻在兩廣、湘西流傳得很廣，漢人、僮人、傜人、苗人都奉劉三姐為「歌仙」，廣西省一首民謠〈劉三姐〉就說：「唱歌好、唱歌成佛又成仙；不信且看劉三姐，唱歌成佛又成仙。」

但是，正因為山歌可以獨唱，也可以對唱，便成了男女情挑搭訕時的最佳工具。像唐人崔顥的樂府詩〈長干行〉裡，記述一位坐在船裡的女孩，對江岸邊令她心動的陌生男子攀情地唱道：「君家何處住？妾住在橫塘；停船暫借問，或恐是同鄉。」開口開得親切，又合情合理，只有山歌能如此自然地成為陌生異性間交往的橋樑吧！這種以歌為媒的情形，山歌自己也說得很清楚：「唱個山歌給妹聽，看妹接音不接音；若還妹妹接了音，就把山歌當媒

人。」（流行湖南沅陵〈山歌媒〉）

作為挑逗陌生異性的山歌，中國民謠裡有許多精彩的例子，像下面幾首流行於粵東、嶺南的山歌：

妹相思——，不作風流到幾時？
只見風吹花落地，不見風吹花上枝。

* *

山歌不唱不風流，豬肉不煎不出油；
梧桐落葉心不死，不同妹嬲心不休。

* *

七兩算來麼（無）半斤，八合算來麼一升；
妹子有心添一合，郎添一合就上升（身）。

也有些挑情的山歌借景生情、一語雙關，充滿了香豔的氣息：

枚姊洗衣抑洗褲；高起頭來問條路；
那條路去雙嶺仔，那條路著水浸湖？

環姐擔水走叮噹，姐你水桶漏個孔；
姐你站著哥代塞，免致水漏污足溼。

所謂「雙嶺仔」、「水浸湖」、「水桶漏孔」云云，當然是個比喻，看看女方如何回答吧：

我是洗衣無洗褲，無姓無名問乜路；
上條路去雙嶺仔，下條路著水浸湖。

「想當初」：月亮出來像把梳，不想如今想當初，想起當初一句話，竟到如今忘不了。

人擔人水走叮噹，人個水桶不漏孔；
人個漏孔有人塞，人室有個塞孔人。

第一首還有些欲拒還迎的味道，第二首則是嚴詞拒絕了，這兩首山歌晚清時流行於海南島。

對不相識的異性男女而言，山歌是搭訕的工具；對相識的異性而言，山歌又成了約會時的暗號；像流行於湖南鳳凰縣的一首〈唱山歌〉說：「郎在高山唱山歌，妹在房中踩小腳，娘問女兒什麼響？媽呀，背時花鞋不合腳。」

「望郎歸」：思想我郎千百番，一日得望一日完，上晝望得下午過，下午望得日落山。

以山歌來作搭訕的工具，似乎很能收到打動異性的效果，因為唱山歌的人，多少得有點小聰明，能記得住歌詞，甚而要臨時編唱詞，這樣的人當然很容易討好異性。湖南長沙有一首〈打山歌〉（當地稱唱山歌為打山歌）說：「郎在門外打山歌，姐在房內織綾羅；不曉得那家聽明伶俐子，打出這麼樣好山歌，打得我腳酸手軟，踩不得雲板拋不得梭，丟了綾羅不織聽山歌……。」山歌有這麼大的魔力魅力，難怪人們要說「作田漢子牧牛郎，純靠山歌騙婆娘」了。

「籐纏樹」：入山看見籐纏樹，出山就見樹纏籐，樹死籐生纏到死，籐死樹生死也纏。

待嫁女兒心

有女懷春，吉士誘之。（清人仿明朝春畫）。

日落西山一點紅，揚子江裡九條龍，
烏龍翻身連夜雨，姐妮翻身想老公。

——蘇州情歌〈想老公〉

清乾隆刊本《笑林廣記》卷六裡，有個故事嘲笑思春盼嫁的閨女：一對男女訂了親，貧窮的男家擔心女方賴婚，便帶了一干人等到女方家搶親；新郎在慌亂中背了小姨就跑。女方家裡的人大喊：「搶錯了，搶錯了。」小姨在背上對新郎說：「不錯，不錯，快點走，別信他哄你哩！」

當成笑話來說，是因為在中國人的觀念裡，女孩子是不能有情慾的，更不能把情慾表露出來，否則豈不成了淫蕩的「騷花娘」了？《點石齋畫報》裡，也有一則發生於清朝中葉的新聞，譏諷一位太積極、太主動想嫁人的黃花閨女：漢口鎮有位姓陳的女孩，從小許配給劉家，可是女孩都滿二十四歲了，還不見男家來娶。陳女等得心焦，便對母親、嫂嫂透露了心事；嫂嫂開玩笑地說：「這件事女方家誰都不便去說，只有妳自己親自去他家講明了，或許能夠早點辦完喜事。」嫂嫂心想小姑絕不會去的，不料她聽後深覺大獲我心，便在臘月底動身，親自到劉家準公公、婆婆前說明來意。劉家長輩頗不以為然，鄰居聽說此事後，也紛紛到劉家來瞧熱鬧、看笑話。可是陳女不慍不怒，一留數日不去；男方家的人沒辦法，只好草草替兒子媳婦辦婚事，把兩人送入洞房。畫報主編在該段新聞後的評語是：「無恥若此，河間婦不過是也。」把她比作紅杏出牆、與數男合歡樂而忘返的河間少婦，亦可見此事在當時人心目中的嚴重。

陳女固嫌輕率，但是「食色性也」，思春盼嫁也是人之常情，台灣的諺語說得好：「三不留：死人不能留，馬桶滿不能留，女子長大不能留。」女孩長大了還留在家裡，就難免「嘆五更」了。清人華廣生《白雪遺音》裡，有一首南詞〈酉時紅日〉說：

酉時紅日漸無光，欲睡先愁怕夜長；孤枕孤衾孤燈伴，無言無語會無郎。寬羅帶，脫衣裳，空思妄想上牙床；慾火焰焰真難忍，蓆兒蹬破心意慌，睡鞋磨破褲。

睡鞋怎麼磨破了鞋褲的？倒是耐人尋味。

如今流行晚婚，二十好幾、三十出頭還沒嫁的女孩比比皆是，而她們也悠然自得，旁人更不會大驚小怪地「催嫁」；古代中國可不一樣，十七、八歲還沒嫁的就算遲了，別人著急，當事人更急。一急就急出忌諱來，像清人商盤在《越風》卷五裡引述任俠所寫的〈古意〉：「十四歲學彈箏，十五善投壺，十六未有壻，嗔人喚小姑。」一急也急出了笑話，像近人羅香林《粵東之風》裡的一首民謠〈笑脫牙〉：「黃牛過坑角嵯嵯，十八老妹懶績蔴；講到績蔴心火起，講到風流笑脫牙。」

在所有刻畫思春盼嫁少女心境的詩文裡，明人李開先《詞謔》卷一裡的一首市井豔詞，可謂壓卷之作。作者借待嫁女兒之口說：

熬這頂鬏髻（鳳冠）如同熬紗帽，想這紙婚書如同想官誥，聽的人家來通媒行禮，患病的得了一貼靈丹妙藥。福分薄，才有幾分成，又早把卦來變了，好似做官的得了陞轉，原來是虛傳了一個通報。花朵身子一年大似一年嚛，只恐怕弄得我有上稍無下稍。我的娘，你試聽著：這件事靠不得哥哥、告訴不得嫂嫂；我的娘，你再聽著：生不得娃娃，誰叫你老（姥）老？

《點石齋畫報》裡閨女自薦於男家的新聞插畫

少女一心盼嫁，內向含蓄的只有祈禱上蒼神明，早日牽紅線，像流行浙江餘杭的一首民謠〈祈禱好姻緣〉：「煙護煙，煙上天，紅羅裙，繫半邊，誰家女兒立門前？繡鞋兒，尖對尖，土地公公不愛錢，『禱告你，陰中保佑我，作個好姻緣』！」也有的少女委婉地向母親陳述心事，像清人袁枚的一首五言絕句所云：「十六作伴姑，含笑語阿母；今日新嫁娘，問年才十五。」更有挖空心思巴結媒婆的，像流行河南省的一首民謠：「小閨女，爬角歪，拉著媒婆叫奶奶，你給我說個好婆家，我給你做對花鞋穿。花鞋不好管打倒（退換），婆家不好管回來。」真是各出奇招，用心良苦。

只有坐上花轎了，女孩心上的一塊石頭才算落實。不管她們在離家上轎時如何呼天搶地、痛哭失聲，心裡頭可著實樂得緊呢。明人謝肇淛不是說過嗎：「落地舉子笑是哭，上轎新娘哭是笑。」難怪安徽蕪湖的一首民謠〈臘月八〉要笑她們了：

臘月八，日子好，
許多姑娘變大嫂；
嘴裡哭，心裡笑，
屁股又坐大花轎。

奴正在房中繡對花，忽聽得門外吹喇叭。心慌慌，慌得奴朝外望，原來是張家姐姐嫁人家。細思量：她也十八，奴也十八，怨爹媽，怎麼忍心把奴拴在家。（圖／胡平）

異性相吸是驚艷的主要原因。（清朝春畫）

猛然見，引動了魂，曾見人來不似這人，好教我眼花撩亂渾身暈。他生得清雅無虛，似一幅水墨昭君，非同世上尋常俊。未知他意下何如？俺將他看做個親親。從今交上相思運，憑著俺心坎兒上溫存著、憑著俺肐膝下慇懃，咱倆個終須著一陣。

——明人趙南星・鎖南枝帶過羅江怨曲

異性相吸是很自然的一件事，孟子不也會說過嗎：「知好色則慕少艾。」有時候吸力過強，當事人在驚鴻一瞥、眼睛一亮之餘，內心有著觸電的感覺；今人稱這種情境為「一見鍾情」，古人則稱之為「驚豔」。

言情小說裡常出現這種驚豔的描述，最膾炙人口的，也許要數元人王實甫的《西廂記》了。話說唐朝時，崔相國不幸病逝，夫人鄭氏領著女兒鶯鶯，扶柩回博陵安葬；不料路途有阻，只好暫時將靈柩寄放在河中府普救寺內，她們也住在寺裡，一面寫信回京，要鄭氏的侄兒鄭恆前來幫忙。一日，鶯鶯與丫鬟紅娘在寺中閒走散心，卻遇到在寺中苦讀準備上京考取功名的張君瑞；當時張生讀書讀累了，隨小僧法聰在寺中遊殿隨喜。張生看到崔鶯鶯時，真有「驀然見五百年風流業寃」之感；他不禁忘情地吟道：

（元和令）顛不刺的見了萬千，似這般可喜娘臉兒罕曾見；則著人眼花撩亂口難言，魂靈兒飛在半天，他那裡儘人調戲，嚲著香肩，只將花笑撚。（上馬嬌）這的是兜率宮、休猜做離恨天，呀，誰想這寺裡遇神仙。我見他宜嗔宜喜春風面，偏宜貼翠花鈿。（勝葫蘆）則見他宮樣眉兒新月偃，侵入鬢雲邊。未語人前先靦腆，櫻桃紅綻、玉粳白露，半晌恰方言。（么）恰便似嚦嚦鶯聲花外囀。

鶯鶯看到有生人，趕忙對紅娘說：「我看母親去。」便轉身回房。張生看呆了，又悵惘地吟道：

（寄生草）蘭麝香仍在，珮環聲漸遠，東風搖曳垂楊線，遊絲牽惹桃花片，珠簾掩映芙蓉面。你道是河中開府相公家，我道是海南水月觀音現。（賺煞）餓眼望將穿，饞口涎空嚥。空著我透骨髓相思病染，怎當他臨去秋波那一轉，休道是小生，便鐵石人也意惹情牽……。

鶯豔往往是故事的開端，明朝最偉大的社會言情小說《金瓶梅詞話》，不也是以鶯豔作引子嗎！在第二回裡，潘金蓮拿叉竿放門簾，不料一陣風刮來，將叉竿刮倒，叉竿正打在路過的西門慶頭上。西門慶正待發怒時，回過臉來看，卻不料是個美貌妖嬈的婦人：「但見他黑鬒鬒賽鴉翎的鬢兒，翠彎彎似新月的眉兒，清冷冷杏子眼兒，香噴噴櫻桃口兒，直隆隆瓊瑤鼻兒，粉濃濃紅豔腮兒，嬌滴滴銀盆臉兒，輕嬝嬝花朵身兒，玉纖纖葱枝手兒，一捻捻楊梅腰兒，軟濃濃白面臍肚兒，窄多多尖趫腳兒，肉奶奶胸兒，白生生腿兒……」看得西門慶「先自酥了半邊，那怒氣早已鑽入瓜睛目（爪哇國）去了。」這一竿子打出了以下九十八回的故事，卻全是鶯豔惹起的事端。

對於鶯豔時當事人的內心感受，民歌俗曲中也有很生動的描寫；像民初時流傳湖南芷江的民謠說：「郎在高山放樹條（栽樹苗），妹在河邊把水挑；郎望姐來姐望郎，放樹忘了兜（包著土的根部）朝下，挑擔空桶走回家。」「郎在河邊撒魚網，姐在河邊洗衣裳，郎望姐來姐望郎，魚網撒在石頭上，背個空簍走回家。」都刻劃得極為傳神。

明刊《西廂記》中張生邂逅鶯鶯，驚為天人

驚豔是人之常情，描述驚豔情境的詩文當然也出現得很早；三、四千年的《詩經》鄭風裡的〈野有蔓草〉就說：「野有蔓草，零露溥兮，有美一人，清揚婉兮，邂逅相遇，適我願兮。」這是驚豔之後立即展開行動，而有了結果的例子；中國人稱之為「緣」。也有的驚豔雖然發展出一段愛情故事，結局卻很悲慘或沒有結果，讓當事人覺得「何必當初」的，中國人稱之為「孽」，西門慶和潘金蓮的故事就是一場孽緣，最後落得男的脫陽而死、女的身首異處（武松殺金蓮為其兄武大郎報仇）。更有的驚豔在驚鴻一瞥或短暫相聚後，就無緣而散的；像唐人張籍〈節婦吟〉所云：「君知妾有夫，贈妾雙明珠；感君纏綿意，繫在紅羅襦。妾家高樓連苑起，良人執戟明光裡，知君用心如日月，事夫誓擬同生死。還君明珠雙淚垂，恨不相逢未嫁時。」讀來令人悵惘久之。

《情史》上有一個更賺人熱淚的驚豔的故事：在南北朝的宋少帝時，南徐的一位讀書人從華山畿要到雲陽去，在旅舍裡看到店主女兒，驚豔之餘卻鼓不起勇氣追求示意；離開旅社後就得心病而死了。歸葬時，靈車經過旅店門口，竟然自動停了下來；店主女兒也知讀書人的心意和為她而死的癡情，便盛妝而出，對著靈車唱道：「華山畿，君既為儂死，獨活為誰施？歡若見憐時，棺木為儂開。」說也奇怪，棺材應聲而開了，女郎便縱身入棺。旁人將兩人葬在華山下，稱之為「神女塚」。

中國人相信人與人的認識、交往全靠緣份，驚豔和驚豔以後的愛情故事，當然更要靠緣份了。崑曲《白蛇傳》裡，在藥店當小夥計的許仙乘船過西湖，往靈隱寺送藥歸來時，遇到一陣大雨；坐在有篷艙的船上，他聽到有人呼叫，原來岸邊是沒有帶傘的白娘子和丫鬟小青；許仙要舟夫靠岸，讓她倆上船避雨，順道送她們一程路。在西湖上，撐篙的舟子唱道：「十世修來同船渡，百世修來共枕眠。」中國人是怎樣珍視著愛情的緣份哪！要修一百世的善行，才能同床共枕。

只是驚豔卻毫無緣份的人，好好開始修你的來生之緣吧，中國人有個結緣的辦法，在平時拈一粒豆、唸一聲佛，把唸過佛號的豆子全積存起來，到了四月八號浴佛節這天，把豆子煮熟了，送給你想和他結來生之緣的人吃，請他吃一粒豆時，也唸一聲佛，這樣，你們在來生就有緣了。

明刊《金瓶梅詞話》中西門慶與潘金蓮一見鍾情。

挑逗

丫環奉茶時，小主人露陽情挑。（清朝春宮畫）

唱支山歌把姐逗，
情姐含羞不抬頭；
只管抬頭講句話，
情姐無心不強求。

——民初湖北黃梅民謠〈挑逗〉

看上一個漂亮的女孩或俊俏的男孩，怎樣展開追求的攻勢？古代中國人曾有一些巧妙的方法，或許有些參考的價值。

唱山歌是古人最常用的挑逗法，在路上看到漂亮的女孩，男的會唱：「唱隻山歌把妹兜，看妹回頭不回頭；妹若回頭同哥講，哥的銀錢隨妹收。」（民初廣西桂林民謠）如果女孩不回頭、不作聲，男的會再唱：「郎今問妹問不聲，無偌貞節假到成？那有鴨母不浮水，那有貓公不食腥？」（民初嶺東民謠）或唱「竹尾唔曾高過天，風流不過幾十年；貞節又麼（無）碑坊豎，風流一年正一年！」（羅香林輯《粵東之風》）勸她把握青春，及時行樂。

看到在菜園裡摘菜、摘水果的女孩，有的男孩會拾起小石頭或碎瓦片朝女孩身邊扔，引起對方的注意，看她的反應再決定如何獵豔；像民初時貴州貴陽一帶的民謠說：「孃在後頭討（摘）菜苔，泥巴沙子撒下來；你要菜苔來討去，你要穿花（幽會）黑了來。」又如民初時一首川東情歌所說的：「孃在園中摘石榴，郎在高山打石頭；你要石榴來拿去，你要玩耍磕個頭。」都可見挑逗者售計情景。

在河邊洗衣的女孩，也可以用同樣的辦法，先「投石問路」，再伺機博得對方的好感。民初時，湖南安化有一首民謠〈怪槌不怪郎〉，形容女孩被對方挑逗得忘情失神，結果洗衣槌一下子槌到手指上面的情景：「日頭一出晒粉牆，情姐出外洗衣裳；雙腳蹲在石磴上，手拿衣槌慢慢噹；一雙眼睛望情郎，棒槌槌了手指惱；只怪衣槌不怪郎，只怪衣槌不怪郎，只怪心慌眼睛不管場。」

人多的時候，還可以擠近身，用手來傳情；像貴州貴陽的一首山歌：「掐妹一爪試妹心，掐妹二爪要妹跟；掐妹三爪跟上了，井水淘沙漸漸深。」最後一句有如天外飛來，耐人尋味。

上述例子全是男人主動，女孩子呢？女孩子能主動嗎？怎樣主動才不失矜持、不失身分？

清人華廣生輯《白雪遺音》裡有一首馬頭調〈閒來無事〉說得好：「閒來無事街上逛，猛然抬頭瞧見一位俏皮姑娘；他那裡口含著煙袋低聲唱，小金蓮輕輕擱在門檻上，見了人來躲躲藏藏，假害怕故意又把門關上，關上門，又打那門縫裡往外望。」不也很能表達女孩心中的情意嗎？

「遊湖借傘」是個人盡皆知的故事，白娘子就利用下雨天，向許仙借傘，才借出一段情來；民初時，有一首湖南情歌，也是趁下雨天借雨具來挑情：「大雨不落毛雨稀，郎與姐姐借簑衣。奴的郎，簑衣堂屋自己取，吃茶壺裡自己篩，若要敘敘進房來。」歌中的少女似被動卻實為主動呢！

下雨天是談戀愛的好時光，更是挑逗異性的大好機會；清朝中葉時，潮州有個名妓濮小姑，潔身自好，吐屬溫和。潮州妓女以船為家，稱為艇妓，當時才子名流凡有雅集，必歡宴於小姑船上，視她為詩壇之主。有一次，杭州吳頡雲南下潮州校試，正好坐濮小姑的船；小姑見吳某一表人才，暗許芳心，但吳頡雲卻流水無情，嚴諭手下不准讓妓女進來。濮小姑雖愛慕吳頡雲，但對方是學使之尊，不敢毛遂自薦。過了好幾天，她都沒辦法接近吳某。一天傍晚，船停在齊昌江口，密雨如注，濮小姑高興地說：「真是天助我也。」便要鴇母設宴，把吳頡雲的僕從全醉倒，移到鄰船上，再要撐篙的在吳某睡覺的地方，從船頂桶漏幾個洞；結果三更半夜，吳某被淋溼了，他喊了半天，僕人沒來，穿著睡衣的濮小姑卻挑著燈籠來了。她

郎若有心請進門，妹在房中等郎君，不做褲子不做襖，何必穿針引線人？（圖／胡平）

瞟了吳頡雲一眼，嫣然一笑地請他到船尾的小榻就寢；吳某就身不由主地跟濮小姑去船尾共效于飛之樂了。這是清人俞蛟在《潮嘉風月記》裡敘述的一個真實故事。

挑逗異性要有膽量，「那個少年不多情，那個少女不懷春」，千萬別被對方冷冰冰的外表給騙了：明朝時浮白主人輯《掛枝兒》裡，有一首〈調情〉說得好：「嬌滴滴玉人兒我十分在意，恨不得一碗水吞你在肚裡；日日想、日日捱，終須不濟，大著膽上前親個嘴。謝天謝地，親親不推辭；早知你不推辭也，何待今日方如此？」

挑逗異性要有耐心，像近人羅香林《粵東之風》裡的一首〈下番來〉所說的：「石榴打花慢慢開，連妹二字慢慢來；恰似鷂婆（鷹）釣雞子，今番唔到下番來。」

相信凡是把愛慕之心付諸行動的人，都能贊同下面的觀點：天下沒有拒人於千里之外的異性；因為它不合物理學上「異性相吸」的原理。更多的是下面這首引自「粵東之風」裡的民歌所描寫的異性：「郎在介邊吾這邊，隔河隔岸唔得前；芒楝（茅梗）探（架）橋你敢過？你敢過來妹敢連（戀）。」

詩詞歌賦裡的初夜

妻子幫丈夫強行替買來的侍妾開苞（清中葉絹畫）

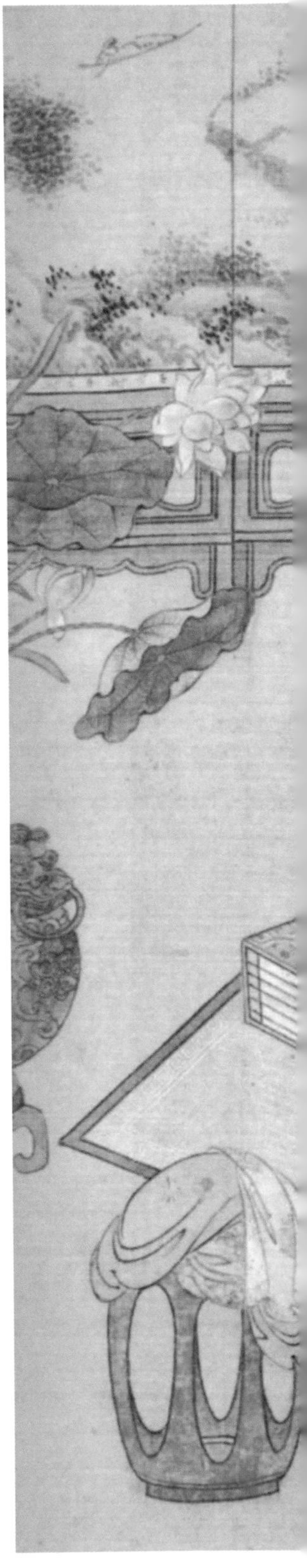

新打牙床榻子稀，
口叫情郎慢慢的，
小奴今年只得十四歲，
比不得你那十六七，
再有二年不怕你。

——淮南民歌

初夜即使不是件大事，也是人生重要的一個里程碑；初夜的情景滋味更令當事人永難忘懷。雖然印象深刻，中國人對自己的初夜卻常是守口如瓶，守口如瓶的同時又對別人的初夜充滿好奇——且看古典詩詞歌賦和筆記小說裡形形色色的別人的初夜吧！

《詩經》召南「草蟲」，據說是中國傳世最早的「初夜詩」：「喓喓草蟲，趯趯阜螽；未見君子，憂心忡忡。亦既見止，亦既覯止，我心則降。」東漢時經學大儒鄭康成的解釋是這樣的：「草蟲喓喓地鳴叫著，阜螽趯趯地跳躍著，還沒看到我的新郎，心裡真是七上八下；等到見到新郎，等到初夜過後，我的一顆忐忑的心才算安定下來。」為何新娘子事前擔心、事後又放心呢？清人羊朱翁在《耳郵》裡，引申鄭康成的解釋，以為是女子落紅了，貞節有了明證。

南北朝時，劉宋的汝南王曾有一首碧玉歌說：「碧玉破瓜時，相為情顛倒，感郎不羞郎，迴身就郎抱。」碧玉是汝南王的愛妾，這首碧玉歌刻劃碧玉初夜裡神態的轉變、極為細緻生動。

寫得更有聲有色的，是下面這首清人湯傳楹的小詞：「燭影花光耀錦屏，屏幃深處可憐生；桃花著雨不勝情。偷覷已成心可可，含羞未便囑輕輕，牙根時度一聲鶯。」

把少女初夜又羞又怕的心情表達得淋漓盡致。

描寫初夜，中國人總不忘描寫女人的羞怯；像明人吳所敬編輯《國色天香》卷一裡的「龍會蘭池錄」，敘述南宋人蔣世隆和黃瑞蘭在兵荒馬亂中永結同心的初夜裡，瑞蘭就對世隆說：「妾尚葳蕤，未堪屑越，願君智及而行之以仁，幸甚。」而民初時一首川東情歌也說：「牡丹花開興正濃，叫聲心心我難容；這是頭回初開交，下次自然大不同。」都著重於刻劃女人初夜時怕疼的心理。

初夜文學第二個強調的重點是落紅，所以《西廂記》裡，張生與崔鶯鶯初夜之後，張生要拿著沾了鶯鶯落紅的手帕，邊看邊唱道：「春羅元瑩白，早見紅香點嫩色。」對於落紅的描寫，明人唐伯虎有一首黃鶯兒曲說得好：「衣褪半含羞，似芙蓉，怯素秋（謝素秋是十月芙蓉花花神），重重溼作胭脂透，桃花在渡頭，紅葉在御溝。風流一段誰消受？粉痕深，烏雲半，撩亂情郎收。」所謂桃花，所謂紅葉，正是初夜的落紅。

清初詩人吳梅村的一首西江月詞，也是刻畫初夜的作品：「嬌眼斜迴帳底，酥胸貼燈前，匆匆歸去五更天。心膽怯，誰瞧見，臂枕餘香猶膩。口脂微印方鮮，雲隱雨跡故依然，掉下一床花片。」最末一句也是落紅的比喻。

也有的「初夜」是不落紅的，像楊貴妃和唐明皇的初夜。因為楊貴妃已經先和唐明皇的兒子壽王瑁結過婚，落過紅了，和唐明皇結婚是改嫁，所以白居易〈長恨歌〉裡只說：「春寒賜浴華清池，溫泉水滑洗凝脂，侍兒扶起嬌無力，始是新承恩澤時。雲鬢花顏金步搖，芙蓉帳暖度春宵，春宵苦短日高起，從此君王不早朝。」對於楊貴妃落紅一事，卻隻字不提。

中國人對於初夜落紅十分重視，還用新紅、喜紅、元紅等專有名詞來稱呼，由於這是女性貞潔的象徵，這種紅也被附會了某些神話；神話之一就是「元紅不改色」。清人采蘅子《蟲鳴漫錄》卷二裡就說：「有十二、三幼女，服破襠褲，偶騎鋤柄，顛簸為戲，少頃即去。一老翁見鋤柄，有鮮血縷縷，知為落紅，檢而藏之，未以告人。數年後，女嫁婿，疑不貞，翁出柄視之，乃釋然；蓋血著物日久必變，惟元紅終不改色。」好個睜眼說瞎話的騙子。

同樣是初夜，各人初夜的情境卻不大相同；有的人等到新婚之夜，有的人卻等不及地先嚐禁果了（像《西廂記》裡的張生和崔鶯鶯）；有的人是心甘情願地寬衣解

近人郭冰如畫楊玉環回味與公公唐明皇的「初夜」

帶，有的人卻是被強迫的（像《隋煬帝豔史》裡被煬帝綁在任意車上的處女）；有的人只有一次初夜，有的人卻有好幾次（像《趙飛燕外傳》裡說趙飛燕先與射鳥者有私，等到入宮和漢成帝交歡時，卻「瞑目牢握，涕交頤下……流丹浹藉」）；有的人清醒地度過初夜，有的人卻在醉夢中度過，像清人華廣生《白雪遺音》裡的一首滿江紅曲〈女子醉酒〉：

> 昨夜酒醉睡朦朧，醒來時裙帶寬鬆。不由奴仔細思量暗拍胸，必有個原故在其中。枕邊不見香羅帕，一雙花鞋各分西東，烏雲亂抖，髮鬢蓬鬆，解開奴的鈕扣露出奴的胸。還有一件蹊蹺事，好好的褲子染鮮紅。到叫奴難猜難解道奇逢，急得奴耳紅面赤懷恨在心中。

在許多描寫初夜的文學作品裡，比較別致的一首是晚清無名氏挑選八位古代詩人的一句詩集合而成的新婚詩：

> 幾番羞卻可憐生（毛文錫），指滑音柔萬種情（殷

晚明《隋煬帝豔史》木刻插畫「任意車處女試春」

堯潘），眉際忽添三綹線（李庭壁），牙根時度一
聲鶯（湯傳楹）；小擎棉被鬆郎體（韓偓），暗擲
香絹襯褥平（李湍）；到得盡情無說處（王建），
透胸汗珠挹盈盈（白居易）。

雖然描寫女性在初夜時「吃不消」的情狀，十分生動，卻不及於落紅，未免遜色。

描寫得最好的，還是要算林庚白的一首〈醉春風〉詞。林庚白原名學衡，民前十四年出生於福建閩候；他天賦聰慧，少負才名，所讀舊書極多，又有新思想。庚白一生豔事不少，最為人津津樂道的是在四十歲那年與雙十年華的名門才女林北麗女士共結連理。事後，林庚白寫了一首〈醉春風〉詞，描述妻子林北麗在新婚初夜時的情景：

淺酒人前共，軟玉燈邊擁，回眸入抱總含情，痛！
痛！痛！輕把郎推，漸聞聲顫，微驚紅湧。試與更
番縱，全沒些兒縫，這回風味忒顛狂，動，動，
動，臂兒相兜，唇兒相湊，舌兒相弄。

明朝風俗畫，描繪新郎替新娘開苞後，手持沾血白汗巾向人誇耀。

林庚白大概是古往今來，唯一敢如此仔細、如此坦白地描述自己妻子初夜情景的奇人吧！

中國人珍視初夜，所以廣東有些地方的人，在新婚初夜後，如果新娘子是貞潔的，男方要送一隻完整的燒豬到女方家，表示對其教女有方的敬意和謝意（否則不送燒豬，或送剪去雙耳的燒豬）。河北永平府某縣人，對貞操也極為重視，女孩出嫁時，女方家裡一定派人到男家打探，如果成婚的第二天，男家鼓樂喧闐，賓客雜沓，則女家歡天喜地的放了心；如果第二天靜悄悄的，表示女孩新婚卻並非初夜，女家的人就全都垂頭喪氣，如果此時男家退婚，女方也不敢提出異議（見清人羊朱翁《耳郵》卷三），都可見中國人重視初夜的情形。

下面引一則清初刊本《笑林廣記》裡，與初夜有關的笑話，作為本文的結束：

> 新人初夜上床，使性不止。喜娘隔壁勸曰：此乃人倫大事，個個如此，不要害羞。新人曰：你不曉得，褲子衣帶，偏在今夜打了死結。

約會

明朝紙本春畫，描繪男女約會的情景。

夜深深靜悄，明朗朗月高；小書院無人到。書生今夜且休睡著，有句話低低道：半扇兒窗櫺不須輕敲，我來時將花兒搖。你可便記著，便休要忘了。影兒動，咱來到。

——元人劉庭信・朝天子散曲〈赴約〉

約會是和戀愛共始終的。

所有談情說愛的人都知道，戀愛時再沒有比「保持聯繫」更重要的事了；因為愛情是經不起時空阻隔而又音訊全無的考驗的，只有保持聯繫才能維繫愛情，使愛情開花結果；而保持聯繫的最好辦法就是約會。

從開始戀愛說起吧！當男女初次邂逅，愛的火苗在心頭燃起時，怎麼邀約對方，才不致於顯得太魯莽、太輕佻呢？下面兩首詩詞，是很高妙的例子：

畫舸停橈，槿花籬外竹橫橋；水上遊人沙上女，回顧，笑指芭蕉林裡住。

——宋人歐陽炯・南鄉子詞

妾家谿口小迴塘，茅房藤扉蠣粉牆；記取榕陰最深處，閒時來過吃檳鄉。

——清人彭羨門・嶺南竹枝詞

約得委婉、約得親切，尤其難得的是，這兩首詞全出於應該被動的女孩之口而不顯輕佻，就更值得需要約會者的借鏡了。

但上述情形只是個「八字還沒一撇」的約會，對方來或不來，還在未定之天哩；另一種情形是一方不誠心交往，又禁不住另一方的死纏活賴，便胡亂約個時間地點、或編一個住址告訴對方，讓他知難而退，像清人華廣生《白雪遺音》裡的一首馬頭調（帶把）〈大雪紛紛〉：

> 大雪紛紛迷了路，糊裡糊塗，前怕狼來，後怕是虎，嚇得我身上酥。往前走，盡都是些不平路，怎麼插步？往後退，無有我的安身處，兩眼發烏。你心裡明白，俺心裡糊塗，照你身上撲。既相好，就該指俺一條明白路，承你照顧。且莫要指東說西，將俺誤，誤俺前途。

在兩情相悅的人來說，當然不會出現上述的約會了，像民初時一首淮南民歌說的：「日頭落了黑了天，乖姐插門不插門；房屋門口留條路，新打牙床留半邊，留著情郎來團圓。」有情有意，這才是真正的約會。

既有約會，就有期待，期待時覺得時間最難捱，約會的人最怕對方失約；像元人徐再思的一首陽春曲〈春情〉說：「昨宵是，你自說，許著咱這般時節；到西廂等得人靜也，又不成再推明夜？」而民初時流傳江蘇吳縣的一首民謠〈約郎〉也說：「約郎約到月上時，等郎等到月差西；不知是奴處山低月上早，還是郎處山高月上遲。」都透露出約會者在等人時內心的焦急。

除了心浮氣躁外，神經過敏也是約會等人常有的毛病；像元曲《西廂記》裡，張生在西廂等鶯鶯時，就「風弄竹聲則道是金珮響，月移花影疑是玉人來。」神經過敏的原因之一是等得太過專注，原因之二是怕被別人知曉，才會禁不起風吹草動。神經過敏之餘，往往錯認了人；像明人熊稔寰《新鐫天下時尚南北徽池雅調》裡的一首劈破玉調〈錯認〉：

> 隔花陰，遠遠望見個人來到，穿的衣、行的步，委實苗條，與冤家模樣兒生得一般俏。巴不能到跟

▍郎掛妹來妹掛郎，好似金雞掛鳳凰，今夜情郎不來是水漫了路，不是情郎天生硬心腸。（圖／胡平）

前，忙使衫袖兒招。粉臉兒通紅，羞也！姐姐，你把人兒錯認了。

其實，錯認不也是一種緣份嗎？這男的真是不解風情。只要對方不變心，約會總等得到人的；像明朝時馮夢龍輯的一首掛枝兒〈五更天〉，敘述一個女孩準備了酒菜、從事先約定好的初更等到二更、等到三更，情人都還不來，便吩咐丫鬟梅香，躭會兒「短命賊」來時不要開門。不料「四更時，才合眼，朦朧睡去。只聽得咳嗽響把門推，不知可是寃家至？忍不住開門看，果然是那失信賊。一肚子的生嗔也，不覺回嗔又變作喜。」「匆匆的上床時，已是五更雞唱。肩膀上咬一口，從實說留滯在何方？說不明話頭兒，便天亮也休纏帳。梅香勸姐姐：莫負了有情的好風光。似這般閒是閒非也，待閒了和他講。」描繪約會情致，十分曲折鮮活。

約會是一樁沒完沒了的事，除非戀愛告終，雙方結為連理，或形同陌路，才不用再約會；有情人常是這次的約會還沒結束，就開始約下一次的時間、地點了；民初時一首湖南情歌說得好：「五更雞，叫喔喔，乖乖起來送乖乖，乖乖扯住乖乖手，手拿著門閂不肯開，乖乖一去幾時來？」

在古代中國，曾發生過一件由約會惹起的感人故事；據《情史》載：「尾生，古之信士，嘗與女子期於梁下，女子不來，水至不去，抱梁柱而死。」信則信矣，癡則癡矣，豈不知「留得青山在，不怕沒柴燒」的道理？

明朝末年時，有個與約會有關的有趣故事：姑蘇秀才李某，帶著僕人往崑山參加科舉，他倆只顧趕路，卻錯過了客棧，到夜晚時恰恰走得前不巴村、後不著店的；時正初冬，徬徨無計。僕人瞥見遠處有人家，趨近一看，小門微啟，便進屋求宿。屋裡住了一個單身的中年婦人，婦人以獨居不便留宿而堅持不允，李某卻死纏活賴地就是不肯出去。婦人沒法，只好進屋裡去，在裡屋還罵個不停。李某也不管，把門關上，就和僕人睡在外屋的櫃台上了。

過了一會兒，所有的聲音都靜下來了。李某因又冷又餓，還沒睡著。忽然聽到門外有人小聲地扣門，李某不敢答應；敲門聲卻愈來愈急了，他只好走近門邊，把門打開一線，看看是誰。還沒看清哩，只聽門外傳來一個男子的聲音說：「你先拿著，我再回去拿酒。」李某接過來一看，是一碗熱騰騰的紅燒豬腳；黑暗裡，男的也沒看清是誰來接碗，又匆匆跑開了。

又過了一會兒，男的又拎著一壺燙好的酒來，李某接過酒壺，便要關門：男的卻一腳已經伸進屋內了；李某拚命推阻，門外的男子又急又氣地不知說些什麼，又拉李某的手去按他的下面，原來下面已經勃起了。李某摸著不覺情動，自己的也硬了起來，便也拉外頭男子的手來按自己的。那男的一摸，嚇了一跳抽手就逃。李某把門關好，和僕人喝酒吃肉，吃得身子暖呼呼的才入睡。第二天一早離開，還拿那裝酒的錫壺去酒家換了一頓早餐哩！

這是明人馮夢龍在《山歌》卷一裡說的一個故事，讓人在會心一笑之餘，也不禁感慨約會真是件「好事多磨」的事。

偷情

明朝紙本春畫，描繪丫環和長工在穀倉裡偷情的光景。

一簾花影拂輕塵，路認仙源未隔津；
密約夜深能待我，吃虛心細善防人；
喜無鸚鵡偷傳語，剩有流鶯解惜春；
形跡怕教同伴妒，囑郎見面莫相親。

——清人袁香亭・無題詩

袁香亭是清朝乾隆年間名士，這首無題詩所詠的是一樁「私情」。

自古以來，談戀愛的人都不喜歡讓別人曉得，只喜歡偷偷摸摸地談；大部分的原因是怕羞，怕別人知道了笑話，還有的更因為這段戀愛是不為社會接受、不被世人允許的「私情」。私情既是不可告人的戀情，當事人在談戀愛時往往行跡鬼祟一如小偷，因此人們也稱之為「偷情」。

私情大體有兩種，一種是情竇初開的少男少女，瞞著家長，自作主張地談情說愛，像民初一首江南民謠所說的：「姐妮生得搖來搖，好像風吹楊柳條；別人只道奴是胎裡病，勿得知奴十三歲偷郎閃痛腰。」另一種是已婚男女跟配偶以外的異性發生戀情，像清朝時的一首馬頭調〈紅綉鞋兒〉說：「紅綉鞋兒三寸大，天大的人情送與寃家，送與你莫嫌醜來休嫌大，在人前千萬別說送鞋話。你可密密的收藏，瞞著你家的她；她若知道了，你受嘟囔奴挨罵，到那時方知說的知心話。」（清人華廣生輯《白雪遺音》）

偷情有偷情的條件，西門慶看上了武大的妻子潘金蓮，想要偷情，央求王婆設法，王婆說：「但凡……偷情……要五件事俱全，方才行的；第一要潘安的貌，第二要驢大行貨，第三要鄧通般有錢，第四要青春小少就要綿裡針一般軟款忍耐，第五要閒工夫，此五件喚做潘驢鄧小閒，都全了，此事便獲得著。」其實王婆是誇大其辭，有一兩樣也就夠資格「偷」了；否則古籍裡也不會出現這麼多偷情的故事。

偷情往往在夜間進行，所以是個「見光死」的勾當，一聽雞叫，就要分離了。《白雪遺音》裡有一首滿江紅調〈東方亮〉說得好：「東方亮，寃家又睡著了，天哪，叫奴怎麼好！奴只得抱腰，輕輕慢推搖，你醒來喲！怕只怕爹娘知道，奴的命難逃。快穿衣服走，莫被傍人曉。你轉來喲！嘴唇上胭脂粉，奴與你舔掉了；你嘴唇上胭脂粉，奴與你舔掉了。」

偷情就怕人知道，所以俗話說：「十個女人九個肯，就怕男人嘴不穩。」明朝時，有一個女孩和情郎偷歡，來往日久，男的有些得意忘形，被女孩的妹妹知道了；女孩怕私情洩露出去，就與情郎「商議」：「俏寃家，近前來，我有句話兒商議。曾囑咐你，悄悄地，休被人知，你緣何人面前，常是調情綽趣？妹妹知覺了，恐怕也講是非，一網的兜來也，鉗住他的嘴。」（明人醉月子輯《新鐫雅俗同觀》掛枝兒．〈商議〉）要情郎也把她妹妹玩上手，就不怕她往外亂說了。

正因為偷情怕人知曉，是件有幾分風險的事，才更給當事人帶來無比的刺激和享受，五代時南唐的李後主和小姨子偷情，李後主有一首菩薩蠻詞形容小姨子說：「花明月暗飛輕霧，今宵好向郎邊去，衩襪步香階，手提金縷鞋，畫堂南畔見，一向偎人顫，奴為出來難，教君恣意憐。」其中「衩襪步香階，手提金縷鞋」正是形容她怕人聽見，把鞋脫下，穿著開口女襪，悄悄步上香階的情景；而一個「顫」字也生動地形容了她當時的心情。

李後主貴為一國之君，怎麼還需要偷清？難道他還有不能滿足的慾望嗎？原來偷情全是為了享受那份不可預期的快樂。明人江盈科在《雪濤小說》裡說得妙：「妻不如妾，妾不如妓，妓不如偷，偷著不如偷不著。」這也解釋了為什麼西門慶有了那麼多妻妾了，還老是打別人老婆的主意。

大雪紛紛朝下蓋，可意的人兒你從何處來？看你渾身凍得好像冰凌塊！手拿被兒將你蓋，我能煖過你的人，可煖不過你的心來，再問你到底愛我不愛。（圖／胡平）

西門慶不但偷情，還給偷情者建立了一套「理論基礎」；在《金瓶梅詞話》第五十七回裡，妻子吳月娘勸他少偷情作孽，他卻回答說：「今生偷情的、苟合的多，都是前生分定，姻緣簿上註名，今生了還，難道是生剌剌搊搊、胡扯歪斯纏做的？」原來偷情還是件「命中註定」的事，難怪偷情者會那樣「理直氣壯」地唱道：「不怕切頭不怕羞，越打越罵越要偷，人多那怕千隻眼，房多那怕萬重樓。」（金沙江民歌）

在嶺南，偷情的人膜拜急腳先鋒神，據清人李調元說：「（廣）有急腳先鋒神者，凡男女將有所私，從而禱之，往往得其所欲，以香囊酬之。神前香囊堆積，乞其一二，則明歲酬以三四。」（《粵東筆記》卷四「南越人好巫」）可見偷情不但是命中註定的，還有神明在暗中保佑哩！

清初刊本《笑林廣記》卷六裡，有一則「拜堂產兒」與偷情有關，附於本文篇尾：

有新婦拜堂即產下一兒，婆愧甚，急取藏之。新婦曰：「早知婆婆這等愛惜，快叫人把家中阿大、阿二都領了來罷。」

明刊《金瓶梅詞話》裡西門慶與李瓶兒幽會情景。

別離

自從別離心憔悴，滿腹的心事訴與誰？口兒說是不傷悲，心中常流傷心淚，恨老天不與奴成雙對，青春去不回，虛度一年多一歲。（圖／胡平）

自從那日離別後，時時刻刻掛在心頭。那一日不想你到黃昏後？那一夜不想你到五更頭？半夜思想你，難望日頭。想迷心，初三當做二十六；初三當做二十六。

——清人沈氏輯《偶存各調》寄生草

元曲《西廂記》裡，最膾炙人口的名句，除了描寫張生與鶯鶯初夜合歡的「露滴牡丹開」之外，也許就要算最後敘述張生進京趕考，兩人分手時的情景了；在該書卷四第三折裡，崔鶯鶯唱道：「碧雲天，黃花地，西風緊，北雁南飛，曉來誰染霜林醉？總是離人淚。」又唱：「恨相見得遲，怨歸去得疾，柳絲長，玉驄難繫，恨不得倩疏林掛住斜暉……」生離死別原本是人間至難排遣的悵惘，更何況有的時候，生離就是死別！

描寫別離之情的詩詞，在中國出現得很早，《詩經》衛風裡，就有「伯兮朅兮，邦之桀兮，伯也執殳，為王前驅。自伯之東，首如飛蓬，豈無膏沐，誰適為容……」的描寫；刻畫心愛的人離別從軍後，女孩連打扮的心情都沒有了。

別離的高潮全在送別，在送別時的依依不捨。南北朝時，蕭齊的寶月和尚有一首〈估客樂〉說：「郎作十里行，儂作九里送；拔儂頭上釵，與郎資路用。」一個和尚能寫出這樣濃情的樂府詩，真不容易。寫送別之情寫得更好的是清朝時無名氏所作的一首山坡羊〈送得我遠了誰陪你回去〉：「送得我遠了，誰陪你回啊呀去，哭得我多了又恐怕傷了你的心呵呀肺。淚珠兒印破了你香腮粉臉。回去了罷，你還要送我到那裡？回到家中受你的尊堂氣。此一去休要癡癡迷迷獃獃的來想我，想出些病來叫我又投奔著誰？我二人手攙著手兒不要分離；來也啊呀！激浪分開比目魚，傷悲啊呀！棒打鴛鴦兩處飛，難離啊呀！一個兒含淚向東，一個兒放聲轉西。」寫得真是字字血淚，感人肺腑。

分離之後，只有兩件要緊事，一件是盼書信，一件是算歸期。明朝時，有個婦人老是接不到遠方丈夫的家書，便賭氣地唱道：「猛抬頭，忽見那衡陽雁至，一行行、一隊隊，嘹嚦南飛。眼見得，你是薄情夫壻，你知道他來，竟沒有半行書寄。等待那雁兒春歸也，我也無書寄與你。」（明人熊稔寰《續選劈破玉歌》）

書信當然不能靠雁寄，魚雁往返只是上古時候的神話罷了，古代中國人通信也是靠郵差傳遞的，也有時託順路的人帶信回去。明朝時，浮白主人輯《掛枝兒》裡，有一首描寫接到情人來信時的心情說：「寄書來，未拆封先垂淚。想當初行相隨、立相隨、坐臥相隨，還只恐夢魂兒和你相拋棄；誰想今日裡，盼望這一封書。你就是一日中有千萬個書來也，這書兒也當不得你。」而清朝道光年間沈氏輯集《偶存各調》裡，有一首寄生草寫得更動人：「寫封書兒袖裡袖，未曾付書淚先流。捎書哥，你千萬莫說我的容顏瘦！只說奴的容顏還照舊；你若是說我瘦，他那裡憂愁。他愁我瘦，豈不連他都愁瘦？豈不連他都愁瘦！」

分離盼重逢，分離的人盼著歸期。求籤問卦是古代中國婦女最常使用的辦法；像晚唐人劉采春囉嗊曲說：「莫作商人婦，金釵當卜錢；朝朝江上望，錯認幾人船。」寫婦人拔下頭上金釵當做卜錢，向算命的問丈夫歸期；算命的胡說八道，害她時時往江上探望，錯認了許多江船。

也有的婦女不去找算命的問卦，卻脫下自己的綉鞋來打卦；《金瓶梅詞話》第八回裡，潘金蓮想念著情夫西門慶，西門慶卻因新娶了孟玉樓，在家裡與新娘子恩愛得如膠似漆，又加上替女兒辦喜事，一個月沒去潘金蓮那兒。結果潘金蓮「無情無緒，悶悶不語，用纖手向腳上脫下兩隻紅綉鞋兒來，試打一個相思卦，看西門慶來不來……。」怎樣用鞋打卦呢？大概是把鞋當作杯筊，看兩隻綉鞋擲出後的仰覆、形狀來決定凶吉吧，明中葉人李開先編《一笑散》裡有一首鞋打卦〈無處所求〉就說：「無處所求，粉臉上含羞，可在神面前出醜，神前出醜。告上聖，聽訴緣由：他如何把人不睬不瞅，丟下了我，又去別人家閒走。繡鞋兒褻瀆神明，告上聖權將就。或是他不來、或是他另有；不來呵根兒對著根兒，來時節頭兒抱著頭，丁字兒滿懷，八字兒開手。」約略可見鞋打卦的打法。

正因思念遠人，情癡意切，閨中婦女把燈芯結花、喜鵲鳴噪都當成是愛人將歸的喜兆；可是喜兆終究也只是個迷信罷了，像明人龔正我輯的《急催玉歌》裡有一首〈相思病相思病〉說：「相思病、相思病，相思病害得我非重非輕；相思病害得我多愁多悶；喜鵲都是假，燈花結不靈；周易文王先生、文王先生，你就怪我差些也罷，你的卦兒都不準。」

在所有別離的詩詞裡，下面一首最為別致——從描寫情人分手的愁雲慘霧中，居然藉牽驢腳夫的口中透露出令人發噱的幽默：

> 送情人直送到丹陽路，你也哭，我也哭，趕腳的也來哭。趕腳的，你哭的因何故？道是：去的不肯去，哭的只管哭；你兩下裡調情也，我的驢兒受了苦。
>
> ——明人馮夢龍輯《童癡一弄》掛枝兒調

相思

人兒人兒今何在？花兒花兒為誰開？雁兒雁兒因何不把書來帶？心兒心兒從今又把相思害，淚珠兒將下來。天啊！無限淒涼教奴怎麼耐？（圖／胡平）

百般病，比不得相思奇異；
定不得方，吃不得藥，
扁鵲也難醫；
茶不思，飯不想，懨懨如醉。
不但傍人笑著我，
我也自笑我心癡；
伶俐聰明也，到此由不得自己。

——明人熊稔寰輯「精選劈破玉歌」

開天闢地以來，有人類就有愛情，有愛情就有相思，相思是人類最早罹患的一種「病」。

中國最古老的民歌集《詩經》裡，記錄了三、四千年前中國老祖先的衣食起居和所思所欲，裡面就說有人得了相思病：「彼采葛兮，一日不見，如三月兮。彼采蕭兮，一日不見，如三秋兮。彼采艾兮，一日不見，如三歲兮。」（《詩經》王風〈采葛〉）這相思病的症候之一就是覺得「度日如年」。

自《詩經》以下，歷代詩歌無不有相思之曲，亦可見中國無時不有害相思病之人；害得最嚴重的是民國初年淮南某地的一個女孩：「端起來飯碗嘆一聲，烏木筷子掉一根；拾起筷子掉了碗，端起鞋筐掉了針；為著想郎掉了魂。」（臺靜農輯《淮南民歌集》）這「魂不守舍」正是相思病的症候之二。

為什麼會出現相思病呢？翻翻佛經吧，看看透了七情六慾的佛祖怎麼說；佛祖釋迦牟尼說人在世間要受許多苦惱，這苦惱全因「怨憎會，愛別離，求不得。」也就是說天天得和怨憎之人碰面、和相愛之人別離、想得要死要命的事物卻永遠也無法得到。正因為「愛別離、求不得」是有人類就有的苦惱，相思病才成了人類歷史上最古老的一種心病。

對於相思病的症候和病發的時機，元人徐再思說得好：「平生不會相思，才會相思，便害相思；身似浮雲、心如飛絮、氣若游絲。空一縷餘香在此，盼千金遊子何之？證候來時，燈半昏時、月半明時。」（元曲折桂令〈春情〉）宋朝時的大宰相范仲淹則說：「明月高樓休獨倚，酒入愁腸，化作相思淚。」（宋詞蘇幕遮〈碧雲天〉）一者怕燈半昏時、月半明時，一者怕月明時在高樓獨飲；病發情境各不相同。清人華廣生又說：「怕的是梧桐葉降，怕的是秋景兒淒涼，怕的是黃花滿地桂花香，怕的是碧天雲外雁成行，怕的是簷前鐵馬叮噹響，怕的是淒涼人對秋殘景，怕的是鳳枕鸞孤月照滿廊。」（《白雪遺音》八角鼓調〈怕的是〉）病情顯然比范仲淹、徐再思更嚴重。

害相思病的人多半不好意思告訴別人，甚而連「相思」兩個字也不敢說，只說害了「木邊之目，田下之心」。這別致的語法見於明人蘭陵笑笑生《金瓶梅詞話》第八十三回裡。原來西門慶死後，潘金蓮肆無忌憚地與女婿陳經濟偷情；平素被百般虐待的丫鬟秋菊知道以後，便向西門慶元配吳月娘告了一狀。吳月娘半信半疑，便將兩人隔開，看牢門戶。一個多月下來，笑笑生形容潘金蓮說：「每天難挨綉幃孤枕，怎禁畫閣淒涼，未免害些木邊之目，田下之心……」這「木邊之目，田下之心」大概是明人慣用的語法吧！

正因為諱疾忌醫，害相思病的人往往只有膜拜老天了：「月下星前，拜罷燒香只靠天。但得重相見，稱了平生願，嗏，動歲又經年，淚漣漣！若得成雙，方稱於飛雲。早早團圓答謝天，早早團圓答謝天。」（明成化間俗曲四季五更駐雲飛調）

也有的病人異想天開要「賣相思」，把相思賣掉：「相思牌兒門前掛，買相思的人兒他來問偺，他問聲：這樣的相思你要多少價？這相思得來的時節價兒大。買的搖頭，賣的把嘴咂：請回來，奉讓一半與尊駕，講相好，情願白送不要價。」（《白雪遺音》馬頭調〈相思牌兒〉）

最妙的醫法是《白雪遺音》馬頭調中的一首〈瓜子磕〉：「瓜子磕了三十個，紅紙包好藏在錦盒，叫丫鬟送與我那情哥哥。對他說：個個都是奴家親口磕，紅的是胭脂，溼的是吐沫，都吃了，管保他的相思病兒全好卻；都吃了，相思病兒全好卻。」這包藥吃下去恐怕只有使病情更嚴重。

民初人俗信撿得女子高跟鞋下土，拈成丸藥解相思。

其實「解鈴還是繫鈴人，心病惟有心藥醫。」只有相思的那人來，相思病才有痊癒的可能。清朝時，有位小姐對丫鬟說：「這兩日身子酸軟，頭又昏，眼又迷。」叫丫鬟去請醫生。丫鬟叫答：「何用醫？請那人到這裡，你二人同歡同飲同羅被，他有隨身帶來的偏方兒，能消疾、能化食、也除邪火、也能順氣。用上那一夜功夫，包管你那病兒除，就是那藥王的仙丹，也沒有他靈。」（《白雪遺音》起字呀呀喲調〈愁眉積聚〉）

不是過來人說風涼話，其實，相思病又何必急著去看「醫生」呢？宋人秦觀不是說過嗎：「兩情若是久長時，又豈在朝朝暮暮？」（〈鵲橋仙〉詞）而害相思病的人更用不著覺得難為情，——是誰說的？「未曾刻骨相思，不足以語愛情。」——至少他可以驕傲地對別人說：「現在我可以說說什麼是『愛情』了！」

青山在，綠水在，冤家不在。風常來，雨常來，書信不來。災不害，病不害，相思常害。春去愁不去，花開悶未開。倚定著門兒，手托著腮兒，我想我的人兒，淚珠滴滿了東洋海。（圖／胡平）

房中助興篇

猙獰香豔的歡喜佛

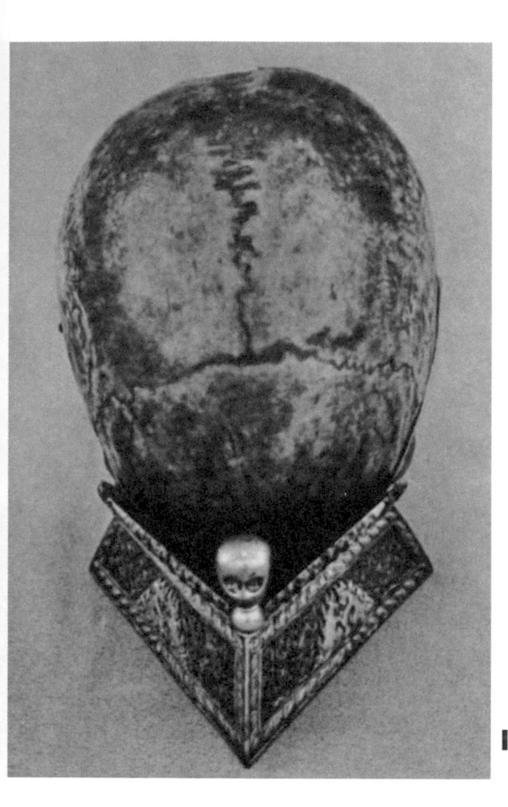
西藏密宗將歡喜佛繪於人之頭頂骨內，稱作「嘎布拉碗」

故宮博物院珍藏了一批西藏佛教法器，這些法器大多是清朝時西藏達賴喇嘛和班禪喇嘛的貢品，清宮的養心殿和熱河避暑山莊舉行密宗法會金剛大法時所用過的。其中一件特別引人注目，那便是一個在人的頭頂骨裡畫著歡喜佛的嘎布拉碗。

歡喜佛是密宗喇嘛教之神。密宗或密教是佛教的一支，相對於佛教的其他宗派如禪宗、天台宗等等（總稱為「顯教」）。密宗傳入西藏後，又稱作喇嘛教；其所供奉的，除了歡喜佛外，還有許多或啖小兒、或啖大蛇、頸懸骷髏、足踏女屍等猙獰可怖的神像。

唐朝以前，密宗就由印度傳入中國，但是唐奉道教、宋尊理學，密宗被拘限在西藏一隅，直到元朝，密宗才在中國內地興盛起來。

最早提到密宗歡喜佛的中國文獻，是南宋末年鄭思

肖的《心史》，該書卷下說：「幽州（今河北省密雲縣東北）建鎮國寺，附穹廬。側有佛母殿，黃金鑄像，裸形中立，目矚邪僻。側塑妖女，裸形，斜目指視金佛之形。旁別塑佛與妖女裸合，種種淫狀，環列深壁間……」，這類寺廟和神像，在當時塑建了許多，還有些神像是畫在絹布或牆壁上的，近人張大千就曾在敦煌千佛洞第三百零九洞裡，臨摹了一幅元代壁畫歡喜佛——尊勝金剛。

明朝時，政府曾屢次大規模地將元代所塑建的密宗佛像、寺廟加以銷燬。如明人孫承澤《春明夢餘錄》卷二十說，明成祖永樂年間，大臣上奏「都內喜佛寺係元人淫制，敗壞風俗，相應毀棄。」於是成祖下令工部將該寺諸佛像全部銷燬。又如明人田藝蘅《留青日札》卷三裡說：「大善殿內有金銀鑄像，夷鬼淫褻之狀，鉅細不下千百餘……嘉靖十五年五月二十日，夏言題請，遂皆燬滅。」而大善殿也被拆毀，改建為慈寧宮。

但元朝的喇嘛寺廟還很多沒拆，更有些新蓋的，像晚明人劉侗在《帝京景物略》卷五中，便提到北京阜成門外二里溝有座明神宗萬曆四年蓋的雙林寺，寺中有許多喇嘛邪神，猙獰萬狀。

清朝時，喇嘛教又興盛起來，清廷為了懷柔西域，籠絡蒙古民族而尊崇喇嘛教，並在北京、承德、瀋陽等地大建喇嘛廟，廟中歡喜佛一類的塑像當然不少。

乾隆時，宮中還曾鑄造了兩套銅佛，一存熱河行宮，一存北平故宮；每套都有八千尊，差不多喇嘛教一切佛像都包括了。像高不足一尺，鏤製工細，座上都刻有佛名。民初時，熱河的一套流散民間，當地還有古玩店，專門向外國遊客兜售此類銅佛，所幸故宮的一套還好好地保存著。

歡喜佛又稱陰陽佛或祕密佛，專名還有馬哈剌佛、桑堆佛等十餘種，一般人卻尊稱男的為佛公、女的為佛母，合稱為歡喜佛。歡喜佛是傳入西藏後的突變，有些生殖崇拜的意味在內；原來在印度時，只是相貌兇惡、手持各種法器的明王而已，並無交歡之事。清廷在出征作戰前，必先祭之，此外還有供皇子觀摩研習的性教育的作用。清末民初，歡喜佛成為寺僧斂財的工具，遊客要觀賞此類佛像時，得先交錢，才能登堂入室欣賞。如今，歡喜佛卻成為中外人士競相收藏的藝術珍品了。

近人張大千臨摹敦煌元人畫歡喜佛一尊勝金剛

撩人的三寸金蓮

左：傳為十六世紀初年仇英所繪的一幅畫
右：清朝乾隆年間絹本春畫「戲蓮」

古代中國，絕大多數的婦女在小時候都嚐過一種痛苦的刑罰——纏足，而成為中國特異審美觀念下的犧牲品。

纏足的女性要在四、五歲時，先將腳拇指以外的四指屈曲於腳底，穿上「尖頭鞋」；到了七、八歲時，再將蹠骨彎曲，用裹腳布纏牢縛緊，以後日復一日地加緊其綑縛，使一雙腳變形，並且只有三、四寸長。一直要纏到「小瘦尖彎香軟正」，才算大功告成。

纏足據說始於五代時、南唐亡國之君李後主的嬪妃窅娘，至今已有千餘年的歷史了；直到民國初年，才因歐美風潮的影響和有識之士的大聲疾呼而被廢止。在纏足的那一千多年裡，百分之九十九以上的中國人都大聲讚頌小腳，甚而說「男人的臉在婆娘的腳尖上哩」，以為妻子的腳愈小，作丈夫的愈有面子；而說女人腳大，更是一句莫大的侮辱，比說她偷人還要嚴重。

清朝時，蘇州流行一首山歌〈纏金蓮〉，把男人對三寸金蓮的著迷，和女人對擁有一雙小腳的洋洋得意，都作了很生動的描寫：「佳人房內纏金蓮，才郎移步喜連連，娘子啊，你的金蓮怎的小，宛比冬天斷筍尖；又好像五月端陽三角粽，又是香來又是甜；又好比六月之中香佛手，

古代纏足婦女穿的紅繡鞋

還帶玲瓏還帶尖。佳人聽言紅了臉，貪花愛色能個賤，今夜與你二頭睡，小金蓮蹺在你的嘴旁邊；問你怎樣香來怎樣甜？還要請你嚐嚐斷筍尖。」

三寸金蓮在男女交歡時扮演著重要的角色，明代江南第一風流才子唐伯虎的一首〈排歌〉說得好：「第一嬌娃，金蓮最佳，看鳳尖一對堪誇，新荷脫瓣月生牙，尖瘦纖柔滿面花。覺別後，不見他，雙鳧何日再交加？腰邊摟，肩上架，背兒擎住手兒拿。」把三寸金蓮帶來的枕畔風情，描繪得淋漓盡致。

正因為三寸金蓮是女人性感的象徵，所以男女情挑或愛撫時，往往也從小腳開始。明人蘭陵笑笑生《金瓶梅詞話》第四回裡，西門慶在王婆家勾搭武大的老婆潘金蓮時，便是從腳下手：「這西門慶故意把袖子在桌上一拂，將那雙筯（筷子）拂落在地下來。一來也是緣法湊巧，那雙筯正落在婦人（潘金蓮）腳邊。這西門慶連忙將身下去拾筯，只見婦人尖尖趫趫、剛三寸、恰半扠一對小小金蓮，正趫在筯邊。西門慶且不拾筯，便去他綉花鞋頭上只一捏，那婦人笑將起來，說道：『官人休要囉唣，你有心，奴亦有意，你真個勾搭我？』」類似的例子在古典文

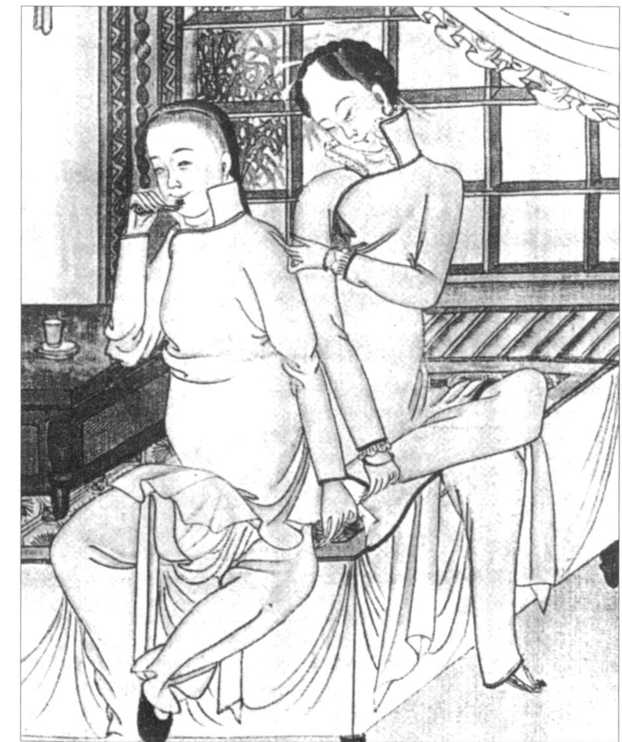

美國印地安那大學博物館藏的民初絹畫

民初風俗畫「玩蓮圖」

學中不勝枚舉。

男人喜歡女人的小腳，兩情相悅時，繡鞋便成了女人用來表達情意的最佳禮物。清人華廣生輯《白雪遺音》裡，有一首馬頭調〈紅繡鞋兒〉就說：「紅繡鞋兒三寸大，天大的人情送與寃家，送與你莫嫌醜來休嫌大，在人前千萬別說送鞋的話。你可密密的收藏，瞞著你家的她，她若知道了，你受嘟噥奴挨罵；到那時方知說的知心話。」

今人看古代的三寸金蓮，只覺得殘忍與惡心，古代的中國人卻

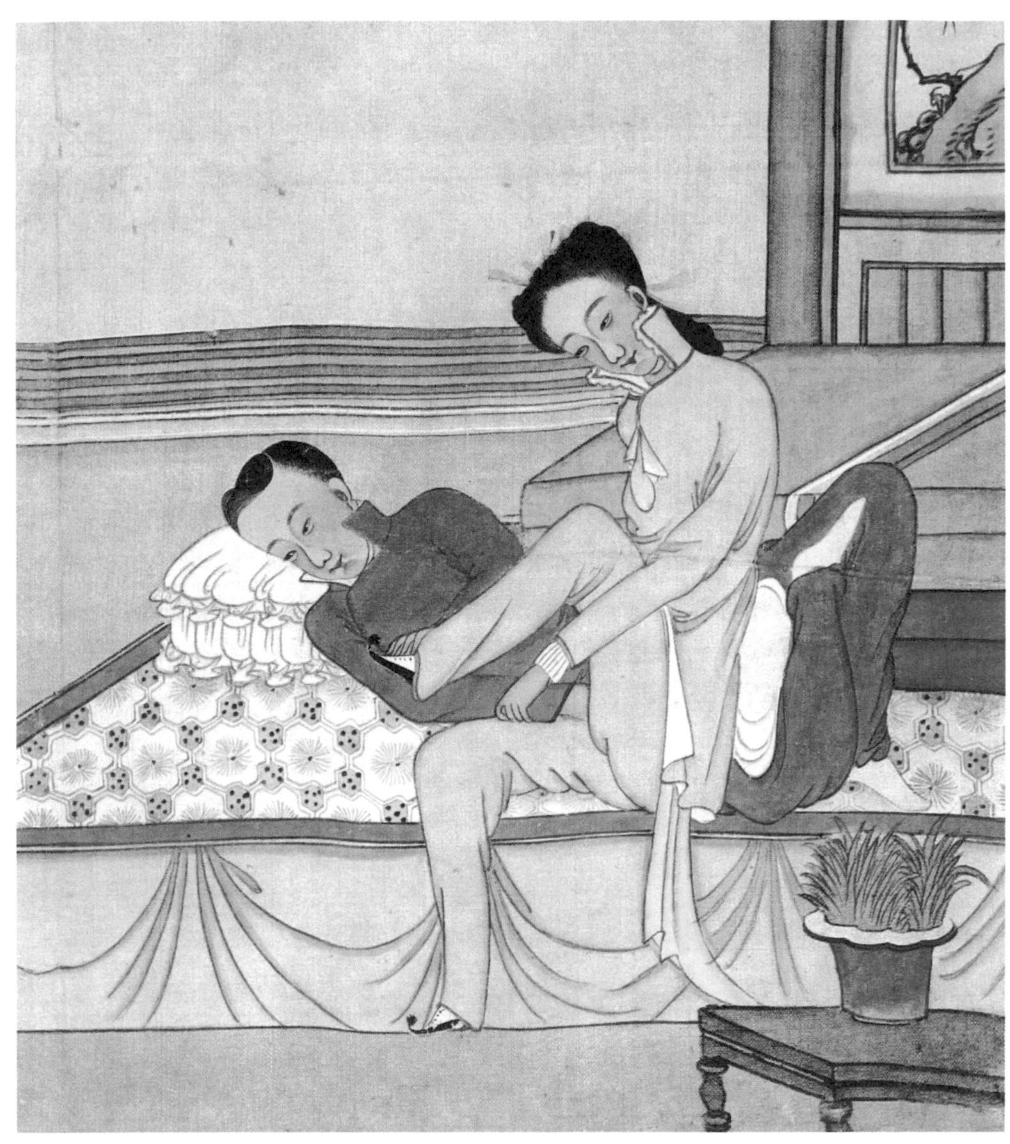

民初風俗畫描繪男人迷戀女子小腳之情景

異口同聲地說纏足美，風俗習慣的影響力真是可怕。

兜肚與抹胸

四件清朝時的兜肚

古人稱內衣為小衣、褻衣或汗衣，從遮蓋的部位、形狀大小又可分成兜肚與抹胸兩大類。

兜肚也叫抱腹、腰巾、袜肚、裹肚、肚兜、帕腹、齊襠或小半臂，這是裁成長方形或類菱形，用來遮住胸腹的一片布。也有些兜肚連背部一起裹住，像個圓筒狀的無底布袋稱作肚裙。

漢朝以前，中國人就發明兜肚了，它原是給嬰兒用的。照本省從前的習俗，嬰兒出生滿四個月，做外婆的便得縫製大大小小、夠穿好幾年的兜肚，送到婿家給小外孫穿。這是因為嬰兒的肚臍容易受寒，裁製遮胸遮腹的兜肚給嬰兒繫上，可以防止他們感冒。

嬰兒穿的兜肚後來也變成女人的內衣了，穿在女人身上的兜肚，在式樣、質料和花色上有各種繁複的變化，女人穿兜肚也不僅僅為了保暖而已，更要取悅異性。有些兜肚滑不留手，有些兜肚香味撲鼻，有些兜肚以薄紗製成具有半透明的效果，有些兜肚上繡了綺豔的詩文圖畫以為閨房助興，真是不一而足。

唐朝時，穆宗皇帝喜歡讓宮女穿上繡有色情詩文的兜肚，如果兜肚是白色的就繡黑字，黑色的就繡白字，稱為「諢衣」；唐穆宗一邊臨幸穿諢衣的宮女，一邊朗讀諢衣上面的豔麗詩文以為樂──真是懂得享受。

出現得較晚的抹胸也叫訶子，它是古代婦女的奶罩。宋人高承《事物紀原》上說訶子是唐朝時楊貴妃發明的，清人倪鴻《桐陰清話》也說：「抹胸製自楊貴妃，妃私安祿山，祿山指爪傷妃乳，乃為抹胸蔽之，名『金訶子』。」但這種說法恐怕未必盡然；就算楊貴妃真與安祿山有私情，安祿山忘情地抓傷了楊妃，聰明如楊妃著儘可找些藉口來掩飾，訶子是掩不住什麼的；難道唐明皇不碰揚貴妃嗎？上床後欲蓋彌彰的訶子一脫，傷痕還是要露出來的；所以說抹胸始於楊妃欲遮其情夫留在乳間的指痕，只是個香豔的謠言而已。

不管抹胸是誰發明的，宋朝時，抹胸已正式成為婦女遮胸的內衣了。宋人李心傳《建炎以來朝野雜記》上，就根據乾道邸報所錄，說臨安府浙曹司所進成恭后御衣衣目中有「粉紅紗抹胸」一項。而筆記小說中，也不乏對女人抹胸的描寫，像《金瓶梅詞話》第二十九回說：「（西門慶）轉過角門，來到金蓮臥房中，掀開簾攏進來，看見婦人睡在正面一張新買的螺鈿牀上……赤露玉體，止著紅綃抹胸兒……。」紅紗抹胸或紅綃抹胸都是紅色半透明的絲質抹胸。

古代福建人也稱抹胸為「襴裙」，晚明人淩濛初《拍案驚奇》卷十七，形容道觀內的道士任道元調戲入觀遊賞的女客說：「兩女……正輕移蓮步走進門來，道元目不轉睛，看上看下，口裡謅道：『小娘子提起了襴裙。』蓋是福建人叫女子抹胸做襴裙，提起了，是要摸她雙乳的意思，乃彼處鄉談討便宜的說話……。」

抹胸上也有繡花的，清末民初江蘇吳縣有一首民謠說：「日頭直仔劈居中，小姐妮房中換抹胸；抹胸上面繡了一枝花花綠綠鮮豔豔的靈芝草，可惜郎沒福氣變作旁邊的一顆松。」可以為證。

從古畫裡看，抹胸的形制跟近世的胸罩很相近，但抹胸只是裹住胸部的寬布帶而已，並不強調襯托出女性乳房的曲線。抹胸的設計也反映出古代中國人不重視女性乳房是否豐滿的審美觀，他們更在意女人一雙腳纏出的形狀大小。

古代有專做兜肚、抹胸為業的營生，清人梁章鉅《歸田瑣記》上說：「揚州有兜兜巷，巷甚隘，而路徑甚多，居此巷者，婦人多以做兜肚為業，而門面又相似，故行人多歧誤焉……。」又今人買女性內衣胸罩是到百貨公司，古人則是到星貨舖或香蠟舖。清人捧花生《畫舫餘譚》說：「（南京）姚家巷、利涉橋、桃葉渡頭多蘇州人開列星貨舖，所鬻手絹、鼻菸、風兜（披風）、雨繖（傘）。……香裹肚……。」星貨就是雜貨的意思，但今日的雜貨店卻以賣食用品為主，和古代稍有不同。

後世之人常把抹胸和兜肚混為一談，像清人珠泉居士《續板橋雜記》卷上說：「至於抹胸，俗稱肚兜，夏紗冬縐，貯以麝屑，緣以錦縑，乍解羅襟，便聞香澤；雪膚絳袜，交映有情，此尤服之妖者。」其實，抹胸是抹胸，肚兜是肚兜，焉可混為一談？

附帶一提的是，古往今來的人物畫家，畫仕女畫時有個習慣，如果畫女人穿著衣裳裙褲時，便在作品上簽自己的名字，如果畫她們只穿抹胸兜肚時，多半不簽名了，頂多也只簽別號而已。打破這個慣例的，除了唐之周昉、明之仇英、唐寅而外，恐怕還不多見呢！

春宵祕戲圖

明朝春宮圖，描繪男女在澡盆中祕戲的光景，即俗稱「鴛鴦戲水」是也。

一人見春意一冊，曰：此非「春畫」，乃「夏畫」也，不然，何以赤身露體？又一人曰：亦非「夏畫」，乃「冬畫」也。問曰何故，答曰：你不見每幅上個個鬍子在那裡呵凍筆。

——清刊《笑林廣記》卷四〈呵凍筆〉

人類既然免不了男女交歡之事，自然也就免不了用文字圖畫來描述此事；見諸文字的我們稱為「淫書」，見諸圖畫的就叫做「春畫」。

春畫又有春意圖、春宵祕戲圖、祕戲圖、妖精打架圖、素女圖和避火圖等等不同的稱呼，下面一一加以說明。

稱作「祕戲圖」或「春宵祕戲圖」，自然是因為「閨中行事祕，料得少人知」的緣故，既然不能「公然猥褻」，當然只有「祕戲」一番了。值得注意的是「春宵祕戲圖」和「春畫」、「春意圖」等名稱，都包含了一個「春」字，這說明了在傳統觀念上，中國人對「性」抱持著一種健康的態度，認為人類的性行為，就像春臨大地時，草木繁滋、萬物化育一樣，是一件自然的事情。

「素女圖」一詞的由來，是因為春畫曾出現在《素女經》一書中，作為指導房事的插圖，東漢初年的大文學家張衡，在其五言古樂府詩〈同聲歌〉裡，就曾摹擬一位新娘的口吻，敘述在新婚初夜裡，她和丈夫如何借助《素女經》的圖文來完成「周公之禮」：

脫下鳳冠霞帔，把臉上的脂粉洗淨；
我取出了春畫展陳在枕邊；
這樣子就可以素女為我們的老師，
而把各種美妙的姿勢逐一實習過。

原文是「衣解巾粉卸，列圖陳枕張，素女為我師，儀態盈萬方。」這也可見春畫在中國歷史的悠久。

春畫也叫「妖精打架圖」，這是因為畫中人物常不穿衣，相扭相抱在一起，像兩個打架的妖精——只有妖精是不穿衣服的。清人曹雪芹《紅樓夢》第七十三回裡，描寫丫鬟傻大姐「在石山背後得了一個五彩香囊，其華麗精緻固是可愛，但上面繡的並非花鳥等物，一面卻是兩個人赤條條的相抱……。這癡丫頭原不認得是春意，便心下盤算敢是兩個妖精打架。」據說閩南一帶習俗，臥室中的大鏡子不可以正對著眠床，也是因為怕照到「妖精打架」哩！

至於稱春畫為「避火圖」，這大約是明、清時開始的；在晚清民間俗曲剪靛花中有一首〈母女頂嘴〉，裡面就有「綢緞被窩牀上擺，床後暗藏避火圖」的話。春畫為什麼會具有避火的功能呢？西方學者Philip Rawson的解釋是：陰陽交媾象徵著天地交泰、萬物合和，如此一來，自然不會有像火災這類突發的災變了。這種根據《易經》泰卦所推演的解釋，雖然合情合理，但對一般百姓而言，道理就嫌太抽象、深奧了。民間相信春畫能夠避火，還有其他的原因。

近人高拜石《古春風樓瑣記》第二集裡，有一則「葉麻子藏書故事」，說民初湖南長沙的學者葉德輝，在其珍藏的圖書中，往往夾入一兩張春宮畫片（是在長沙輪上兜售的那種粗俗不堪的春畫）。其友陳子展問其理由，葉某答以「避火」，接著又解釋道：「火神原是個小姐，服侍她的丫鬟有三十六位之多；後被玉皇大帝貶為灶下婢，因此她變得急躁易怒。她平時穿淡黃色，一發威時便穿紅衣而引起火災，但因出身閨閣，即在盛怒之時，看到這玩意，也不禁害羞起來，避了開去。」

果真如此，大家以後倒是可以把投保火險的錢省下來，換成幾張「避火圖」貼在房裡，就再也不用擔心「火燒厝」了。

八百年前的裸畫

南宋大理國張勝溫畫《梵像卷》局部

金色六臂婆蘇陀羅佛母座前女協侍

金色六臂婆蘇陀羅佛母座前男協侍

南宋孝宗淳熙六年（西元一一七九年）：大理國畫師張勝溫的《梵像卷》裡，出現了一男一女兩位裸神，這也許是中國存世最古老的裸體畫了。

大理國是唐宋之際，在我國西南邊疆之上，以雲南省的大理一帶為中心，所建的大帝國。唐朝時稱「南詔」，宋朝時稱「大理國」。南詔大理國位於印度、吐蕃（西藏）和中國之間，在文化上受到上述三地的影響，是在所難免的事。大理國的宗教極為複雜，除了本土的汎靈信仰外，當地人還信來自西藏的密宗，又尊印度的佛教和中國的禪宗。這種集大成的情形，在故宮博物院珍藏的《梵像卷》裡，表現得十分清楚。

張勝溫所繪的《梵像卷》，除了卷首畫大理國國王男女扈從，卷尾畫西南夷十六國君長外，中間一大段全是畫諸佛菩薩、天龍八部、十六應真、禪宗六祖等等神像；這些神分屬於密宗、顯宗（包括禪宗在內），卻濟濟一堂地在《梵像卷》上一字排開。

裸體的男神、女神，是屬於「金色六臂婆蘇陀羅佛母」的協侍。婆蘇陀羅佛母是印度司財富、幸運的女神，畫中祂的蓮座就是置放在一鑪鑪金銀財寶的罐子上。祂座前的兩位協侍，也各扛著不同形狀的「藏寶袋」，正從袋裡傾倒出珊瑚、貝幣、珠寶等物，以贈給膜拜婆蘇陀羅佛母的世人。

男協侍為何羊首人身？男、女協侍為何赤身露體？這似乎是受到印度、西藏宗教影響下的產物。原來在印度的宗教裡，除了佛教外，還有六大支派，其中一派稱為「露形外道」，以脫衣露形為正行（中國人譯梵音Nirgrantha為尼犍、尼虔或尼乾）。元朝時來華旅居的義大利人馬哥孛羅，在其旅遊見聞錄《馬哥孛羅遊記》裡，也提到馬八州（Maabar）——今印度Coromandel沿岸一帶——西北部的剌兒州（Lar）是婆羅門教發源地，婆羅門教徒裸體而敬奉牛。因為世人皆裸體出生，正直無過之人不以裸體為恥，只有犯淫罪者方以裸體為恥。兩位協神不穿衣服，可能是受了此派教義的影響。而羊頭的男協侍，原本是吐蕃人所膜拜的神；《唐書》吐蕃傳上說以牧羊為生的吐蕃人「多事羱羝之神」可以為證。唐初時，印度佛教和其他異教經由西藏傳入大理國，大理國的佛教傳說往往帶著西藏密教色彩，裸神或羊頭之神出現在《梵像卷》中，也就不足為奇了。

雖然張勝溫在此畫中，把重點放在主神婆蘇陀羅佛母身上，因而對兩位協侍的用筆比較簡率，但值得珍惜的是，這幅八百年前所繪的宗教手卷，卻在無意間給我們留下了中國存世最早的裸體畫的寶貴資料。

C.Ratton藏元人「四季行樂圖」之夏景（局部）

從文獻上來看，中國人描繪男女交歡的祕戲圖，雖然可以早到西漢景帝子惠王劉越的後裔劉海陽，於其封邑廣川郡（今河北省棗強縣東）宮室中「畫屋為男女贏（裸）交接」；唐朝時的人物大畫家周昉據說也畫過一男五女的「春宵祕戲圖」（明人顧復《平生壯觀》卷六中語）；但是這些作品都毀壞佚失了。在今天所能看到年代可靠、最早的祕戲圖，只能上溯到元朝。

法國兩位收藏家Charles Ratton和Dubosc手中，各珍藏了兩幅元朝末年的祕戲圖。這四張一組的作品原本是畫在油紙上，從一盞燈籠上揭下來的，描寫達官貴人四季行樂的情景。

Dubosc收藏的兩幅全是室內的故事，男女坐擁在矮榻上的一幅可能是冬景，女坐男跪在地毯上的一幅則可能是春景。Charles Ratton收藏的兩幅則全是室外的，男女坐在庭前地毯上的一幅是夏景，欄杆外池塘裡的荷花正盛開著呢！男的一絲不掛、女的僅穿著棗紅兜肚和裹

C.Ratton藏元人「四季行樂圖」之秋景（局部）

腳布坐在虎皮上玩的一幅則是秋景，背後花架上的葡萄已結實纍纍了。

這四幅作品中的男子可看出是同一個人，女的則Dubosc兩張為同一女子，與Charles Ratton兩張中的女人各自相異。雖然其人物造型或運筆的功力，前不如周昉、後不如仇英，但是出自元代無名氏手中的這四幅祕戲圖也都畫得相當精緻，尤其是稍帶稚拙的線條洋溢著質樸而生動的趣味。經過了六百多年，畫上的顏色還十分鮮豔，就像剛完成不久的作品。

這盞透露出無限春情的燈籠，原是掛在當時某個達官貴人家的花園或臥房中的。它反映出元朝時上流社會生活的奢華淫靡。元人以異族入主中原，對漢人予取予求而極盡酒食聲色之享受；再加上元人信奉喇嘛教、拜歡喜佛，也無怪連燈籠上都出現這類色情的祕戲圖了。

貴妃出浴圖

近人華三川畫的「貴妃出浴圖」。

「春寒賜浴華清池，溫泉水滑洗凝脂；侍兒扶起嬌無力，始是新承恩澤時。」唐人白居易〈長恨歌〉裡的名句，描寫楊貴妃在華清池洗溫泉的旖旎風光，已成為千古傳誦、膾炙人口的句子了。

雖然楊貴妃洗澡「干卿底事」，但經過白居易的一番描繪，終究每每引起後人的無限遐思。於是乎「貴妃出浴圖」也成了許多人物畫家喜歡描寫的題材。

最早畫「貴妃出浴」的，也許要數中唐末期的周昉吧！周昉的「楊妃出浴圖」曾為宋徽宗所珍藏（見《宣和畫譜》卷六），可惜後來卻下落不明了。

對於周昉的這幅作品，明人謝肇淛在《五雜俎》卷七裡，表示了頗不以為然的看法。謝肇淛倒不是認為畫出浴圖有傷風化，而是覺得周昉乃唐朝的臣民，卻畫母后出浴，實在很「無禮」。

其實，楊貴妃原是唐明皇兒子壽王瑁的妃子，算起來是唐明皇的媳婦了；唐明皇卻垂涎於楊貴妃的美色，授意她出家為女道士，而後暗中把她接進宮來，這是開元二十八年（西元七四〇年）的事。不到一年，楊氏便大受寵幸；天寶四年（西元七四五年），這幕戀情公開，楊氏被正式冊立為貴妃。唐明皇自己先「無禮」了，又怎能怪周昉跟著「無禮」？

當代以楊妃出浴為題材的畫家還有郭冰如、羅冠樵、丁庸衍等人，或富於裝飾的古樸趣味、或以傳統仕女畫的手筆來表現、或用極為抽象的線條來刻劃，可謂情趣各異。

華清池在陝西省臨潼縣南半里許的驪山邊，距西安約三十餘里。池中的溫泉高及人腰，熱度恰如人之體溫，去源漸遠，則水漸涼。泉水十分清澈，亦無硫磺的刺鼻味，可說是極佳的溫泉。唐太宗貞觀十八年（西元六四四年）時初置華清宮，唐玄宗天寶六年（西元七四七年）時，把華清宮的溫泉用玉石砌為池子，並蓋了許多宮室。唐玄宗常在十月間帶著楊貴妃來華清宮泡溫泉，等快過完臘月時才回首都長安。

洗溫泉的池子共有十八處，其中最華麗的芙蓉湯就是楊貴妃就浴之所，如今已改稱為貴妃池了。池中有一圓石，光潔明潤，石上有一塊紅色的痕跡，相傳為楊貴妃月事來時坐處，遂留此豔跡，歷久不泯。這當然是無稽之談，亦可見津津樂道於楊妃艷事者正復不少。

春寒賜浴華清池
温泉水滑洗凝脂

郭冰如「長恨歌圖」

變形的春畫

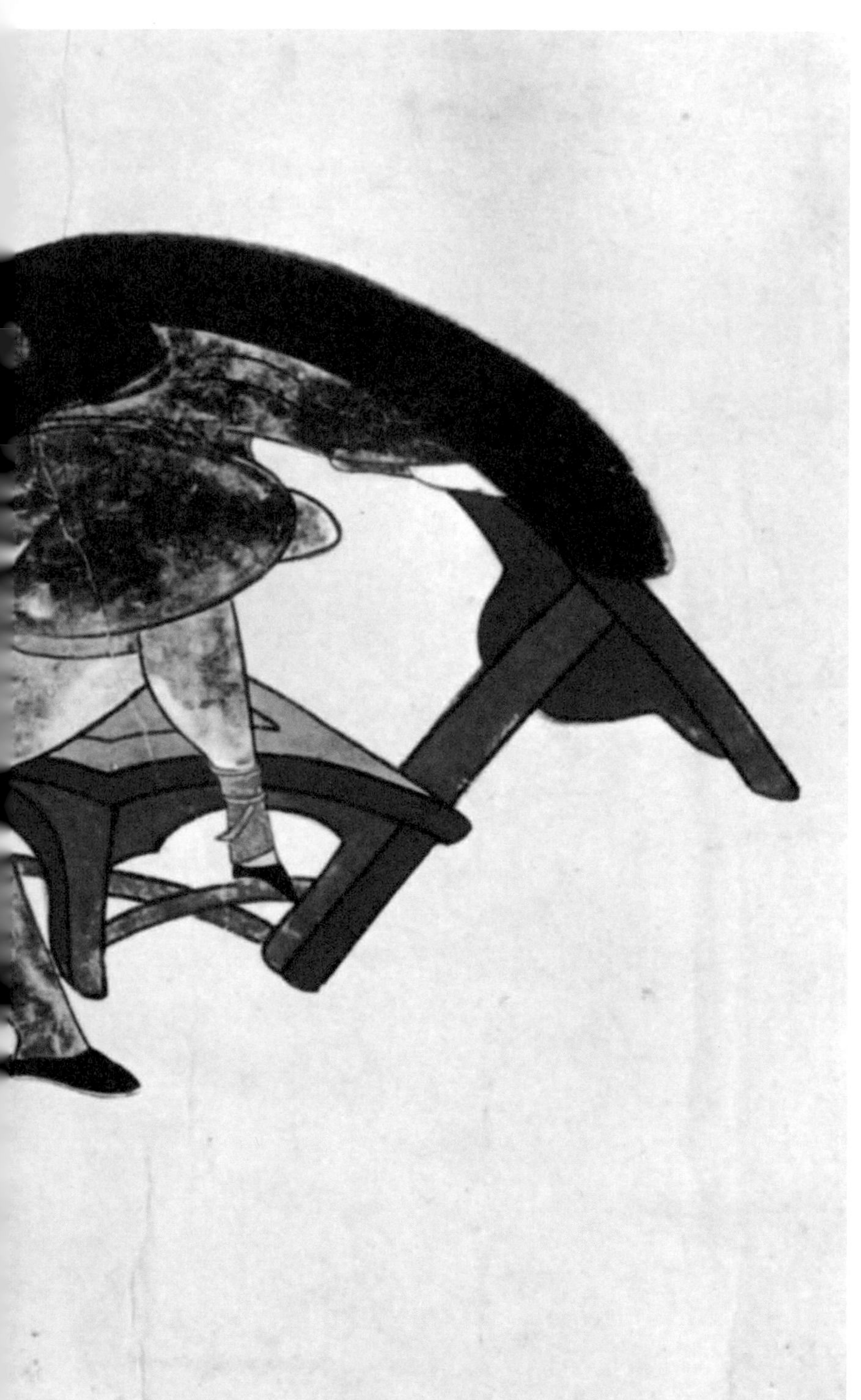

明萬曆年間的變形春畫

在法國巴黎私人收藏家手中，有三張中國的變形絹畫，畫面上勉強可以看出是一男一女坐在矮榻或太湖石上，相擁交歡。畫家卻用變形的手法，畫成圓弧形，讓人看起來覺得十分突兀而怪異。

這三幅出於無名氏之手的變形春畫。據專家考訂是明神宗萬曆年間（西元一五七三至一六一九年）的作品。畫家為何會想到這樣畫呢？變形畫怎樣才能看到復原的真相呢？變形畫是中國所獨創，還是受西洋影響而產生的呢？

民國六十四年十一月間，在荷蘭首都阿姆斯特丹的瑞克斯博物館，展出了一〇九件借自歐美各大博物館和收藏家的變形藝術的作品，這三張變形春畫也在參展之列。

據主辦展覽的荷蘭籍學者埃佛洛和修特兩人的研究考

證，變形藝術是十五世紀文藝復興以來，歐洲畫家致力於透視原理的研究而發明出來的副產品。畫家故意將事先設計好的扭曲形像畫在畫面上，參觀者必須從某個特定的角度，或借助儀器（如裝置窺伺的小孔，圓筒或圓錐形的反射鏡），才能看到畫的原形。

十五世紀到十八世紀，變形畫在歐洲大為風行，它特別適合表現政治諷刺性或色情的題材，這樣可以避人耳目而不受非難。十六世紀末葉時，這種新奇的表現手法也因天主教教士利瑪竇等人到中國傳教，而為中國的畫家所熟知，並創作這類的變形畫。

埃佛洛等人主張利用圓筒鏡復原的變形圖是中國畫家所獨創的，這種看法恐怕有誤：從變形畫出現中國的時間來看，應該是明神宗萬曆年間、天主教傳教士把西方變形畫的觀念和圓筒鏡等泰西科學儀器傳入中國後，中國畫家才開始就著儀器畫出變形畫來的。因為古代中國畫家對透視原理不感興趣，不可能像文藝復興時代的義大利畫家那樣獨自摸索、創造出這類的變形畫。值得注意的是變形畫在中國出現後，對晚明畫壇如陳洪綬、崔子忠、吳彬、丁雲鵬等人有一定程度的影響。

清朝初年，變形畫還流傳於玩好者手中。在北京作了二十年高官的王漁洋，把他任職期間與公卿大夫交往閒聊時的所見所聞，寫了一本書《池北偶談》（序刊於康熙三十年，西元一六九一年）。該畫卷下「西洋畫」一則裡，就提到這種變形畫：「西洋所製玻璃等器，多奇巧。曾見其所畫人物，視之初不辨頭目手足，以鏡照之，即眉目宛然姣好。鏡銳而長，如卓筆之形。」卓筆形狀已不可考，但從「銳而長」的形容可知是一端大、一端小的長筒鏡。

後來的中國畫家，似乎很少再畫這類作品了，變形的春畫也漸漸不為中國人所知，而流傳到國外去了。

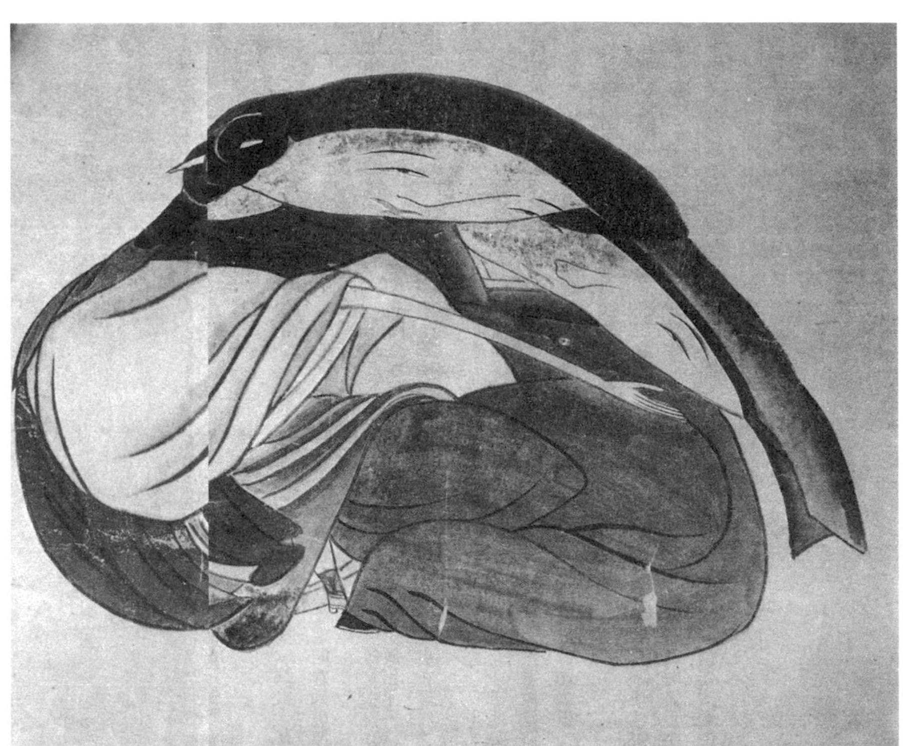

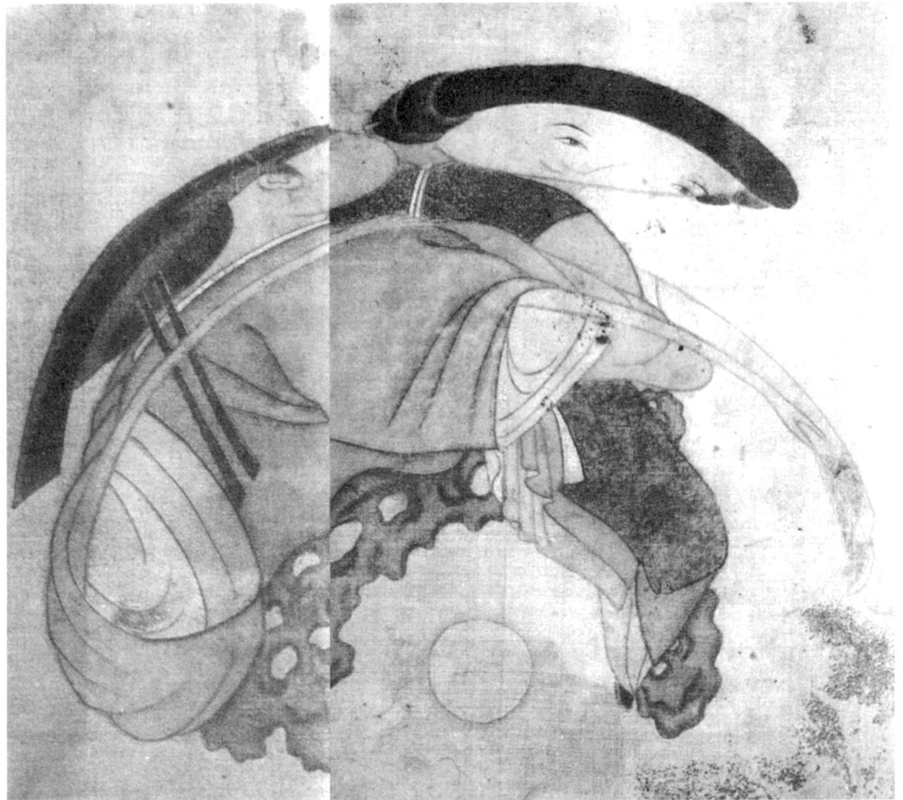

明萬曆年間的變形春畫

金瓶梅中的插畫

上：曹涵美插畫（《金瓶梅》第一回故事）
下：清初設色絹畫（《金瓶梅》第六十四回故事）

明朝萬曆年間，蘭陵笑笑生的《金瓶梅詞話》一書問世了。這部小說借《水滸傳》中西門慶、潘金蓮通姦，以及武松殺嫂的一段短短的故事，舖寫成一百回的長篇巨著。作者借古說今，把明朝中葉以後富豪的荒淫放縱、官場的腐敗黑暗和官商勾結、魚肉百姓的情形暴露無遺，從一個暴發戶西門慶的家庭生活，清晰寫實地展現出明代社會的全貌。

這部被今人譽為「中國四大小說」之一的曠世奇書，自從印行以來，引起了廣泛讀者的共鳴，許多畫家也曾替它畫過插畫；今就筆者所知略述於后：

一　明崇禎間木刻版畫　這套木刻版畫共有兩百幅，不但是《金瓶梅》最早的插畫，也是數量最多的插畫。畫稿不知出於何人之手，刻工有劉應祖、劉啟先、黃子立（建中）、黃汝耀、洪國良等人，大多為徽派著名一時的刻工，像劉啟先曾刻過百回本《水滸傳》，黃子立曾刻過陳洪綬《博古葉子》，黃汝耀刻過《黃河清》插圖，洪國良則刻過《吳騷合編》和《怡春錦》。明末書商網羅了這些版刻高手來刻《金瓶梅》，亦可見他們慎重其事的態度。這兩百幅木刻

明崇禎木刻畫（《金瓶梅》第六十四回故事）

插畫表現了徽派所慣有的纖巧細緻的風格。

二　清人設色絹畫　這套作品是一九三〇年在遼寧瀋陽的清宮中發現的，後歸荷蘭人高羅佩（Van Gulik）收藏。一九六七年高羅佩去世後，其生前收藏已運回荷蘭海牙的故居了。這套作品估計約有百幅之多，畫得非常細緻而考究，構圖有些模仿崇禎木刻插畫的痕跡，可惜畫家沒有在畫上題簽，不知作者為誰；從畫風來分析，應該完成於清朝初年。在《雲雨》（Chinese Erotic Art）一書中，曾複製刊載了其中的十幾幅。

三　民國曹涵美金瓶梅插畫　原作發表於三十年代上海某報，民國四十六年《良友》雜誌曾轉載數幅。曹涵美原本姓張，和名畫家張光宇、張正宇是兄弟，雖然從小過繼給舅家，但是他對繪畫的稟賦和兄弟一樣高；成就也一樣大。這套金瓶梅插畫使曹涵美聲名大噪。他還畫過許多祕戲圖，平常都鎖在住處的小閣樓上，若非知己好友絕不招待參觀；這些畫如今也不知流落何方了。

四　民國胡也佛設色絹畫　這套作品共有二十四幅，畫得富麗堂皇，精緻異常。畫中時常鈐有「寧天下人負吾」閒章一方，此印當屬畫家胡也佛；又其中有兩幅畫在

胡也佛設色絹畫（《金瓶梅》第一回故事）

杜子上出現「戊子七夕也佛時年四十有一」、「丁亥端午也佛寫」的題字，丁亥、戊子是一九四七、四八年；因為畫中人物造型，身材比例已合乎近代的人體解剖學，而各種陳設的器物和庭園背景也都運用光學透視的原理，描繪得栩栩如生。這廿四張絹畫現歸香港私人收藏。

五　日人原田維夫木刻套色版畫　原田維夫所作「金瓶梅」插畫，人物造型頗有漢畫像石的趣味，套色繁富而不失質樸之美。這套版畫曾於民國六十六年十二月間，在日本新宿展出，頗獲好評。

六　晚清某畫師設色絹畫　共一百二十幅，偽托為清初院畫大師冷枚所作。此套作品未見，據民初柴小梵《梵天廬叢錄》卷十七說：「有某者，頗好春冊，居京師久，往來廠甸古玩鋪，骨董家諗（熟知）其家資充裕，乃仰承其旨，特倩某畫師在某處畫春冊一百二十頁，純以舊絹為之，設色鮮明，補景淡雅，全本俱用西門慶金瓶梅韻事；裝以古錦，貯以香匣，下款署冷枚二字。委某照相店先以攝影攝百二十片，送與某；某見之，賞戀不已，願以重金購其真本。骨董家故難之，某嬲之再三，乃將畫本呈覽，索價七千二百金，後以五千金得之，終不悟其偽也。」

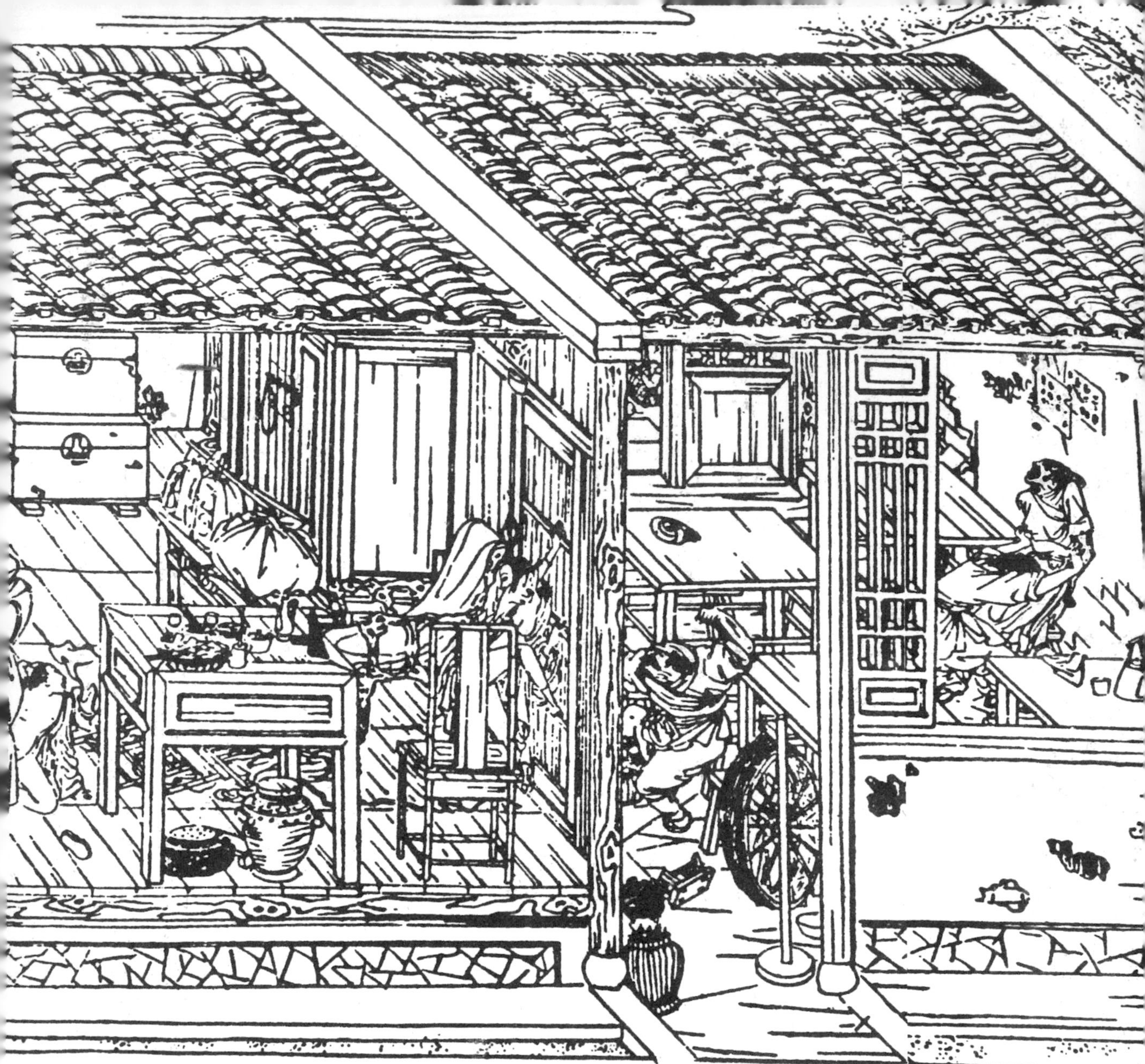

曹涵美插畫（《金瓶梅》第五回故事）

男女風流篇

中國人的婚姻宿命論

J.K.Monroe畫唐人韋固派奴僕行刺自己未來的妻子。

韭菜花，滿地舖，
金擔銀擔嫁小姑；
小姑小姑命不好，
一嫁嫁了個駝背老，
上床又要背，下床又要馱，
隔壁鄰居莫笑我，
前世姻緣沒奈何。

——民初安徽民謠

中國人是十分相信宿命論的民族，一場大災難發生了，中國人認命地說這是個「劫數」，遇到莫可奈何的聚散離合，中國人認命地說

▍唐人韋固在龍興寺遇到掌管人類婚姻的月下老人（J.K.Monroe畫）

那是「緣份」；這種心態在男女婚配上表現得尤其強烈。像「洞庭湖裡水飄飄，好夫好妻命裡招」、「有緣千里來相會，無緣對門不相逢」，不都是說婚姻靠緣份、靠命運嗎？

這種宿命的論調，應該是東漢時隨著佛教傳進中國的思想。遠古時代的中國神話，全是些奮鬥不屈的故事，像《列子》湯問篇裡夸父追日的故事、同書力命篇裡愚公移山的故事、《山海經》海外西經裡，與天帝爭位，被砍掉了頭，仍以雙乳為目，以臍為口，執干戚奮戰不已的大神刑天，同書北山經裡，那個溺死後化為寃禽、日日銜西山之木石打算填滿東海的精衛……，無一不表現了上古時代中國人淬礪奮發、果敢進取、絕不向命運屈服或妥協的偉大精神意志。孔子說「知其不可而為之」，不也是這種向命運挑戰的非宿命論調嗎！

古代中國非宿命論的觀念，也表現在當時人對愛情、對婚姻的態度上。在漢朝以前，男女交往常是合則來，不合則去，絕沒有誰命中註定一定要嫁給誰的道理。所以《詩經》鄭風「褰裳」說：「子惠思我，褰裳涉溱，子不我思，豈無他人？狂童之狂也且。」翻譯成現代的白話是說：「你若愛我、想念我，我就撩起裙子涉過溱水來跟你相會；你若對我沒意思，難道我就沒有其他的情人了嗎？你真是個狂妄自大的傢伙啊！」何等瀟洒的愛情觀、何等健康的愛情觀。

這種活潑自由的愛情觀、婚姻觀，從離婚或守寡的婦人再嫁並不困難，以及無人指責的社會現象裡也表現無遺。像西漢時，朱買臣妻子嫌丈夫沒出息，只會砍柴讀書，便要求跟丈夫離婚而改嫁了；東漢時蔡邕的女兒文姬，初為衛仲道妻，衛死無子，文姬回到娘家；正好北方胡人作亂，文姬被胡人擄走，為匈奴左賢王收為妾，相處十二年，生了兩個兒子，後來曹操怕蔡邕無後，把文姬贖回，再嫁給董祀為妻，夫妻仍極恩愛；又如〈孔雀東南飛〉裡，焦仲卿迫於母命而休妻，縣太爺馬上派人來說媒……。婦人唯其可改嫁、再嫁，無需從一而終，才不致有婚姻宿命論的思想。中國甚至到宋朝時，婦女都還有再嫁的自由。但是在鼓吹因果輪迴和宿命天緣的佛家思想傳入後，古代中國人向命運挑戰的精神慢慢被腐蝕盡淨了；佛教思想隨著戰亂災荒的迭現而日益深入人心。一場血流漂杵的兵劫後、一場飢莩遍野的荒旱後，人很容易就接受佛家的宿命觀。這種宿命論也必然影響了中國人對愛情和婚姻的態度，再加上唐朝末年的一篇小說〈定婚店〉（唐人李復言《續玄怪錄》中的一則）的誕生，婚姻宿命論的觀念在南宋以後就根植於大多數中國人的腦海裡了。

〈定婚店〉本身是個極富想像力、極為精彩的一篇小說，敘述唐人韋固從小就是個孤兒，他想早點成家，總沒有遇到合適的對象。唐憲宗元和二年，他為婚事動身去清河，途中在宋城的南店住宿。他跟朋友約好在店西龍興寺門口碰面，要談娶清河司馬潘昉女兒的事情。韋固很性急，去得早了，在寺門口看到一個老人坐在臺階上，就著月光翻一本書。韋固湊上前去看，書上的文字竟一個也不認識；便問老人說：「這書上寫的是什麼啊？」老人說：「這不是世間之書，而是記載世人姻緣的書。」韋固問他的妻子可是潘昉之女？老人說：「你的妻子今年才三歲，等她長到十七歲時，就會嫁給你。」又指了指自己身旁的一個布囊說：「這裡面全是紅繩子，用來把命中註定要成為夫妻的人兩腳拴在一起，不管是仇敵之家也好，貴賤懸隔也好，吳楚異鄉也好，只要紅繩子一繫，就一定會成為夫妻。你的腳已經跟那小女孩繫在一起了，還去求其他女人幹嘛？」

韋固又聽老人說自己妻子是店北賣菜陳婆的女兒，便要求老人帶他去看一看。天亮後，老人領著韋固來到菜場，指著瞎了一眼的賣菜老婦背上背的小女孩說：「這就是你的太太。」

韋固生氣地問：「這姻緣可否作廢？」老人說：「可以作廢還叫姻緣嗎？」說完就走了。韋固回到旅店後愈想愈氣，便派自己的僕人帶著刀子去刺殺那個小女孩。不料僕人在慌亂間，一刀只刺中眉心，不知對方是死是生便匆匆逃走了。

以後韋固四處託人作媒，一直都不成功，過了十四年後，才因襲父親生前職位，到相州刺史王泰手下作事。韋固做事勤謹幹練，頗得王泰欣賞，王泰便把女兒嫁給他了。王泰女兒才十六、七歲，容色華麗，韋固真是心滿意足。但他後來發現妻子眉間常貼了一個紙花，從來沒看到她把紙花拿掉。韋固想起昔時派僕人刺殺賣菜陳婆女兒的事，疑心大起地逼問妻子，妻子才說出自己只是王泰的養女，小時候父親曾在宋城當宰相，後來病死了，就跟著奶媽陳氏住在城南，靠奶媽賣菜維生。三歲時，有一天在菜市場被一狂賊刺了一刀，在眉間留下了一個疤。長大後隨叔叔到相州，跟父親生前好友王泰一起，才被收養作女兒的。韋固聽後，大為感嘆月下老人的神奇。

這個〈定婚店〉的故事傳揚開來，影響了後世中國人對婚姻的看法，像清人繆良集俗語竹枝詞中，就有一首說：「巧妻常伴拙夫眠，千里姻緣使線牽；世事都從愁裡過，月如無恨月常圓。」杭州西湖月下老人祠楹聯也寫道：「願天下有情人都成為眷屬，是前生註定事莫錯過姻緣。」民間諺語也說：「好漢沒好妻，賴漢娶個花滴滴」、「好漢沒好妻，賴漢守花枝」……，都反映中國人心中的婚姻宿命的思想。

明清時的愛情小說，往往也脫不出這種婚姻宿命論的窠臼，像《七世夫妻》、《孟麗君》（一名《再生緣》）等等，這些小說的流傳更助長了婚姻宿命的論調。婚姻宿命論的是非功過很難「蓋棺論定」，但的確使人對許多不諧或不偶的婚配能夠釋懷；如果沒有婚姻宿命論，要怎樣解釋潘金蓮嫁給武大郎，或賈寶玉沒娶林黛玉呢？而且，婚姻宿命論也礙不著什麼事；如果你以為抱持婚姻宿命論的人就不「浪漫」的話，那你可是太天真了。

古代婚俗：小丈夫

夫妻年齡或形貌不相配，是妻子紅杏出牆的原因之一。此圖為明朝佚名畫家之春畫，描繪嫁給瞎子的婦人伺機與道士偷情；也可解釋為人妻嫌丈夫年幼，背著瞎子公公與道士偷情。

浮萍草，水上漂，
我到婆家走一遭，
看看丈夫有多高。
一進門，心生氣。
看見大衫一尺一，
開襠褲子七寸七。
唉唉喲！這樣低，
甚麼時候才能拜天地？

前引這首民初的民謠〈浮萍草〉，描寫的是我國古代的一種婚俗——小丈夫。

小丈夫當然指的是丈夫年紀比妻子小，但絕不是一般人所想像的小個兩三歲，有時候，妻子比丈夫大個十來歲也不稀奇；這種婚俗又叫作「娶長媳」。

流行娶長媳的地方很多，像東北的遼寧、安東、遼北，關內的河北、山東、河南、安徽、四川，嶺南的廣東、廣西等地，都流行妻比夫大的婚俗。民謠是現實生活的寫照，看民謠怎麼說吧：

有個大姐正十七，過了四年二十一，
尋個丈夫才十歲，她比丈夫大十一。
一天井臺去打水，一頭高來一頭低；
不看公婆待我好，把你推到井裡去。

——流行河北天津

十八歲大姐周歲郎，每天每晚抱上床；
睡到半夜要乳吃，劈頭劈腦幾巴掌，
只是你妻子不是你娘。

不是你父母待我好，一腳把你蹬下床。

——流行安徽盧江

雖然大江南北都流行娶長媳，但動機不太一樣，北方人是希望家裡憑添一個免費的「下女」，南方人則是藉娶媳婦進門以為得子之兆。原來嶺南無子之家，在百般無奈的情形下，想出一個辦法——先給未來的兒子娶個媳婦，心想，老婆都替你娶好了，你可不好意思再賴著不出世了吧！這樣娶進門的媳婦，稱為「等郎妹」。

等郎妹進門時多半是跟隻公雞拜堂，由公雞來代表未來的新郎。過門後，或一二年、或三五年，如果婆婆生了兒子，等郎妹就有了丈夫，如果婆婆一直不生，等個十年八年，也是常有的事。無論如何，等郎妹總比丈夫年紀大。流行於廣東省的一首客家民謠〈等郎妹〉就說：

天上烏雲趕白雲，自嘆出身窮家門；
阿爹說我八字衰，七歲就把嫁別村。
嫁到李家去等郎，捉隻雄雞同拜堂；
人同畜牲結夫婦，還說規矩是這樣。

有個大姐二十七，嫁了個丈夫才十一，早晨兩口子去挑水，一頭高來一頭低。要不看公婆待我好，一腳把你踢到井裡去！（圖／胡平）

等郎等了十年長，始終不曾等到郎；
好比天旱望落雨，好比黑夜望太陽。

娶長媳雖為男家憑添了一位得力的助手，但是女大男小、甚或獨守空閨的婚配，潛伏著種種問題，常給當事人帶來無窮的痛苦。

對貞潔的女性來說，因為丈夫太小，不能圓房，形同「守寡」，難免怨嘆青春空過；像民初時流行於河南省武安、安陽一帶的民謠所形容的：「十八姊嫁三歲郎，夜夜攬郎上眠床……，等得郎大妹老哩，等得花開又花謝……。」等丈夫大了的時候，妻子已經老了，這樣的夫妻如何白首偕老呢？

對不貞的女子來說，丈夫年紀小不懂事，就更方便紅杏出牆了。晚明馮夢龍《山歌》說得好：「老公小、弗風流，只同羅帳弗同頭；搭宅基一塊好田只吃你弗會種，年年花利別人收。」這是當時流行蘇州一帶的一首民謠。

丈夫太小，長媳跟誰偷歡呢？可能是她婚前的舊情人，也可能是婚後的新歡，更可能是她那正當盛年的公公。

晚清俞曲園《右臺仙館筆記》卷四裡，有一則〈農家

浮萍草，水上漂，我到婆家走一遭，看看丈夫有多高。一進門，心生氣，看見大衫一尺一，開襠褲子七寸七。唉唉喲！這樣低！甚麼時候才能拜天地？（圖／胡平）

子〉說：河南某縣流行為少子娶長媳的風俗，想利用媳婦來操井臼、持門戶。某農家子才十三、四歲，竟娶了二十七、八的老婆（真是名副其實的「老」婆）。

新婚第二天，都已經賀客盈門了，一對新人的洞房還沒打開，舅姑在門外喊他們，只聽到新郎的答應聲，不見人出來；從窗外窺看，才發現新郎被綁在床腳。家人吃驚地問其緣故，才知道洞房花燭夜裡，有個男子從床下鑽出來，把新郎綁了起來，跟新娘上床「雲雨」去了；這個男子正是新娘的舊情人。

由於新郎在對方手裡，男家人誰也不敢輕舉妄動，事情傳到官府裡，還是官家派了一個善鑽穴的竊賊，夜晚鑽進屋裡救走了新郎，才把這對男女捉住法辦。如果不是因為新郎年紀太小，相信新娘絕不敢把舊情人邀入洞房裡去的。

至於長媳與公公亂倫的事，古籍裡也頗有記載，像明人郎瑛《七修類稿》卷十五上，有一則〈惡俗〉說：「……近聞湖廣邊方，多有子方十餘歲，即為娶年長之妻，其父先與婦合，生子則以為孫也。故每每父年二十時，有子已十餘歲矣。」

《破涕錄》卷三裡也有個故事說：某翁早鰥，子幼媳美，遂有「扒灰」之舉。後來事情被親友知道了，大家都瞧不起某翁。他想向親友解釋，卻又羞於啟齒，便寫了一副對聯貼在大門上。

我豈欲扒灰？多緣小子無能，恐期絕嗣；

人誰不打算，端為老妻已故，省得重婚。

這樣的飾詞，虧他想得出來。

諺云「寧嫁窮漢子，不嫁孩蛋子」，孩蛋子就是小孩，在自由戀愛的今日，如果有人嫁個小丈夫，那才真是天大的笑話哩！

▍《點石齋畫報》描寫公雞拜堂情景

美人計

晚清上海《點石齋畫報》裡一則「仙人跳」的新聞畫

不足當尊奉任其所欲為捩
被縛之傳往擲置庭中觀者
如堵墻鬨經人勸釋而所穿
袍褂及金約指銀表眼鏡現
洋等約共百餘元已盡被攫
去事為茂才之親友所聞代
抱不平擬即控官詰究而
許已移家遠遁矣計無捩
矣哉

三百六十行裡，有一行是騙子，騙子賴以訛詐錢財的騙術千奇百怪，光是利用女色來行騙的就有好幾種。

民初時，上海娛樂場所裡常有些打扮入時的摩登少女，水汪汪的眼睛、烏油油的頭髮、圓圓的臉蛋，一笑兩個酒渦兒，美麗得不像世間凡人，分明是天上的「仙人」，當登徒子上前搭訕，兩人情投意合，相約去旅館，正要「欲仙欲死」之際，忽然房門像擂鼓般敲了起來，仙人拔關開門，迎進三、四個橫眉豎眼的彪壯大漢，為首的先將仙人打了兩記嘴巴，又將登徒子從被窩赤條條地拖了出來，請他吃了一頓「皮榔頭」（拳頭），然後問他「為什麼勾引良家婦女」，要請他到巡捕房裡去說話，這時登徒子有口難辯，為了保全顏面，只好盡其所有的孝敬他們，如果現錢太少，還要立一張借據給他們哩，這就是「仙人跳」。

仙人跳是民初時上海一地的俗語，這樁事在古代中國稱之為「紮火囤」。紮火囤是「做成風流圈套」的意思，晚明《二刻拍案驚奇》卷十四說：「……世上男貪女愛，謂之風情，只這兩個字害的人也不淺、送的人也不少。其間又有奸詐之徒，就這些貪愛上面，想出個奇巧題目來，做自家妻子不著（「做……不著」是「拿……犧牲」的意思），裝成圈套，引誘良家子弟，詐他一個小富貴，謂之『紮火囤』。」

晚清上海刊印的《點石齋畫報》上，也有一則仙人跳的新聞，題作「美人計」，說有個名叫許培卿的人，在蘇州憩橋巷租房子住。他與姘婦某氏設計訛詐鄰人朱茂才的錢財；朱某精於醫術，許培卿就叫姘婦裝病，請朱茂才來診治。朱茂才正給女病人把脈時，許培卿卻領了一批人來「捉姦」，結果朱茂才穿的袍褂、身上的金戒指、銀錶、眼鏡和現大洋全被攫走。等朱茂才的親友要到衙門去告狀時，朱某早已帶著姘婦移家遠遁了。

還有一種美人計是媒婆用假人來騙婚。晚清俞樾《右臺仙館筆記》卷二說：「蘇州閶門外李繼宗巷有某甲者，以裁縫為業，年踰三十，家亦小康。偶見江北篷船一女子頗為姿首，悅之；旋有人為之平章（籌畫），以洋錢一百為聘。議既定，乃擇日迓以綵輿，果見女子以紅巾冪首，數人扶而就輿，並有一衣包亦置輿中。鼓吹迎歸，將扶女出，則弱不勝衣、玉山穨矣。審視之，一草人也；啟視衣包，則磚石也。蓋恐輿輕致疑，故以此壓之。舉家大譁，

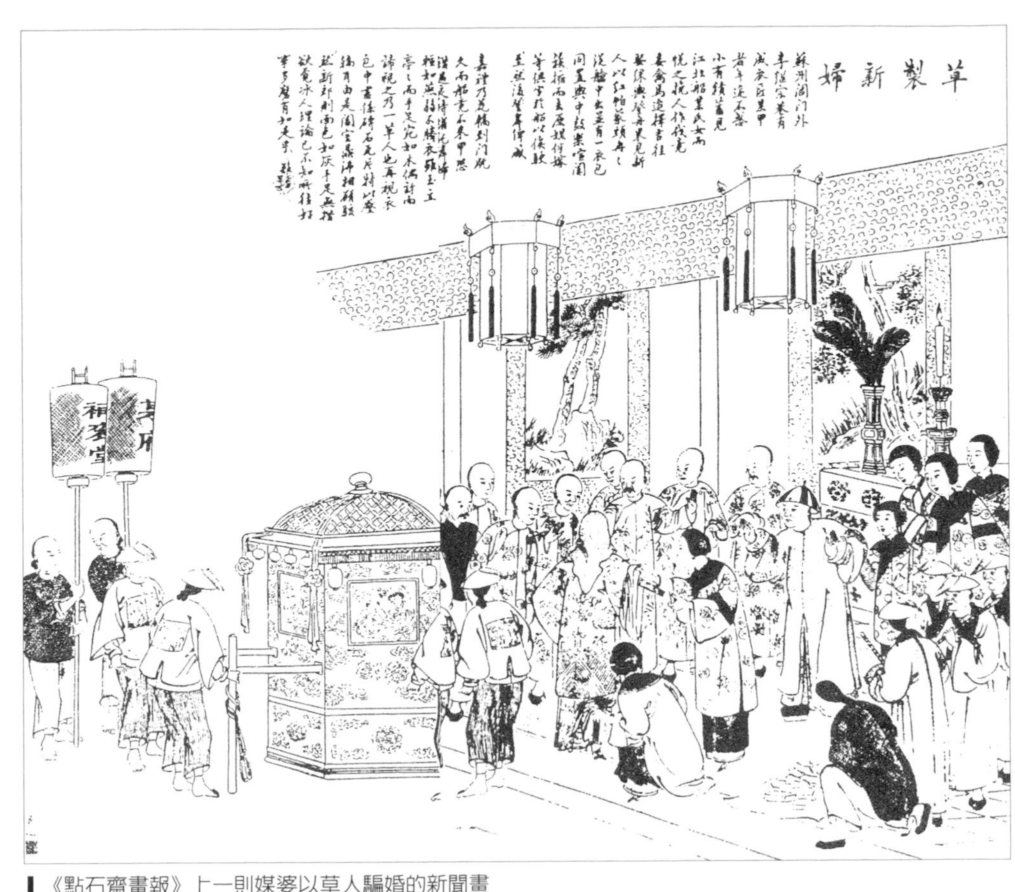

▍《點石齋畫報》上一則媒婆以草人騙婚的新聞畫

亟尋原媒，去如黃鶴矣！某悵然癡立，亦如木偶。」這則新聞，也曾在《點石齋畫報》上刊載，諒非虛構。

更倒楣的準新郎，見載於《古今騙術大觀》的〈騙術出售泥佛〉一則，媒婆手法與前引《右臺仙館筆記》所述相同，裝進花轎裡的卻是一尊泥塑的觀音菩薩，結果等新郎知道真相時，媒婆早溜之大吉了，這時卻又有數十名村人擁進喜堂，鼓譟地說那尊觀音大士是她們村子裡觀音庵供的神像，被新郎抬來準備作新娘，褻嫚菩薩莫此為甚，要痛懲新郎。結果有人出來排解，新郎在被媒人騙了一筆聘金之外，又賠了洋銀二百元給村民。

娶到了假新娘還算是走運的，如果娶到了會飛的「白鴿子」，那才慘哩！在晚清民初時，上海有「放白鴿」的騙局，據清人葛元煦《滬遊雜記》卷二的〈放白鴿〉說：「豢鴿而放，必裹同類歸來，獲利數倍。近有以人為鴿者，如來歷不明之年輕婦女，或售賣自身、或願入人室，不匝月間，非捲資遁歸、即誣控拐逃，使買主人財兩空，謂之『放白鴿』。」

放白鴿有時也寫作「放鵓鴿」，如《右臺仙館筆記》，卷一「黃某」說：「滬俗，偽鬻妻妾於人、伺間亡歸，謂之『放鵓鴿』。」此舉在大陸北方，則稱作「放鷹」，如清人王士禎《漁洋夜譚》裡的「放鷹」說：「今北省有一種撞騙之人，往往以己之妻女，充作婺婦室女，待售於人。中其術者，廉其值而得之，歸不旋踵，稍失防範，即乘隙而逸，實則返其夫若父家。而其夫若父，轉至買其妻與女之門，百般詐索，名曰『放鷹』，蓋言鷹得兔，而鷹亦能放還之云者，有收之之道在焉……。」

江湖騙子使用美人計，也有失手的時候；《漁洋夜譚》裡「放鷹」一則，就是敘說「鷹」愛上了「兔」，結果「鷹」跟「兔」相偕而逸的故事。《二刻拍案驚奇》卷十四裡，也有個「紮火囤」的人遇到了「高手」：「有個京師人靠著老婆吃飯的，其妻塗脂抹粉，慣賣風情，挑逗那富家郎君。到得上了手的，約會其夫，只撞著，要殺要剮，直等出財買命，饜足方休，被他弄得也不止一個了。有一個潑皮子弟深知他行徑，佯為不曉，故意來纏。其妻與了他些甜頭，勾引他上手，正在床裡作樂，其夫打將進來。別個著了忙的，定是跳下床來，尋躲避去處，怎知這個人不慌不忙且把他妻子摟抱得緊緊的，不放一些寬鬆，伏在肚皮上大言道：『不要嚷亂，等我完了事再講。』

其妻殺猪也似喊起來，亂顛亂推，只是不下來。其夫進了門，揎起帳子喊道：『幹得好事，要殺要殺。』將著刀背放在頸子上捩了一捩，卻不下手。潑皮道：『不必作腔，要殺就請殺。小子固然不當，也是令正約了來的。死便死做一處，做鬼也風流，終不然獨殺我一個不成。』其夫果然不敢動手，放下刀子，拿起一個大桿杖來，喝道：『權寄顆驢頭在頸上，我且痛打一回。』一下子打來，那潑皮溜撒，急把其妻翻過來，早在臀脊上受了一杖。其妻又喊道：『是我，是我，不要錯打了。』潑皮道：『打他不錯，也該受一杖兒。』

其夫假勢頭已過，早已發作不出了。潑皮道：『老兄放下性子，小子是箇中人，我與你熟商量。你要兩人齊殺，你嫂子是搖錢樹，料不捨得；若拋得到官，只是和姦，這番打破機關，你那營生弄不成了。不如你捨著嫂子與我往來，我公道使些錢鈔，幫你買煤買米，若要紮火囤，別尋個主兒弄弄，靠我不著的。』其夫見說出海底眼，無計可奈，沒些收場，只得住了手，倒縮了出去。潑皮起來，從容穿了衣服，對著婦人叫聲『聒噪』，搖搖擺擺竟自去了。」

這才真是「賠了夫人又折兵」哩！

急中生智的蕩婦

晚清上海《點石齋畫報》描寫蕩婦以智謀放走情夫的新聞畫

晚明墨憨齋主人馮夢龍《笑府》上有個故事說：某少年跟鄰家之婦正在偷歡時，突然聽到叩門聲，原來是本夫回來了。兩人倉促中商議把少年裝在布袋裡，放在門後，如果丈夫問及，就騙說是米。佈置停當，紅杏出牆之婦開門納夫；在門外等了老半天的丈夫見她神色慌張，又瞥見門邊鼓鼓的布袋，一時疑心大起，指著布袋問裡面是什麼東西。她惶懼得說不出話來；丈夫厲聲再問，布袋裡的少年不覺應聲說：「米。」

這個故事當然是馮夢龍揑造的，天下那有那麼笨的姦夫蕩婦？他們既然有能耐「打野食」，就自有各種化險為夷的急智。

《韓非子》裡面就有個故事說：燕國有個名叫李季的人，喜歡出門遠遊。他的妻子不耐春閨寂寞，跟一位英俊瀟灑的公子發生了不可告人的姦情；李季戴的綠帽子可還真不小，連他的小老婆和丫鬟婢女全被這位公子給「包」了。

有一天，李季突然遠遊歸來，在房裡雲雨作樂的公子來不及躲、也無路可逃；一家人慌了手腳，聰明的小老婆說：「公子快把頭髮解開，披散著，就這樣光著身子由大門出去，我們全裝作沒有看見你。」於是公子就一絲不掛地跟李季在門口擦身而過，疾步出門。

李季楞住了，他擦擦眼睛問：「剛剛出門的是什麼人？」

全家人都異口同聲地說沒看到，包括那位用最快速度把衣裙穿回身上的大老婆。

「難道說我見鬼了不成？」李季說。

「一定是見到鬼了。」

「那怎麼辦呢？」

「用牛馬羊豬狗五牲的大便混合起來洗個澡，就可以去鬼破邪了。」

李季覺得有理，就任妻妾擺佈地洗了個「屎浴」。

無獨有偶，清乾隆刊本上也有個天真糊塗的丈夫，被紅杏出牆的妻子騙得惹人笑話：「一婦夜與鄰人有私，夫適歸；鄰人踰窗而出，夫攫得一鞋，罵妻不已，因枕鞋而臥，謂妻曰：『且待天明，認出此鞋，與汝算賬。』妻乘其睡熟，以夫鞋易去之。夫晨起復罵，妻使認鞋，見是自己的，乃大悔曰：『我錯怪你了，原來昨夜跳窗的倒是我。』」

讀者一定會笑說：天下那有這麼笨的丈夫？可是不笨，怎麼會讓妻子紅杏出牆呢？晚清上海刊印的《點石齋畫報》上，還有一則「蕩婦急智」的新聞說：某甲游手好閒，不事生產，平時又愛喝酒，把家裡的事都交給妻子管理，他的妻子年輕貌美，是某甲的繼室；因為嫌老醜的某甲既不成材，又不辦「事」，就跟鄰家子打得火熱。有一天，某甲又到鄰村去喝酒看戲，三更半夜還不回來。這位紅杏出牆的少婦大喜地把情郎找來，打算作長夜之歡。兩人正一同在廚房裡邊調笑，邊張羅酒食，突然聽到叩門聲。少婦揚聲問：「誰呀！」應門的竟是醉歸的丈夫。

鄰家子嚇得六神無主，靈機一動的少婦笑著安慰他說：「不怕不怕，有我哩！」說完就一手拉著情夫，一手提著量米用的笆斗去開門。丈夫才跨腳進門，腦袋就給太太用笆斗罩得什麼也看不見了。

「妳這是幹嘛？」丈夫舉手去脫笆斗。

少婦拉住他的手笑著說：「你昨天答應我一同去看戲的，今天卻背著我一人跑去看，罰你表演一齣戲來給我看看！」

「胡扯什麼，妳昨天那裡說過要去看戲的？」

「你喝醉了，那裡記得我的事兒？」少婦這才鬆手。等丈夫把頭上的笆斗脫掉，鄰家子早已溜出門外去了！

《笑林廣記》上還有個故事更是高明：「姦夫聞親夫歸，急欲潛遁，婦令其靜臥在床。夫至，問床上何人？妻答云：『快莫做聲，隔壁王大爺被老娘打出來，權避在此。』夫大笑曰：『這死烏龜，老婆值得恁怕。』」

妻智若此，夫復何言？只有乖乖地戴綠帽了。

單身漢的滋味

郎要放牛要放飽，郎要尋花要趁早；能有幾年十五六，日子一天一天少！（圖／胡平）

天上星多月弗多，世間多少弗調和；
你看二八姐兒縮腳睏，二十郎君無老婆。
——晚明馮夢龍《山歌・怨曠》

在古代中國人的觀念裡，男子「一八而陽精升，二八而陽精溢」，女子「一七而陰血升，二七而陰血溢」，也就是男子滿十六歲、女子滿十四歲，就可以論婚嫁了，所以古代中國人多半尚早婚。羅香林在《中國通史》第二十九章「兩漢之社會」一節中敘述兩漢之婚俗說：「（兩漢）尚早婚，男子有年十五而娶者，有十六、七、八而娶者，女子有十三而嫁者，有十四、五、六而嫁者，古禮所謂男三十而娶、女二十而嫁之制，不行焉。」

如果男子過了三十歲還未娶、女子過了二十還未嫁，就算遲婚。遲婚的人不但父母親友擔心，自己更是著急；著急的原因是晚婚的話，子女還小，自己已經老了，唐人白居易有一首「贈友」詩說得好：「三十男有室，二十女有歸，近代多離亂，婚姻多過期。嫁娶既不早，生育常苦遲；兒女未成人，父母已衰羸。凡人貴達日，多在長大時，欲報親不待，孝心無所施……。」

但古代中國晚婚或一輩子打光棍的男人還是很多，清乾隆刊本《笑林廣記》卷七有個笑話「老鰥」說：蘇州有個老光棍，有回人問他有沒有兒子，他回答說：「提起小兒真是心酸，從前妻祖與妻父定親，說得快成了，卻被一個天殺的用計給弄吹了，致使妻父不曾娶得妻母，妻母不曾養得賤內，至今小兒杳然。」

中國人相信姻緣天定，打光棍的單身漢的姻緣簿上註明了沒有他的老婆嗎？天下那有這般不公平的事！在古代，男人不結婚大多是因為家裡窮、沒錢娶老婆。清人余治《得一錄》卷十五〈訓俗條約〉就批評蘇州嫁娶婚俗太講究排場、花費太多而致使窮人難以成婚：「嫁娶必應及時也，男大當婚、女大必嫁……周禮合男女於仲春，定純幣於五兩，原欲其早為完禮，不致愆期也。蘇俗男女兩家，自行聘以至過門，但以誇多鬪靡為事，禮或不備，難以成婚……。」

不但娶妻費錢，進門後要長期供她吃穿更是費錢，因此窮人家竟有兄弟合討一個老婆的；明人郎瑛《七修類稿》卷十五說：「舊聞溫州樂清近海丐戶，多有弟兄合娶一妻，以其易於養贍也。」養贍的問題解決了，享受權利時怎麼分配才不致起衝突糾紛呢？明人陸容「菽園雜記」卷十一裡說：「溫州樂清縣近海有村落曰三山黃渡，其民兄弟共娶一妻……。既娶後，兄弟各以手巾為記，日暮，兄先懸巾，則弟不敢入，或弟先懸之，則兄不入；故又名其地為『手巾嶴』。」這絕非虛構的傳聞。陸容說：「予初聞此風，未信，後按行太平訪之，果然。蓋島夷之俗，自前代以來，因襲久矣……。」

溫州樂清縣的人這種辦法，在內地（如貴州）也偶有行之者，但對大多數的窮人來說，這畢竟是件「荒唐」的事兒，於是娶不起老婆的男人，只好打一輩子的光棍了。

打光棍的滋味當然不好受，安徽廬江的一首民謠「寡漢」就說：「天上星，一對對，我做寡漢真真錯，自煮飯、自撇湯，眼淚水滴在鍋蓋上，自舖床、自疊被，越思越難睡。燈看我，我看燈，越看越傷心。」

上海也流傳一首描寫單身漢生活情景的民謠說：「夫妻成雙，不曉得單頭漢個苦，著碎衣裳無人補，有是上灶無燒火，有是病痛無人顧，有是布機無織布，有是牽磨無攮磨。日裡不見老阿婆，夜裡不有活腳爐，早出門，一巨鎖，夜歸來，打殺開門無回我……。」

而光棍生涯更是件「害己害人」的勾當，像民初時的一首民謠所說：「郎要放牛要放飽，郎要尋花要趁早；能有幾年十五六？日子一天一天少。」男的不結婚，豈不害女的空閨獨守、浪擲青春？那才是冤枉地陪著受罪哩！

單身漢的生活也不全是單調的，也有大享豔福的哩！晚明馮夢龍《山歌》有一首「無老婆」說得好：「別人笑我無老婆，破籮淘米外頭多；未到黃昏弗敢走，間（這）邊拽拽箇（那）邊拖。」這樣的單身漢，可真不知羨煞多少有老婆、被老婆盯死的男人。

老尚風流是壽徵

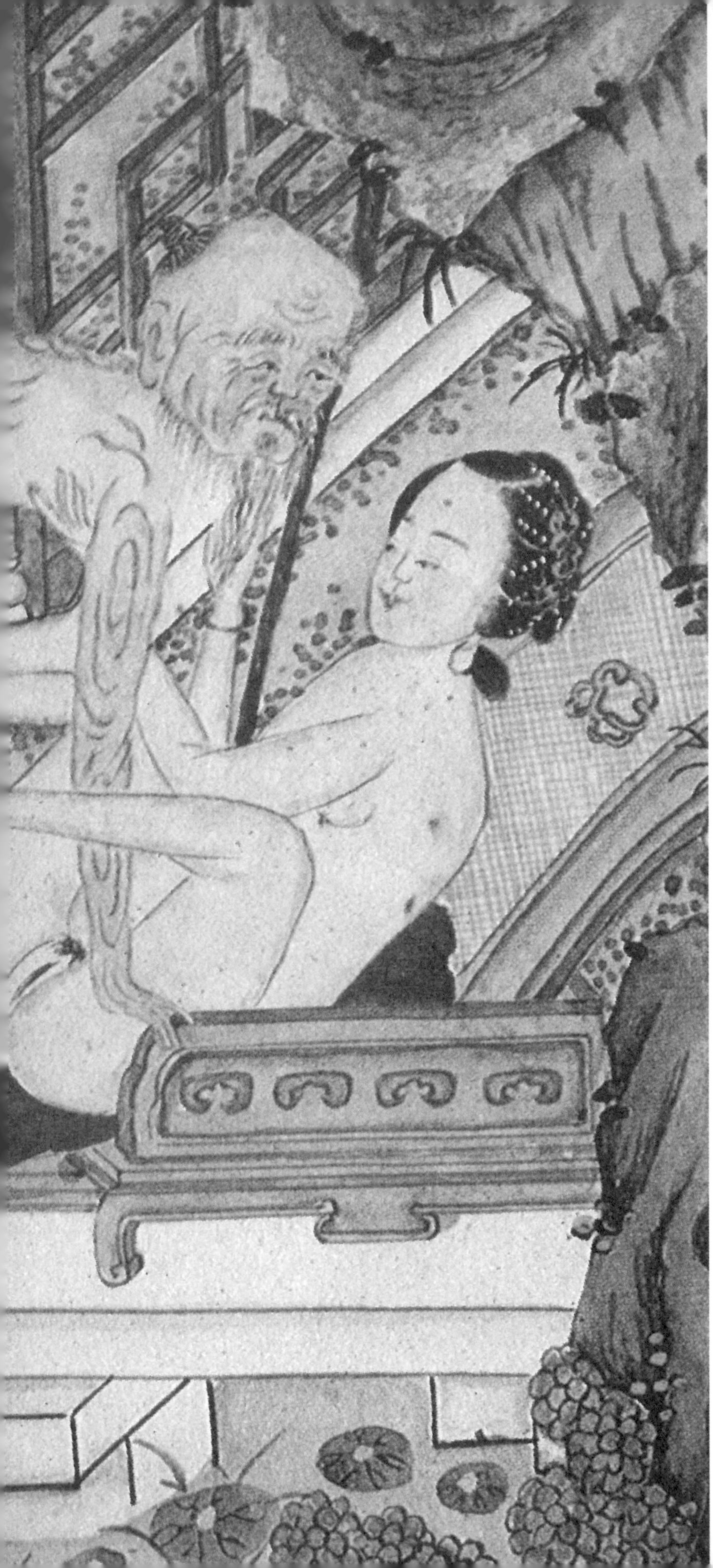

清朝佚名春畫，描繪花甲白鬚老翁與少艾辣妹雲雨交歡之情景。

民國初年軍閥時代，北京某軍部有位五十九歲的官員，與一位五十三歲的老婦結婚，當時有位文人作詩詠道：「華稊空作枯楊兆，二老新婚樂有餘；未及破瓜先落齒，還從熟路駕輕車。萊衣今與新郎著，金屋聊為壽母居。鷸蚌相爭持不久，暗中哭煞武林漁。」

寫詩的文人未免太小看別人了，誰說老夫老妻就「鷸蚌相爭不持久」？歷史上「老而彌堅」的男人，可還真不少哩！

傳說中「黃帝御千二百女而登仙」（《玉房指要》中語），《路史》說黃帝活了一一七歲、《稽古錄》則說一一〇歲，可見黃帝登仙時已是百歲開外的老人，如此高齡還能「力戰群雌」，難怪他的子孫遍佈全中國（包括了唐、虞、夏、商、周、秦），被尊奉為中華民族共同的始祖；也難怪他的子孫最會繁殖，如今已破十億大關，成為全世界人口最多的國家，真可謂其來有自了。

黃帝以下的少昊金天氏、顓頊高陽氏、帝嚳高辛氏、唐堯、虞舜、夏禹……，全都活到九十八歲以上、甚而有一一八歲的，他們全有一大堆兒子，全是「一分耕耘一分收穫」得來的成績，雖然史書對他們的「私生活」著墨不多，但是「人不風流只為貧」，富有四海的帝王想必十分風流！

漢武帝劉徹是另一個老風流，他在六十二歲那年，讓二十餘歲的鉤弋夫人懷孕，生子弗陵，也就是後來的漢昭帝。

南北朝時的宋武帝劉裕在西元四一七年攻入長安、滅了後秦，得到後秦高祖姚興的姪女；她長得姿色艷麗，劉裕為她所迷、幾至廢事，這年劉裕五十五歲，可見劉裕也是個「人老心不老」的男人。

活到八十歲的元世祖忽必烈更是個精力過人的君主，據《馬哥孛羅遊記》說：忽必烈有皇后四人，後宮嬪妃合計超過萬人；此外，韃靼有一部落叫弘吉剌（Ungart），以出產美女而著稱。此部落每年進貢兩百名處女，經過最嚴格的檢查考核（從體態身段、性情，乃至觀察其睡態、全身的氣味等等）後，挑出三、四十名最完美的處女來，此後一年裡，每三天三夜輪流一次，每次有六個處女陪忽必烈睡覺，等到全部輪完了，又重新輪起，第二年才換新的；這真是「天賦異稟」了。

高齡八十九的清乾隆皇帝也是個風流天子，他曾六

▍左：清乾隆帝一直風流到老死為止。
▍右：左宗棠老年時仍精力過人。

次巡遊江南（第六次南巡時已七十二歲了），他南巡只是為了挑選江南美女供其淫樂。所以當乾隆皇帝御舟沿運河過揚州時，特令兩岸村鎮民婦列隊歡迎，好讓他從素有艷名的揚州婦女中挑些中意的來玩玩。揚州鹽商為了巴結皇帝，還特地精選了四船婦女（處女、寡婦、女尼、道姑）共數十人，獻給乾隆皇帝。

中國人一向有「老尚風流是壽徵」的說法，長壽和好色不但關係密切。而且互為因果。上述諸帝多半養尊處優、身體強健，所以到老還有多采多姿的性生活，可說是因為長壽所以好色；而像黃帝這樣因為好色而長壽的例子，在古代中國也很多，一般人認為這是他們會「採補術」的結果。

黃帝的採補術是跟容成公學的，明人李攀龍《列仙全傳》卷一上就說：「容成公者，自稱為黃帝之師，見周穆王，言補導之事，煉精於玄牝。其要谷神不死，守生養氣，髮白返黑，齒落更生。」正因容成公是中國採補術的開山祖師，所以這套方術也稱「容成之術」。

東漢時的冷壽光，就是個因為好色而長壽的人，據《後漢書》卷八十二「方術列傳」說：「冷壽光……年可百五、六十歲，行容成公御婦人法，……須（鬚）髮盡白而色理如三、四十時。」此外，甘始、東郭延年、封君達等人，也善房中採補；據《後漢書》卷八十二說：「甘始、東郭延年、封君達三人者，皆方士也，率能行容成御婦人術，……凡此數人，皆百餘歲及二百歲也。」

或許有人會說，東漢離現在都快兩千年了，冷壽光、甘始等人究竟是否長壽，究竟是否因為懂得「好色之道」所以長壽，誰也拿不出有力的證據來，而容成公和黃帝，更是上古時的「神話人物」，憑什麼讓人相信他們是因為好色所以長壽的呢？天下那有讓人「返老還童」的採補術？

讓我們找一個近代人物來說明「好色」與「長壽」的關係吧。清仁宗嘉慶十七年（西元一八一二年）出生的左宗棠，一共活了七十四歲才離開人世；據民初人柴小梵「梵天廬叢錄」說：「文襄（左宗棠謚號）晚年，頗事採補，多蓄姬妾，後房幼女三十餘人……。文襄鬚髮已頒（斑）白，每一御女，必黑數分，至暮年，而鬢髮轉如壯年。」

而當代風雲人物中，既好色又長壽的人也比比皆是，依然健在的暫且不去說他，以九十六高齡而去世的四川軍閥楊森，一直到暮年還享盡人間艷福，則是大家耳熟能詳並且津津樂道的例子。好色不是壞事，是人之常情，孔子不也說過嗎：「吾未見好德如好色者也。」天下還有什麼比「既好色、又長壽」更令人艷羨的呢？

精力絕倫的元世祖忽必烈畫像

人老心不老的名女人

▌晚清上海《點石齋畫報》裡的花甲新娘和她年輕的新郎

江蘇武進人有句諺語說：「男老八十，女老腳直。」這是形容男人要老到八十歲以後才沒有性慾，女人則在兩腳一伸，離開人世之前，永遠有性慾。女人真比男人好色嗎？這是個永遠沒有答案的爭論；但古籍裡的一些故事，的確證明了「女老腳直」的說法。

古本《笑林廣記》卷六有個「藏年」的笑話說：「一人娶一老妻，坐床時，見新娘子面多皺紋，便問她多大年紀了。新娘子答說：『四十五、六。』新郎說：『婚書上寫三十八歲，依我看來，妳恐怕還不止四十五、六，何不對我實說？』娘子說：『實不相瞞，已經五十四歲了。』新郎還是不相信，再三詰問，新娘子只說五十四歲。新郎看問不出答案，心裡很不舒服，突然心生一計；便下床去說：『我要起來蓋鹽甕，不然恐怕會被老鼠偷吃去矣。』新娘子說：『哈哈，真好笑，我活了六十八歲，從來沒聽說過老鼠會偷鹽吃。』」

六十八歲還作新娘子，這可不是個「笑話」，古籍裡這類「人老心不老」的老太婆，可還不止一個呢！清人諸聯《明齋小識》說：「郡庫城中，一姥姥為幼孫娶媳，心頓熱，作再醮想。適鄰兒艷其多藏，要媒娶之，計婦長於

武則天愈老愈淫穢（明刊《歷代聖賢像贊》）

夫五十一歲。」如果新郎十九歲，這位姥姥就是七十歲；新郎再小，新娘子也是六十大幾，這豈止是「哎喲我的媽」而已？新郎簡直可以叫新娘「奶奶」了。

晚清上海刊印的《點石齋畫報》裡，也有一則「枯楊生華」的新聞畫，描寫老婦娶少夫的「鮮」事說：廣東某氏手姿綽約、嫵媚動人，從小繡佛吃齋，守貞不字，後來父母相繼去世，留了數百兩黃金給她，她就不愁衣食地過著「快樂的單身女郎」的生活。那曉得過了六十歲以後，她突然「古井揚波」，覺得自己錦衾獨宿，從不曾嘗過婚姻滋味，未免枉生世間；便託人作媒，跟一位廿四歲的武弁結為連理。可以想見，如果不是老太婆有錢，年輕的武弁絕不會娶她為妻的。

除了金錢之外，權勢也可使老女人「享受」年輕小伙子的「愛情滋潤」，讓她們得到最大的滿足。歷史上最有名的兩個老女人——武則天皇帝和慈禧太后，都曾利用其權勢，挑年輕貌俊、秉賦殊異的男人來伺候她們。

武則天原是唐高宗之后，高宗死後，初以太后臨朝稱制，到了天授元年（西元六九〇年）纂唐稱帝，改國號為周，這時她已六十八歲了。

六十八歲的老女人當了皇帝，她在位的十五年裡，可還真養了不少「小白臉」哩！據《舊唐書》說，通天二年（西元六九七年），太平公主把張昌宗推薦給武則天，「年近弱冠」的張昌宗是太宗時鳳閣侍郎張九成的姪兒，生得「玉貌雪膚、眉目如畫」。後來張昌宗又對武則天說：「臣兄易之，器用過臣，兼工合鍊。」武則天又把張易之召來，見其「年二十餘，白皙美姿容，善音樂歌詞」，便高興地把他也留下了。兄弟兩人在宮中傅粉施朱、錦衣繡服，靠「侍候」武則天而享受榮華富貴，成了標準的「高級男娼」。

清人袁枚《子不語》裡，有一篇唐人張文成所寫的〈控鶴監祕記〉；據袁枚說得自友人家，描寫武則天荒淫的宮闈祕史。裡面有一段話很妙，說武則天問向她推薦張昌宗的太平公主：「兒試耶？」公主回答說：「兒非不涎之也，為后（武則天）故，不敢；然終不自信，故遣侍兒逼焉。」便要侍兒據實稟奏天皇，不可以害羞避諱。

七十幾歲的武則天，還曾跟白馬寺和尚薛懷義、御醫沈南璆等人交歡。據《控鶴監祕記》所載，武則天曾批評這兩位情夫說：「男子佳處，全在美滿柔和；懷義老奴，筋勝於肉，徒事悍猛，當時雖快，過後朕體覺不和；御醫沈南璆差勝，然上下如一，頭角蒙混，且皮弛梢、梢裡稜，非翹起不脫，故時覺不淨。」武則天閱人多矣，難怪能發此精闢之論。

另據《薛剛鬧花燈》所載，武三思還把長安浪蕩子薛敖曹介紹給武則天，武則天見了這位媲美嫪毒的面首後，果然稱心如意，便封薛敖曹為「如意君」。明人還把武則天和薛敖曹的故事編寫成《如意君傳》，據說：「武后與如意君之交也，如八馬灘於泥，聲聞戶外，使宮人鳴金以亂之。」房中雲雨聲竟有如八匹馬在泥漿中打滾，真是漪歟盛哉！可惜它並非雅樂，所以武則天要宮人在門外製造些音樂來壓過它。而這樣老的女人，居然還有這樣的熱情，真是不可思議。

慈禧太后原是清文宗的妃子（懿貴妃），文宗駕崩時她二十八歲，成為穆宗同治朝的慈禧太后；此後直到她七十六歲去世為止，一直緊攬著國家大權。

撇開她的跋扈專權不提，六、七十歲的慈禧太后，一直保有少女一般的皮膚和身材。據看過慈禧太后洗澡的德齡郡主，在其《御香縹緲錄》裡形容慈禧的皮膚說：

「……也不太肥、也不太瘦，肉色又出奇的鮮嫩，白得毫無半些疤瘢。看去又是十分的柔滑。像這樣一個軀體，尋常只有一般二十歲左右的少女才能如此；不料此刻我卻在一位老太太的身上看到，真不可謂非奇蹟了。」

「天生麗質難自棄」，擁有如此肌膚、如此嬌軀的慈禧太后，當然不能「暴殄天物」。據民初柴小梵《梵天廬叢錄》卷二說：「慈禧后晚年淫肆，不減武曌（則天），以德宗及新黨之故，稍有顧忌，不欲以穢聲資人口舌。然艷跡之播，已如日月之食，人皆見之。初幸安得海，安為丁寶楨斬後，乃幸李蓮英、小德張。西宮有所謂慎卹膠（春藥）者斗許，又有一種淫香，男子聞之，即搖搖思枕席，此皆陰令兩廣督撫祕密致之，以備綢繆助淫者。」

同書又說：「金屏，清宮人，光緒初以選女入宮，其父為乍浦副都統。入宮時衹年十二，兩頰豐滿，體態輕盈，慈禧太后愛之如己出。金屏亦善承意旨、淫而放，太后所欲者，無不致之。退值後，常於太后前備繩（評介）某年少、某貌美，一不知諱，太后亦優容之。」慈禧太后與金屏真可說是武則天和太平公主的翻版。從以上數例看來，「女老腳直」還真有幾分道理哩！

慈禧太后和德齡郡主合影

齊人之福不好享

描繪帥哥大享齊人之福的春畫。（晚明紙本春宮）

在男人的心目中，擁有一個以上的妻子是件令人羨慕、值得誇耀的事；只要有一妻一妾，就會被人豔稱為「享齊人之福」了，如果有好幾個妾，那豈不是福上加福？

的確，老婆多方便也多，第一：冬天不怕冷，有肉屏風可以禦寒（明人陳繼儒《辟寒部》說：「楊國忠於冬月，常選婢妾肥大者行列於前以遮風，蓋藉人之氣相暖，故謂之『肉陣』。」又說：「（唐）申王每至冬月有風雪苦寒之際，使宮妓密圍於坐側，以禦寒氣，自呼為『妓圍』。」）第二：閨中枕畔情趣多（民初人江介石《趣味集古今滑稽詩話》中有一首詩可以為證：「不暖不寒二月天，一妻一妾正堪眠；鴛鴦枕上三頭並，翡翠衾中六臂連；開口笑時還若品，側身睡處恰如川；方才了得東邊事，又被西邊打一拳。」）第三：不必看老婆臉色（像南北朝時陳後主有了張麗華作妃子，便可以跟沈后「分庭抗禮」了，有一天，他到沈后住處，詠了一首詩說：「留儂不留儂？不留儂也去；此處不留人，自有留人處。」）第四：三更半夜賭癮發作時，不用出門找牌搭子（明刊《金瓶梅詞話》第十八回裡，作者就描寫西門慶一家子關起門來賭葉子牌）第五……。

方便如此之多，難怪一夫多妻制在古代中國流行了好幾千年。

但齊人所享的真是「福」嗎？恐怕也不盡然；往往老婆一多，煩惱也就跟著多了。妻妾共處一室，爭風吃醋，吵吵鬧鬧是必然的事；民初時流行山東省招遠縣的民謠〈兩老婆〉說得好：「南山頂上草一顆，為人不說兩老婆，說得多了光打仗，打起仗來鬧呵呵。有心待把大的打，大的來得年數多；有心待把小的打，點胭脂擦粉兒來哄我；大的小的一齊打，滿家的孩子亂吵窠；大的小的都不打，街坊鄰居笑話我。」難怪諺語要說：「一日糊塗吃早酒，一世糊塗討小妻。」又說「要得家不和，討個小老婆」了。

西門慶家妻妾賭牌的木刻版畫
（明刊《金瓶梅詞話》插畫）

妻妾鬧糾紛還可以用分居的辦法來解決，老婆一多，為了應付她們在床笫的需求而累壞了身子，才是不可避免的後患。「富貴者多殘，伐之者眾也；野人多壽，傷之者寡也。」（明人徐元太《喻林》卷十五引「稽中散集」答難養生論）「且淫欲頗恣，如飲鹹水，多飲多渴，唯死而已，何有厭足？」（《靈寶通微經》）歷代帝王中長壽的少、短命的多，「伐之者眾」是主要的原因。

除了上述缺點外，齊人最大的煩惱就是妻妾紅杏出牆了。宋人王明清在《投轄錄》上，敘述了哲宗時當丞相的章質夫年輕時在汴京城裡的一次艷遇：「章丞相初來京師，年少美風姿。當日晚，獨步禁街，睹車子數乘，輿衛甚嚴；最後者，轅後一婦人，美而豔，揭簾目逆丞相，因信步隨之，不覺至夕，婦人以手招丞相，遂登車與之共載至一甲第，甚雄壯。婦人遮蔽丞相，雜眾人以入一院，甚深邃，若久無人居者。少選，前婦人始至，備酒饌之屬亦甚珍；丞相因問其所，婦人笑而不答。自是婦人引儕類輩，迭相往來甚眾，俱媚甚，詢之，皆不顧而言他；每去，則必以巨鎖扃之，如是累日夕，丞相體為之弊……。」後來還是一位較年長的婦人於心不忍地對他

明萬曆年間木刻版畫描寫大享齊人之福的男子

說：「此豈郎君所遊之地，何為至此耶？我之主翁，行為多不循道理，寵婢多而無嗣息，每鈎致年少之徒，與群妾合之，久則斃之此地，凡數人矣。」在她的援助下，章質夫終於脫險離開了那座宅院。作者王明清說，章丞相後來打聽出那座宅院主人的姓名，但他保密不肯說出來。

宋人龐元英《談藪》裡的一段故事，則直指宋徽宗時權傾天下的蔡太師蔡京的妻妾紅杏出牆：「京師士人出遊，迫暮，過人家缺牆，似可越，被酒試逾以入。則一大園，花木繁茂，徑路交互，不覺深入。天漸暝，望紅紗籠燭而來，驚惶尋歸路，迷不能識，亟入道左小亭；亭中氈下有一穴，試窺之，先有壯士伏其中，見人驚奔而去，士人就隱焉。已而燭漸近，乃婦人十餘，靚妝麗服，俄趨亭上，競舉氈，見生驚曰：『又不是那一個。』婦熟視曰：『也得！也得！』執其手以行。生不敢問，引入洞房曲室，群飲交戲，五鼓乃散。士人憊倦不能行，婦貯以巨篋，舁兒縋之牆外。天將曉，懼為人所見，強起，扶持而歸。他日迹其所遇，乃蔡太師花園也。」

清人採蘅子《蟲鳴漫錄》卷一裡，也有個大戶人家婦女不貞的故事，說中州某大姓，家裡有個年輕的僕人，自己請辭而離開了。旁人以為他是嫌薪水少或家主太嚴厲刻薄，僕人說薪水每個月三十幾貫，主人性情也很仁慈，從來未曾呵責過他，只是差事太苦幹不下去所以離開的。別人問他是什麼差事，他答：「每夕有媪喚入內室，見帳垂而人橫臥於中，下半體裸露於外，令伊淫之。夕二、三處不定，審其體，老少俱有，亦頗有所贈，然不能見其面。夕夕如此，實難支持，不得已而辭出耳。」這一樁深閨艷事，從行文看來似乎得到男主人的默允，如此說來，男主人還是識時務的俊傑哩！

晚清上海刊印的《點石齋畫報》上，也有一則新聞畫，敘述廣州富商杜某公子的豔遇，這位公子生下來就是個啞巴，到了十八歲還沒人肯嫁給他。有一天，他跟父親出外經商，船被大風所傾覆，他抱著一根大木頭漂到了岸邊。

杜公子沿著沙灘來到一座花園前。他在花園裡遇到一位漂亮的少婦；對方見他落魄的模樣，又憐又愛地把他藏到一間密室裡。

少婦是某翁的三太太，某翁一直沒有子嗣。不久，三太太偷人的事情被某翁知道了，他大怒之下派人把杜公子

▍晚清《點石齋畫報》的一幅新聞畫〈啞子奇遇〉

捉到中堂，正要狠打一頓時，發覺這位美少年竟是個啞子，念頭一轉，便想借他的種——反正他又不會出去亂說；便要杜公子認他作義父，並把他打扮成女人，跟他的妻妾生活在一起。

某翁果然不久就做了父親，並且有了五個兒子。他死後，族人一狀告到官府裡，在公堂上，杜公子的啞疾突然好了，他把事情經過稟告縣太爺，縣太爺的判決是把某翁的家財全歸族人，杜某則擁有某翁所有的老婆和小孩。這些老婆都有私房錢，杜某也自然輕鬆地成了富翁。

不管是妻妾私自紅杏出牆或丈夫默許她們偷人，上述故事確實反映出齊人之福可不是好享的。

么嫂郎多花了心

天上星多月不明，地下坑多路不平；
河內魚多漲昏水，么嫂郎多花了心。

——民初四川山歌

這一首四川山歌是形容一個周旋在好幾個情郎之間的少女，不知如何取捨的情景。

只要是稍具姿色的女人，或在婚前，或在婚後，這一生裡總會遇到上述「郎多花了心」的情景；「有什麼辦法呢？他們都喜歡我，都同時死命地追我，而我也對他們都有好感，實在不知道拒絕那一個好」——這是情郎太多的女孩的心聲吧！不知取捨的後果，是「人滿為患」，看看下面這首錄自清朝時俗曲〈蕩湖船〉調「前本賣布」中的常熟山歌吧：

一個姐妮結識兩個郎，間（隔）壁姐妮守空房；
有個勿曉得唔（無）個苦，大熟年成隔壁荒。

* *

一個姐妮結識十八個郎，房中好像羅漢堂；
六個上來七個下，還有五個來朵（虛字）脫衣裳。

* *

一個姐妮結識一百個郎，房裡好像子孫堂；
簷子上跌（滴）跌搭搭一算末（嚒），五十四個念三雙。

* *

一個姐妮結識五百個郎，房裡好像子孫堂；
拿子（了）個骰盆子放在床沿上，擲著子不同就上床。

這相連貫的四首山歌，除了第一首外，其餘的當然只是出自想像，逗人一笑而已，如果真的有一個少女認識了五百個情郎，把他們通通約到家來，還真不容易應付呢！

女性在婚前如果同時跟好幾個男孩交往，倒也無可厚非，有比較，才能作更明智的選擇，選一個最理想的丈夫，買東西不也是「貨比三家不吃虧」嗎！有道是「不怕不識貨，只要貨比貨」，只要手腕運用得好，同時追她的男孩彼此互不知情，或不吃醋爭風，同時多交幾個男朋友，誰也不會反對的。

但難就難在不容易把所有的情郎都擺平，愛情原本就是具有獨佔性的，那個男孩肯跟別的男孩共有他的愛人呢？碰到爭風吃醋時，女孩的辦法是見一個哄一個，像清中葉人華廣生《白雪遺音》裡的一首〈馬頭調〉俗曲「冤家說的」：「冤家說的那裡話？先有你來後有他，奴怎肯棄舊迎新將你撇卜？你的耳朵軟，切記莫聽旁人話。俺是真心疼你，假意兒哄他，若不信，從今不與他說話。我豈肯一條腸子兩下掛？」本事再大的話，跟情郎講明了大家輪流，誰也不准爭，像晚明人馮夢龍《山歌》卷四中的一首「兩郎」：「一箇姐兒結識兩箇郎，你來吃醋我爭光。姐道郎呀，打倒子（了）老虎大家吃塊肉，弗如輪流更替捉箇大門看。」要一個情郎先去把風，等下再輪他進房玩。

只要不妨礙家庭，只要不妨礙風化，交幾個男朋友，怎樣交往都是個人的私事，誰也不必過問，誰也不必操心。但這種情形在古代常常行不通，古代中國少女婚前和異性交往的自由常被限制了，愈是都市裡，愈是大戶人家，愈是如此，倒是婚後比較有社交的自由，容易出問題。像《山歌》卷二裡一首「保佑」說：「二月裡菜花到處黃，公婆兩個去燒香；癡烏龜口裡哱嘍嘍介通陳只捉（拿）家婆來保佑，囉道家婆嘿測測保佑自情郎。」小說裡，有情郎的女性，多半也是在婚後，像《金瓶梅詞話》裡的潘金蓮、李瓶兒，「刁劉氏演義」裡的刁劉氏，「水滸傳」裡的潘巧雲……都是例子。婚前如果有情郎（像《西廂記》裡的崔鶯鶯、「綠野仙蹤」裡的齊蕙娘），多半也只是一個情郎，並且打算嫁給他才許身給他的，並非遊戲人間。

為何古代中國某些女性在婚前沒有或只有一個情郎，婚後反而「郎多花了心」呢？原因之一是婚前沒有擇偶的自由，父母之命、媒妁之言讓她們嫁了一個不稱心如意、不成材的丈夫，在心有未甘的情形下紅杏出牆、另交情郎；原因之二是作丈夫的有虧職守或用情不專，使備受冷落的妻子不得不另謀發展。

清初夏敬渠「野叟曝言」第三十回裡，媒婆李四嫂的一番話說得好：「做男人的，便有三妻四妾，摸丫頭、偷婆娘、嫖婊子、騙小官這許多快活事做：做女人的，就該守著一個丈夫的嗎？看得破、不認真，就是花間月下結識一兩個情人，也不算甚罪過，如今大官府家夫人小姐，那一個不開個便門，相與幾個人兒？是癡子傻子，才講貞節，那貞節可是吃得、穿得、快活得的東西？白白的愁得面黃肌瘦，誰來替你表揚？便有人來表揚，已是變成了泥土，痛癢不知的了。」這段偏激的話也反映出古代中國某些婦女婚後還交男朋友，並且不止一個，是受了丈夫不貞的影響。和漢人這種情形比起來，古代中國邊疆民族的婚俗要合理得多了，他們鼓勵少女在婚前多交男友、多選擇，但婚後一定要守貞，如果作了寡婦，才又恢復了自由之身可以再交男友。在清初「番苗畫冊」裡就說：「夭苗名夭家，多姬姓，相傳以為周後，青衣左衽，男子緝木葉為上衣，下穿短裙，女子年十五、六，即構竹樓野處，未婚者吹竹笙誘之，成配以十一月為節……。」這種風俗在更早的唐代就已如此了；唐人樊綽《蠻書》說：「（南詔）處子孀婦，出入不禁，少年子弟暮夜遊行，閭巷吹壺盧或吹樹葉，聲韻之中，皆寄情言，用相呼召。嫁娶之夕，私夫（情郎）悉來相送，既嫁，有犯男子，格殺無罪，婦人亦死……。」比起古代漢人在少女婚前禁止她們結交異性，硬派給她們一個丈夫，婚後再去後悔，再紅杏出牆，邊疆民族的方式豈非更合情合理？

▌夭苗未婚男女即賦同居（《苗蠻圖冊》）

帝王擇妃侍寢的花招

話說西元七世紀初，統有四海的隋煬帝正命工匠項昇等人，在東都洛陽芳華苑東邊建造一座宏偉精巧的遊樂場所——迷樓。這座樓閣參差、軒窗掩映、幽房密室、錯雜相間、重門複戶、巧合迴環的迷樓蓋好後，煬帝便派內臣許廷輔到洛陽東宮裡選若干嬪妃美人入迷樓伺候，又派大臣向民間徵選了三千名美女，入迷樓充作宮女；煬帝便日夜在迷樓中雲雨作樂，享受人生。

有一天，臣下稟報說洛陽宮中的侯夫人上吊自殺了，手臂上懸掛了一個錦囊，隨後將錦囊呈上。煬帝打開一看，裡面有好幾首自感自傷、哀怨無比的詩，悲悼她自己不能夠承受君王恩寵，所以憤而自盡。煬帝趕回東宮，侯夫人早已魂歸離恨天了，她的容貌卻美得像仙女一般嬌、像桃花一般艷。煬帝既感傷又生氣地把許廷輔找來質問：「我要你把宮中美女全都送來迷樓，為什麼你獨漏了這麼美麗的侯夫人？」一說完，就下令將許廷輔賜死了。

後宮佳麗太多，不能一一親見、領略，不知挑誰來伴寢伴眠，並非隋煬帝所獨有的感慨，歷代中國所有的好色之君，大概都有相同的煩惱吧！他們怎樣來解決這個香艷的問題呢？

西漢元帝劉奭的辦法是命令畫工把所有的宮人容貌全畫下來，送給他過目，他按圖索人，召來幸寵。但這個辦法往往有個缺點——畫工並沒有誠實忠實地把宮女的容貌畫下來，使得漢元帝把一些美女誤認為是容貌平平的女人而錯失良緣。毛延壽就因王昭君不肯送紅包，把王昭君畫得很難看，使得漢元帝一直沒想要召幸昭君，甚而當匈奴王向成帝要求和親時，他竟答應把王昭君下嫁給匈奴。錯誤無可挽回，悲劇已成事實，元帝殺了毛延壽也於事無補了。

南北朝時的晉武帝司馬炎，後宮佳麗據說總在萬人以上；晉武帝每日退朝後，真不知道該找那個宮妃。他想出了一個辦法，坐在一輛羊拉的車子上，隨便羊兒往後宮別館嬪妃的住所漫步，羊在那裡停下來，他便下車進到館苑中，挑裡面容貌美麗的宮妃雲雨一番。於是他今朝東、明朝西，好像一隻花蝴蝶一般，隨意遊幸。狡黠的宮妃為了能獲得君王雨露的恩寵，便在宮苑門外插上青竹枝，又用鹽汁洒地，引逗羊車。羊最喜歡吃竹葉和食鹽了，見到這兩種東西，便邊吃邊走地把晉武帝帶到了她們的住所，嬪妃趕忙上前迎駕，便得償宿願了。後來每個嬪妃都如此仿傚，這個辦法也不靈了。

風流天子唐玄宗李隆基挑選伴寢宮女的辦法，是放一隻他捕來的蝴蝶，看蝴蝶停在那個宮女鬢邊簪的鮮花上（當時宮中盛行以鮮花插鬢為飾），便要那個宮女侍寢，這個任憑蝴蝶「點將」的玩法，在當時長安後宮中被人取了一個頗富詩意的名詞——蝶幸。這是五代人王仁裕在《開元天寶遺事》卷上〈隨蝶所幸〉一則裡所說的明皇韻事。

元朝時的順帝卻特妥懽帖睦爾登基後，一口氣封了兩百八十個皇后，六百多個貴妃，其他的嬪妃宮女更不計

這位元順帝的皇后想必參加過順帝擇侶的溫泉裸浴和暖宮裸舞

其數：他怎麼挑選伴侶呢？元順帝的花樣很多，春天桃花開時，他在宮中舉行「碧桃之宴」，把八、九百名皇后貴嬪召集在宮苑裡大吃大喝、載歌載舞。等大夥兒酒酣耳熱之際，元順帝親自從樹上摘一朵桃花，把身上的汗巾繫在上面，然後命令樂人擊動羯鼓，皇后貴妃便隨鼓聲任意起舞，混亂中，順帝將繫有汗巾的碧桃一拋，誰接到了有如繡球的碧桃，便可在當晚陪伴皇帝。

夏天時，元順帝每次招一批皇后到宮中洗溫泉，所有的皇后都脫下衣裳，露出雪白嬌軀，一絲不掛地跳入水裡，而後一聲令下，大家全爭著朝池中央跟真馬一樣大小的一匹玉馬奔去，搶著騎到玉馬的背上，眾皇后身上濕淋淋的，要想騎到滑溜溜的玉馬背上，在別的皇后把自己拖下來之前緊緊死命地抱住馬脖子，可真不是一件容易的事，而能騎上馬背、坐牢了的皇后，便有資格在當天晚上陪侍元順帝。

秋冬天時，不便在室外赤身露體，元順帝便把許多宮嬪集合在四周設有暖牆的大殿裡，命令大家把衣服脫去，手拉手團團轉地跳舞，這時元順帝高踞在一個小台上，彎起弓，把一個在箭頭上安置了香囊的箭射出，看射到誰的身上。中箭的后妃，香囊便在她的身上破開，香粉撒得她一身都香噴噴的，這時元順帝下台聞香而至，抱起中了香箭的赤裸裸的后妃，即刻入宮，這種選擇伴寢后妃的辦法，當時稱為「香幸」。

元順帝「香幸」的玩法似乎是跟唐敬宗李湛學的，據宋人陶穀《清異錄》上說：「寶曆（敬宗年號，西元八二五至八二六年）中，帝造紙箭竹皮弓，紙間密貯龍麝末香，每宮嬪群聚，帝躬射之，中者濃香觸體，了無痛楚，宮中名『風流箭』，為之語曰：『風流箭，中的人人願。』」只可惜陶穀並沒有進一步說明這位十八歲的皇帝只是射了好玩，還是要跟中箭的宮女做愛。

明神宗皇帝朱翊鈞也有一套別致的擇偶法，在盛夏夜晚，朱翊鈞坐在龍舟上，於宮苑的池水中泛舟乘涼，眾宮女則紛紛乘坐小船在大龍舟的四周划行，這時月光皎潔，涼風習習，神宗皇帝把預先準備好的青羅囊打開，放出數以萬計的螢火蟲來，流螢忽上忽下，有如天上的繁星，美麗極了。小船上的宮女爭著用羅扇撲螢，誰最先撲到流螢，便有資格到大龍舟上，獲得神宗一夜的寵幸，這種玩法在當時稱之為「螢幸」。

清朝時的皇帝，選擇侍寢宮妃的方法，歷朝都一樣，是他們老祖宗定下的「家規」；當皇帝吃過晚飯時，負責皇帝房事的「敬事房」太監便把幾十枚「綠頭牌」放在一個大銀盤裡，呈給皇帝。綠頭牌是前端染成綠色的名牌，每個名牌上各寫著一位寵妃的名字。皇帝看中意了那個妃子，便把她的綠頭牌姓名朝下地翻過來。敬事房太監就退下，把這塊牌子交給負責伺候該妃子的太監；如果皇帝當晚無意行房，就不翻綠頭牌而要太監退下。

知道晚上皇帝要跟她行房的妃子，立刻沐浴淨身，薰香以待，等時間一到，兩名太監把一絲不掛的某妃用大羽氅裹起，抬進皇帝的寢宮，某妃便從被腳鑽上床，投向坐在被窩裡的皇帝懷抱。

一絲不掛是怕妃子身懷利器行刺皇帝。行房時敬事房太監還在寢室外監聽，萬一皇帝呼救，也好及時趕來救駕，如果「呼救」的是侍寢的妃子，太監就裝做沒聽到了。等預定了事的時間到了，太監就在室外高喊「是時候了！」如果皇帝不應，過了一會兒，太監就再喊一次，最多喊到第三次，太監便進屋將妃子再以羽氅裹好帶離。離開時，還要請示皇帝留不留種，如果不留，就施以特殊的避孕法，如果皇帝要留，就特別記下妃子侍寢的年月日，以為後日的依據。

清朝皇帝這樣的擇妃侍寢法，比起前述漢、晉、唐、元諸帝，那可真是乏味得多了。

羅漢伸手摸觀音

男歡女愛是人之常情，連天上神仙也不免效尤。（清朝春畫）

橋上點燈橋下陰，羅漢伸手摸觀音；
神仙都有這些事，何況你我凡間人？

——貴州榕江民謠〈羅漢摸觀音〉

唱這首歌的男子真是「調情聖手」，他為了勸愛人別再推拒，竟然替觀音菩薩編排了一段風流故事；言下之意——連觀音菩薩都讓羅漢摸了，妳這「半截觀音」為什麼不可以讓我摸摸呢？

觀音真讓羅漢「摸」過嗎？觀音是聖潔的女神，羅漢則是一群江洋大盜，如此懸殊的對比，要怎麼個「摸」法呢？如果摸的是「十八羅漢」，那可有好戲看了，那情景就像「蕩湖船前本賣布」裡所引的一首常熟山歌所形容的：

一個姐妮結識十八個郎，房中好像羅漢堂；
六個上來七個下，還有五個來朵（虛字）脫衣裳。

如果摸觀音的是「五百羅漢」，那更熱鬧了，就像「蕩湖船前本賣布」裡另一首常熟山歌所形容的：

一個姐妮結識五百個郎，房裡好像子孫堂；
拿子（了）骰盆子放在朵床沿上，擲著子不同就上床。

真是豈有此理。

雖然觀音沒有讓羅漢摸過，但觀音菩薩也有一段「羅曼史」，據說八仙裡的「純陽子」呂洞賓就曾追過祂。風流瀟灑的呂洞賓看到莊嚴美麗的觀音菩薩後，竟然一見鍾情，打算娶觀音為妻。守身如玉的觀音不屑地說：「君曾昔日三醉岳陽樓，私度何仙姑，鼎州曾賣墨，飛劍斬黃龍，既居仙品，卻酒色財氣樣樣沾，還打算作我丈夫，真是夢想。」呂洞賓一聽，便強辭奪理道：「汝既無酒，因何傍有淨瓶？汝既無色，養此女童男童（指祂身旁的善財和龍女）作甚？汝既無財，如何全身金妝？汝既無氣，為何降伏大鵬？」居然污衊觀音菩薩是男女兼收的「雙性戀者」。觀音見呂洞賓胡說八道、不可理喻，便「三十六計走為上策」，那知呂洞賓自恃是翩翩公子，竟死纏活追地用上了「磨」功。觀音菩薩被追怕了，一直逃避，最後逃到了臺北，她在身後劃一道河，把呂洞賓隔開，才終止了

土地公、土地婆恩恩愛愛地擠間小廟

呂某的糾纏。這條河就是今日的淡水河，河的一邊是觀音山，另一邊是木柵指南宮——呂洞賓的行館。此後呂洞賓只能隔河癡癡地望著仰天而睡的觀音了。

若說癡戀觀音菩薩的呂洞賓就此癡癡地等，不再亂搞花邊新聞，或許觀音菩薩還有回心轉意的一天，退一步說，中國的「情聖」也會封給祂；偏偏祂不甘寂寞，又去調戲凡間的歌舞名妓白牡丹，並且一再和她發生了肉體關係。

據明刊《四遊記全傳》裡的《東遊記》說：有一天呂洞賓雲遊至洛陽，見到一個年方二八、窈窕妖嬈，卻頗有仙氣慧根的女子，便上前打聽，才知她是歌舞名妓白牡丹。呂洞賓心想：「良家女子則不可妄議，彼花柳中人，吾何妨一試之。」便化身為才子，到白牡丹家去「求教」了。

白牡丹見呂洞賓年少貌美、囊裡多金，便嬌態畢露地加意奉承，持酒勸進、歌舞助興。呂洞賓忘卻仙凡，不覺大醉，當晚便睡在白牡丹家裡。《東遊記》第二十七回說：「牡丹媚態百端、洞賓溫存萬狀，魚水相歡不為過也。雲雨之際，各逞威風，女欲罷而男不休，男欲止而女又不願。且洞賓本是純陽，豈肯為此一泄，牡丹正當陰

描寫呂洞賓風流故事的《三戲白牡丹》封面

盛，終無求免之心。自夜達旦，兩相採戰，皆至倦而始息。」呂洞賓連住數宵，並不走泄，白牡丹使出渾身解數，最後卻只弄得自家虧損而已。

白牡丹心有不甘，恰巧遇到何仙姑和李鐵拐化身行乞，她很大方地施捨兩人，李鐵拐便指點白牡丹說：「彼仙人也，吾今教汝，候其再至，交感正濃之時，以手忽指其兩脅，彼一時驚覺，必泄其精，此迅雷不及掩耳，乃奪牛之奇方也，汝得之可不死矣，切勿露其機。」白牡丹依計而行，呂洞賓果然走泄真陽，而將白牡丹超度成仙。《四遊記》裡的這一個故事，在清朝時還被人加以改寫成繡像小說《三戲白牡丹》哩，可見呂洞賓在人們心目中是個風流好色的神仙。

明人王崇簡在《冬夜箋記》裡，曾替呂洞賓辯白說：「俗傳洞賓戲妓女白牡丹，乃宋人顏洞賓，非純陽也。」神仙思凡無傷大雅，王崇簡此舉未免畫蛇添足。

其實，思凡的神仙還不止呂洞賓一人而已，像天帝的么女——七仙女下嫁董永、孫女——織女嫁牛郎、白鶴仙女下嫁陳孝德、東斗星君和執拂仙女相戀，下凡投胎結為夫妻（小說《再生緣》——一名「孟麗君」即演述此一

風流的呂洞賓曾追過觀音菩薩（清人壽字八仙立軸局部）

故事）。而許多神仙都有配偶，像雷公雷母、廣澤尊王夫妻、土地公土地婆、城隍爺城隍夫人、灶王爺灶王奶奶……，語云「家齊而後國治」，彷彿神仙有了配偶，才更能專心一志地替老百姓服務。

但上述這些神，在天界都是階級較低的小神，真正尊貴的大神如觀音菩薩、佛祖、太陽神、太陰神、天后聖母……，都沒有配偶，沒有男歡女愛的風流故事；這說明了在中國人的心目中，「性」是一件骯髒可羞的壞事，所以完美無瑕的神是不結婚、不戀愛的。「獨身主義」是自印度傳入中國的佛教所宣揚的教義，從此亦可見它對中國人的影響有多深遠了。

情色行業篇

男人與男人的戀情

清朝時一幅描寫男同性戀的絹畫

七十一年三月八日，新竹少年監獄發生了一千四百多名受刑人集體騷動的事件，據說起因是受刑人不滿其同性戀行為遭獄方處罰所引起的。

監獄裡同性戀絕不是件新鮮事兒，犯人也是人、也有性慾，他們解決性慾的對象，當然只有被關在一起的其他同性犯人了。這是古今中外所有監獄裡難免的事。明人沈德符在《敝帚軒剩語》卷中就說過：「宇內男色，有出不得已者……，罪囚久繫狴犴，稍給朝夕者，必求一人作耦。亦有同類為之講好，送入監房與偕臥起。其有他淫者，至相毆訐告提牢官，亦為分別曲直……。」囚犯不但有同性配偶，有定期假日同床共寢，還不准別的囚犯動自己配偶的腦筋，不准自己的同性配偶「紅杏出牆」哩！

除了監獄裡的囚犯之外，古代中國還有那些人容易有同性戀的行為呢？

一、軍隊裡的士卒，容易有同性戀行為。中國人相信軍中有女子，兵氣將不揚，會打敗仗，所以紀律嚴明的軍隊中沒有女人。沒有女人，士兵除了找營妓發洩外，就只好藉同性戀的雞姦行為來洩慾了。漢高祖劉邦就是打天下時不方便把妻子帶

《金瓶梅詞話》描寫道士金宗明跟小徒弟「走旱」情景

在身邊，而跟士卒搞同性戀，到了當皇帝後還丟不掉這個「毛病」，而跟士人籍孺、太監同床共寢。所以《敝帚軒剩語》卷中也說：「……西北戍卒，貧無夜合之資，每於隊伍中自相配合。」都說明了軍中易出現男同性戀的行為。

二、跟太監一同長大的皇帝，容易有同性戀行為。西漢有十一個皇帝，除了最末一個漢平帝是九歲登基，十四歲就駕崩，來不及搞同性戀之外，其他十個皇帝都好男色；除了漢高祖外，其他九個皇帝的男風，多少跟太監有關，因為他們從小由太監伴讀伴玩，一起長大，男女之事也全從太監那兒知道的；太監為了巴結皇太子，難免拿自己來作「現身說法」；西漢的十個好男色的皇帝裡，文帝、武帝和元帝更有寵愛的太監。而唐玄宗之寵太監高力士，竟到了沒有高力士侍寢，夜裡就睡不好的地步，也說明了皇帝和太監間的曖昧關係。

下面這個出於晚清人採蘅子《蟲鳴漫錄》卷一裡的故事，相信絕非虛構：「梅厚齋言：有人居京師貿易，與內監某善，互相戲謔。偶言欲狎其後，內監笑曰：吾臀曾受龍精一次，不可犯也。人傳以為笑。」

三、在朝為官或家眷不在身邊的官吏，容易搞同性戀。有些小官赴任，不便帶家眷，有些在朝廷的大官，因為規矩嚴，常不得與妻子團聚，明清時官吏狎妓又有很嚴重的處罰，所以作官的常跟身邊的男僕「走旱」，或玩戲園子裡的男伶（稱「相公」）。像朝廷翰林院裡全是官吏，讀書人進了翰林院，常被禁足，翰林院裡就常有男同性戀的故事發生，清初天然癡叟《石點頭》卷十四裡說：「那男色一道，從來原有這事，讀書人的總題，叫做『翰林風月』……。」男色被稱作「翰林風月」，可見翰林院中官吏對此事之沉溺。

明人蘭陵笑笑生《金瓶梅詞話》第七十一回裡，西門慶出遠門進京，隨同文武百官向宋徽宗慶賀改元，在京城半夜裡就曾拿男僕從王經洩慾：「……西門慶因其夜裡夢遺之事，晚夕令王經拿舖蓋來，書房地平上睡。半夜叫上床，脫得精赤條，摟在被窩內，兩個口吐丁香，舌融甜唾，正是：不能得與鶯鶯會，且把紅娘去解饞。」也可以為證。

四、難耐空門寂寞的出家人，容易搞同性戀。出家人戒絕女色，平時也難遇到異性，在夜深人靜時，忽然古井揚波，當然只有拿小徒弟洩慾了。《金瓶梅詞話》第九十三回裡，就形容道士金宗明玩小徒弟，並且誘姦落魄的陳經濟：「這任道士……大徒弟金宗明，也不是個守本分的，年約三十餘歲……，手下也有兩個清紫年小徒弟，同鋪歇臥。日久絮繁，因見經濟生的齒白唇紅、面如傅粉、清俊乖覺、眼裡說話，就纏他同房居住。晚夕和他吃半夜酒，把他灌醉了，在一鋪歇臥。初時兩頭睡，便嫌經濟腳臭，叫過一個枕頭上睡，睡不多回，又說他口氣噴著，令他吊轉身子，屁股貼著肚子……。」而清朝雜曲「隨緣樂風流談口」說：「佛門弟子，竟入魔海，常拿徒弟當妞妞……。」雜曲蕩湖調〈大姑娘十八摸〉說：「和尚聽了十八摸，摟抱徒弟叫哥哥……」清初刊本《笑林廣記》卷八裡，這類的笑話故事更多，都可以為證。

五、無錢娶妻無錢狎妓的乞丐，容易藉男同性戀洩慾。乞丐無錢討老婆、無錢逛妓院，雖然有時可跟女乞丐玩，但女乞丐人數較少，他們多半還是以男同性戀來洩慾。《金瓶梅詞話》第九十三回裡，作者蘭陵笑笑生說陳經濟在跟道士金宗明「走旱」之前，就先被叫花子飛天鬼侯林兒弄過了。《敝帚軒剩語》卷上有一則〈周解元淳樸〉說周汝礪解元未及第時，住在湖州南潯董宗伯家，主人怕他寂寞，便打算給他介紹男朋友。淳樸的周汝礪一聽後，變了臉色說：「此禽獸盜丐所為。」而期期以為不可。稱男風為強盜乞丐之舉，亦可見一般人心中對乞丐男色牢不可破的觀念了。

六、水手海盜在船上以男同性戀解決性慾。古代中國有些場所是避諱女性的，像礦坑裡、船上、軍隊中，這些地方容易出事、容易出現死亡，就忌諱女性出現，認為她們會帶來霉運而造成意外和不幸。《列女傳》上說趙簡子攻打楚國，到河邊要渡船，擺渡的舟子喝醉了，不能划船。趙簡子生氣地要殺渡河的舟子，他女兒要替父親划船。趙簡子卻忌諱與女人同船，他說：「吾將行，選士大夫齋戒沐浴，義不與婦人同舟而渡也。」可見此一觀念的久遠。《敝帚軒剩語》卷下也說：「閩人酷重男色……，聞其事肇於海寇，云大海中禁婦人在師中，有之則遭覆溺，故以男寵代之。」船在大海中航行，船上全是男人，不鬧男同性戀又如何解決性慾呢？

近代學者研究同性戀的起因，有人認為是人類性衝動含有雌雄兩性的不同傾向，男人若對雄性發生性衝動，就變成男同性戀者；有人認為個體原有自戀的傾向，如果這種傾向太強烈，就會對同性也發生戀情；有人認為男人如果在幼年時因父母管教不當，使他和女性認同，長大後就對男性發生好感……，但從上面幾種出現於古代中國的同性戀者來看，不尋常的環境因素，應該也是形成男同性戀的主要原因之一吧。

漢哀帝和董賢的男同性戀「斷袖之癖」
（明陳洪綬《博古葉子》）

男同性戀的異稱

明朝佚名畫家描繪兩男交媾的春畫。

在清初人天然癡叟《石點頭》卷十四裡，有一段文字十分新鮮，作者說：「那男色一道，從來原有這事；讀書人的總題叫做『翰林風月』。若各處鄉語，又是不同；北方人叫『炒茹茹』、南方人叫『打篷篷』，徽州人叫『塌豆腐』、江西人叫『鑄火盆』、寧波人叫『善善』、龍游人叫『弄苦葱』、慈谿人叫『戲蝦蟆』、蘇州人叫『竭先生』……。」同性戀真有這麼多奇奇怪怪的別稱嗎？當然有，而且還不止上述哩，且聽筆者一一道來。

分桃　西元前五世紀，春秋時代衛國之君衛靈公寵愛幸臣彌子瑕，跟子瑕搞男同性戀。有一天，彌子瑕陪著國君遊果園，摘食桃子；他咬了幾口，覺得桃子很甜，便把吃剩的獻給靈公。衛靈公開心地吃著剩桃，還讚揚子瑕說：『愛我哉，忘其口味，以啗寡人。』跟戀人分享食物，原本是常有的事，分桃在後世卻成了男同性戀的代名詞。

龍陽之癖　衛靈公之後的百餘年，戰國時代的魏王喜歡龍陽君，《戰國策》上說：有次魏王和龍陽君同船釣魚，龍陽君釣到了十幾條魚之後突然哭了起來。魏王問他何事傷心，他說先釣到了小魚也很開心，可是後來釣到大的魚，就不要先前的了；現在自己雖蒙君王寵愛，可是終有一天也會像先釣起的魚一樣被遺棄啊。魏王安慰他不要瞎想，立刻下令：誰敢進獻美女的，殺全家。龍陽君的忸

西漢宣帝寵士人張彭祖

忸作態，魏王的體貼肉麻，使這個故事像笑談般地流傳開來，於是「龍陽之癖」也成了男同性戀的代稱。

斷袖　西漢哀帝很喜歡董賢，到那兒都把董賢帶在身邊；有一天，他兩人白天互相擁抱著睡覺。哀帝先醒來，正要起身下床，發現睡著的董賢壓住了自己龍袍的袖子。他不忍心驚動了好夢方酣的愛人，便招手喚來內侍，用剪刀把龍袍的袖子剪斷了，再起身下床。這份體貼成為中國男同性戀史上膾炙人口的故事，「斷袖」也成了男同性戀的代名詞。晚清人採蘅子「蟲鳴漫錄」卷一說：「江寧某方伯有斷袖癖，初蒞任點卯時，見一吏少年貌美，呼至案前，書『肯』字問其識否？吏悟而避之，終其任不敢入宅間。」可見此一名詞的用法。

男色　這是相對於「女色」的稱謂。《漢書》卷九十三佞幸傳裡，司馬遷贊曰：「柔曼之傾意，非獨女德，蓋亦有男色焉。觀籍、閎、鄧、韓之徒非一，而董賢之寵尤盛。」籍指籍孺，是西漢高祖劉邦的男寵；閎指閎孺，是西漢惠帝劉盈的男寵；鄧是鄧通，為西漢文帝劉恆的男寵；韓指韓嫣，是西漢武帝劉徹的男寵，西漢諸帝都有男同性戀的癖好，他如昭帝寵士人秺侯、金賞，宣帝寵士人張彭祖，元帝寵太監弘恭、石顯，成帝寵士人張放、淳于長等等，這在《漢書》佞幸傳裡有詳細的記載。

男寵　指男子以美貌而見寵，而寵他的是男子，並非女人。《晉書》五行志上說：「自咸寧、太康（晉武帝年號）之後，男寵大興，甚於女色。」可見此詞用法。

男風　有時也隱諱地寫作「南風」，指的也是男同性戀。明人湯顯祖《牡丹亭》第二十三齣「冥判」裡，淨角唱道：「你是那好男風的李猴，著你做蜜蜂兒去，屁股裡長拖一箇鍼。」要好男色的死鬼李猴轉世投胎作蜜蜂，屁股裡永遠拖根針，可謂謔而又謔。清初人李漁《無聲戲》第六回裡，也有一首菩薩蠻開場詞形容男風：「南風不識由何始，婦人之羞貽男子；翻面鑿洪濛，無雌硬打雄，向隅悲落魄，試問君何樂？齷齪甚難當，翻云別有香。」

要姦　據《字彙補》說：「要：居希切，音飢。」「楊氏正韻箋」說：「律有要姦罪條，將男作女。」原來一般人把男人與男人的性行為寫成「雞姦」，是「要姦」的音誤。

兌車　兌車是男同性戀的一種，如果兩人不固定角色，有時扮男、有時扮女，稱為「兌車」，這是明朝時江南蘇州一帶的用法，清乾隆刊本《笑林廣記》卷七上有個缺德的笑話說：「兩童以後庭相易，俗云『兌車』是也。一童甚黠，先戲其臀，甫完事，郎賴之而走。被弄者趕至其家，且哭且叫曰：『要還我！要還我！』其母不知何事，出勸曰：『學生不要哭，他賴了你甚麼？待我替他還你罷！』」

勇巴　勇巴是男色的隱語，它把「色」字的「刀」部移到「男」字上面，好讓圈外人看不懂、聽不懂；明中葉時北平人便常用此詞。孫繼芳《磯園稗史》上說：「京師士大夫，一時好談男色，恬不為怪，諱之曰『勇巴』。」

旃羅含　這是從佛經裡翻譯的一個名辭。明人沈德符《敝帚軒剩語》卷中說：「佛經中名男色為旃羅含。」不過一般人很少用到這個字。

漢高祖劉邦與籍孺搞男同性戀

走後庭　「後庭」是指屁股。清初煙粉小說《金瓶梅續集》第十四回裡，作者丁耀亢說鄭玉卿因為生得白淨面皮、苗條典雅，便結識了一些「後庭朋友」。後庭朋友也就是男同性戀者。珍藏於中研院傅斯年圖書館中的晚清雜曲馬頭調「細局」裡，也有如下的描述：「顛鸞倒鳳說不盡，採畢了花心又戲後庭，雨散雲收，同入巫峯……。」

走旱　因為穀道乾澀，所以走後庭也稱作「走旱」。晚清雜曲馬頭調〈觀冊頁〉說：「……你倒知道我那一個熟客兒，愛鬧個過節，他酷好男風，要走旱路……」馬頭調另外還有一首〈走旱毀妓〉，說的也是這事兒：「……纏住了騾夫住了十幾天，朝朝夜夜常行旱，弄的她後櫃肉往外翻……。」這兩本雜曲也珍藏於傅斯年圖書館。

坐車　在旱道上行走，當然只能坐車啦（相對的，走前庭陰戶叫走水，也叫坐船）。清中葉狎邪小說《品花寶鑑》第廿七回裡說：「……況潘三也是愛坐車的，講到旱道上滋味，奚十一便當他是箇知心朋友……。」有時候，這檔事也謔稱為「坐糞車」，讀者自可意會。

淘毛廁　這個鮮活寫實的用法，也見載於《品花寶鑑》第廿七回：「……你道此人是誰？就是那位坐糞車的姬先生。……真是物以類聚，又是個愛淘毛廁的。」淘毛廁必然弄得一身穢，所以民初時東北人也稱此事為「穿黃馬褂」。

打圖書　民初時上海男同性戀者的術語，打圖書是蓋印的意思，汪仲覽《上海俗語彙編》一書裡說：「上月間光怪陸離的各報社會新聞裡，又發現了一件新鮮話把戲，說是先施樂園的大京班中，有一個跑龍套，專引誘未成年的童男子去發洩獸慾，案發被捕……，在他們嘴裡供出來，說是跑龍套姦污童子，叫做『打圖書』……。」這種男色含有強迫的性質。

翻燒餅　也叫「貼燒餅」，形容兩廂情願的男風。在傅斯年圖書館珍藏的雜曲〈隨緣樂風流箴口〉裡，有一段文字是由僧侶頌念召請生前沉迷於男色的餓鬼前來受食：「一心召請：雌曰騎耳（？）鬼、（雄）曰騎虎鬼，習學長呑短就之義，練成老虎圍窩之能，拿立杆、怕立杆，滋（吡）牙裂嘴；喜茶舖、開茶舖，為帖（貼）燒餅……。」文多錯訛，又無別本可資校正，但仍提供了「貼燒餅」一詞用法的例證。汪仲覽還在《上海俗語彙編》裡說「翻燒餅」是上海話。

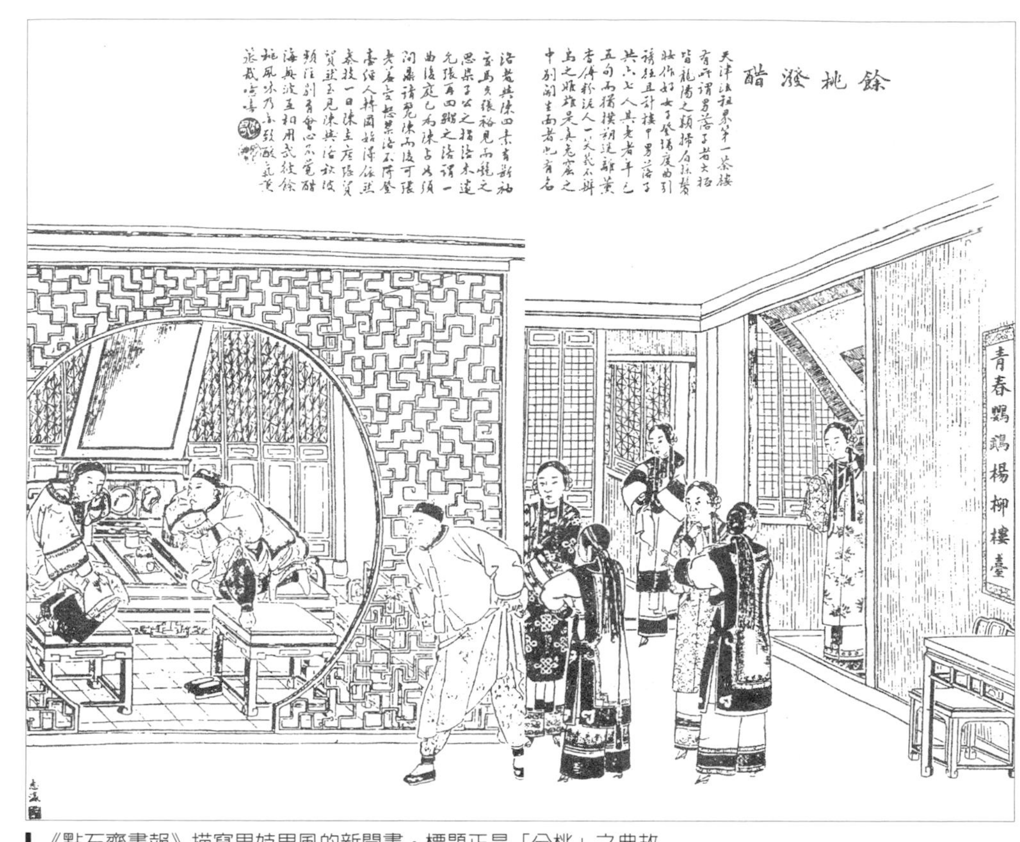

《點石齋畫報》描寫男妓男風的新聞畫，標題正是「分桃」之典故

勒豆包　這是民初時東北人的用法。當代名小說家子于在「心火」裡，說民初東北瀋陽中學裡頗有男風之事，同學們稱之為「勒豆包」，豆包是指男色中扮女性的人，勒是形容「一號」走後庭時以雙手勾住「零號」兩胯的動作。這也是一個罕為人知的方言。

摃坑仔　這是一句古老的臺語，「坑仔」是缽子或罐子一類的容器，「摃」音共，是敲、撞的意思，合起來就成了男風走旱的形容詞。臺語「坑仔仙」則是形容男色中扮女性的人。

相信具有兩三千年悠久歷史的中國同性戀，其稱謂一定不止於上述，未曾流傳下來的，以及流傳下來而筆者不知的，一定比這些還要多得多吧！

男色氾濫的四個時期

梨園戲子間的男色風光。
（清中葉絹畫）

男同性戀在古代中國，曾有四個時期極為流行，一是魏晉南北朝、一是兩宋、一是明朝、一是清朝。

在漢朝時，男同性戀還只是皇帝的「專利」，到了魏晉南北朝時，男同性戀已成了社會的時髦風尚。不但皇帝如魏太祖（寵士人孔桂）、魏明帝（寵士人曹肇）、前秦宣昭帝（寵慕容沖）、後趙武帝（寵優童鄭櫻桃）、梁簡文帝（有歌頌男寵的「孌童」詩）、陳文帝（寵平民陳子高），都好男風，文武百官也雅好此道，像東晉之王祖為令史，對任懷仁十分寵愛，刺吏桓玄寵愛士人丁期，吳郡太守王僧達喜歡族人王確，梁右衛將軍庾信和常沙王蕭韶有斷袖之歡……，都說明了男風在此時更普遍了。明人謝肇淛《五雜俎》卷八說：「史謂咸寧、太康（西晉武帝年號）之後，男寵大興，甚於女色，士大夫莫不尚之。海內倣傚，至於夫婦離絕，動生怨曠。」而北齊文宣帝在召集諸儒講《孝經》時，曾問國子助教許散愁說：「先生在世，何以自資？」散愁回答說：「散愁自少以來，不登孌童之床、不入季女之室，服膺簡策，不知老之將至。平生素懷，若斯而已。」不搞男同性戀是件值得誇耀的事，亦可見當時男風之盛了。

而魏晉南北朝時男同性戀的盛行，從男人的打扮也可以窺知。宋人劉義慶在《世說新語》裡所稱讚的對象，大半都是容貌美麗的男人，像「王夷甫容貌整麗，妙於談玄，恆捉白玉柄麈尾，與手都無分別。」「何平叔（晏）美姿儀，面至白。魏文帝疑其傅粉，正夏月，與熱湯餅既噉，大汗出，以朱衣自拭，色轉皎然。」「王右軍見杜弘治，歎曰：面如凝脂，眼如點漆，此神仙中人。」北齊顏之推《顏氏家訓》卷八裡也說梁朝子弟「無不熏衣剃面、傅粉施朱……。」社會上男人喜歡漂亮、喜歡塗塗抹抹跟女人比美，似乎就是男同性戀風行的徵兆之一。

兩宋時，同性戀又在中國風行起來，正因為好男色的人很多，社會上竟出現了供男人消遣的男娼。

正史上關於男娼的記載當然很少，當時男娼盛行的情形，在筆記小說裡卻一再提及，北宋初人陶穀《清異錄》說：「今京（汴京）所鬻色戶將及萬計，至於男子舉體自貨，進退怡然，遂成蠭窠，又不只風月作坊也。」南宋末年人周密《癸辛雜識》也說：「……吳俗此風（指男娼）尤甚，新門外乃其巢穴，皆敷脂粉、盛裝飾、善針指，呼謂亦如婦人，比比求合。其為首者號『師巫』、『行

▍明朝木刻版畫，描繪大官與書童之男色

頭』，凡官家有不男之訟，呼使驗之，敗壞風俗，莫此為甚。」可見從北宋到南宋，大江南北男娼日益盛行，竟至到了有組織、有首領，發生雞姦訟案時，官家只要把男娼的頭兒找來驗判，就能解決問題的地步。

正因為男色氾濫的情形十分嚴重，北宋徽宗時才企圖立法來遏止它；南宋人朱彧《萍州可談》上說：「至今京師與郡邑間，無賴男子用以圖衣食，舊未嘗正名禁止；政和（徽宗年號）間始立法告捕：男為娼，杖一百，告者賞錢五十貫。」這樣的法令雖然收到了一時的效果，但幾年之後，就隨北宋的覆亡而宣告終止。南宋時，江南又盛行男風，前引《癸辛雜識》的描述可以為證。

元朝時，社會風氣雖然靡爛，但關於男色的記載卻不多見；男色的再度盛行，是明朝時候的事情。

明朝時，上自天子宰相、文武百官，下至市井小民、盜寇強梁，都對男色頗感興趣。

明朝皇帝好男色者有明武宗、明熹宗，明中葉人徐充《暖姝由筆》說：「明正德初，內臣最寵狎者……皆選年少俊秀小內臣為之。」正德是武宗年號，足見武宗在「豹房」大享女色之餘，還跟年輕俊秀的小太監搞男同性

《金瓶梅詞話》描寫西門慶書童男扮女妝出來見客侑酒情景

戀。明熹宗則在後宮設不夜宮廣貯美女，設長春院廣召孌童，自己一天到晚沉迷其間，時而女色、時而男色地大享豔福。

明朝時大臣好男色者，以權臣嚴嵩最為著名。他迷戀優童金鳳，幾乎到了「晝非金不食，夜非金不寢」的地步。此事在清初人王士禛《香祖筆記》卷二裡有所記載。明人蘭陵笑笑生《金瓶梅詞話》第三十四回裡，也描寫作官的西門慶雞姦家僮書童：「……書童一面接了，放在書篋內，又走在旁邊侍立。西門慶見他吃了酒，臉上透出紅白來，紅馥馥唇兒，露著一口糯米牙兒，如何不愛？於是淫心輒起，摟在腹裡，兩個親嘴咂舌頭……因囑付他，少要吃酒，只怕糟了臉。書童道，爹分付，小的知道，兩個在屋裡，正做一處……。」後來小廝平安兒來送信，書房外坐著「把風」的畫童兒，畫童兒擺手示意，平安兒便知西門慶在搞什麼勾當了。同書第三十五回裡，西門慶還要書童男扮女妝，出來見客侑酒哩；相信小說裡的描寫，正是明朝上流社會達官貴人私生活的寫照。

明中葉人謝肇淛，在《五雜俎》卷八裡，也有一段文字描寫縉紳之士狎男娼、男伶的情景說：「今天下言男色

明刊《金瓶梅詞話》描寫西門慶玩書童的木刻插畫

者，動以閩、廣為口實（云閩、廣最盛此風），然從吳、越至燕雲，未有不知此好者也。……今京師有小唱，專供縉紳酒席，蓋官伎既禁，不得不用之耳。其初皆浙之寧紹人，近日則半屬臨清矣，故有南、北小唱之分。然隨群逐隊，鮮有佳者。間一有之，則風流諸縉紳，莫不盡力邀致，舉國若狂矣。」

明朝男色風行的原因很多，據謝肇淛分析說：法令禁止官吏狎妓，官吏便跟男伶搞同性戀，此其一。男娼價格比妓女便宜，因而士庶趨之若鶩，此其二。家中悍妻妬婦禁止丈夫狎妓，卻不反對他們玩男娼，此其三。

明朝同性戀風行的環境，到了清朝時仍未改變，所以清人也好男風，士大夫都把玩男伶（稱「相公」）當作一件風雅的事兒。

清人趙翼《簷曝雜記》卷二有一則〈梨園色藝〉說：「京師梨園中有色藝者，士大夫往往與相狎。庚午（乾隆十五年、西元一七五〇年）、辛未（乾隆十六年）間，慶成班有方俊官，頗韶靚，為吾鄉莊本淳舍人所昵，本淳旋得大魁。後寶和班有李桂官者，亦波峭可喜，畢秋帆舍人狎之，亦得修撰。故方、李皆有『狀元夫人』之目。余皆識之，二人故不俗，亦不徒以色藝稱也。……近年聞有蜀人魏三兒者，尤擅名；所至無不為之靡，王公大人俱物色恐後……。」清人李斗《揚州畫舫錄》卷五裡，也提到魏三兒這位男伶中的尤物，還說有個柔媚動人的郝天秀，得魏三兒之神，大家都不喊他的名字而喊他「坑死人」；可見當時人們對男伶著迷的程度。

「相公」本是對大官和讀書人的尊稱，為什麼男伶也稱「相公」呢？有人說「相公」是「像姑」的訛音，原是形容他們舉止像姑娘。晚清人藝蘭生《側帽餘譚》裡有一首〈像姑詩〉說：「脂柔粉膩近仙姝，兩字馳名是像姑；不信頭銜臻絕貴，聲聲贏得相公呼。」註云：「雛伶本曰『像姑』，言其貌似好女子也，今訛為『相公』。按此名古惟宰相得而稱之，至大家子弟及茂才，亦膺是稱，然已嫌其濫；今竟加之至賤之伶，致京官子弟，其僕轉不敢以此相稱，以同音之故，而使冠履倒置。」

清代捧男伶的風氣到了民初仍未稍減，紅極一時的梅蘭芳，就是個最膾炙人口的例子。一直要到晚近，男色才因國劇的衰微而由盛轉衰、化明為暗，男風中人也多半不是國劇迷了。

日人宮田雅之描寫嚴嵩和優童金鳳相狎情景

▎左：描繪清朝男色的祕戲圖，三人皆男性，最前面的男子穿女性肚兜扮「零號」
▎下：清朝梨園戲子與士大夫（扮皇帝）相狎的春畫

青樓雛妓的初夜

青樓雛妓難忍嫖客開苞之疼，以雙手推拒的春宮畫。（清朝紙本春畫）

「洞房花燭夜」是人生四大樂事之一，在快樂之中還羼雜了幾許莊嚴神聖的意義；對女人來說，新婚初夜更是她們一生中最重要的時刻。

而青樓妓院的女子，如果她是從小給鴇母養大的「清倌人」，她的初夜必然是在妓院裡獻給了嫖客。雛妓的初夜在古代中國，有「上頭」、「梳弄」、「點大蠟燭」等等不同的專有名詞。

「上頭」是把辮子盤上頭的意思。古代中國的女性以髮型來表示身分，在少女時代可以紮辮子、披長髮，到了出嫁時，就要把頭髮全部盤到頭上，梳成髮髻。妓女的初夜雖不是獻給丈夫，但初夜時依舊得上頭，表示從此以後她不再是處女了。上頭是元朝時流行的用法，元人陶宗儀《輟耕錄》卷十四說：「今世女子之及笄曰『上頭』，而倡家女初得薦寢於人亦曰『上頭』。」

「梳弄」也稱「梳籠」或「梳攏」，它的意思跟上頭差不多，也是指女孩把披肩的頭髮梳攏在一起，在頭上盤成髮髻的意思。明人馮夢龍《醒世恆言》卷三〈賣油郎獨佔花魁女〉裡形容杭州名妓王美娘說：「只因王美有了個盛名，十四歲上就有人來講梳弄……。」

「點大蠟燭」也是雛妓破瓜的代名詞。「洞房花燭夜」是女人一生中的大事，對女性來說，那一對花燭尤其重要，因為在感覺上，「花燭夫妻」要比「露水夫妻」慎重而雋永多了。和良家婦女相較，妓女的初夜既無花轎可坐、又無人陪她拜天地，點一對大花燭便是她們破身時唯一的紀念和見證了，所以「點大蠟燭」便成了妓女初夜的另一代名詞。

在古代中國，雛妓破瓜的年齡大多在十三歲到十五歲之間。「賣油郎獨佔花魁女」裡面說：「……原來門戶梳弄，也有箇規矩，十三歲太早，謂之『試花』，皆因鴇兒愛財，不顧痛苦，那子弟也只博箇虛名，不得十分暢快取樂，十四歲謂之『開花』，此時天癸（月經）

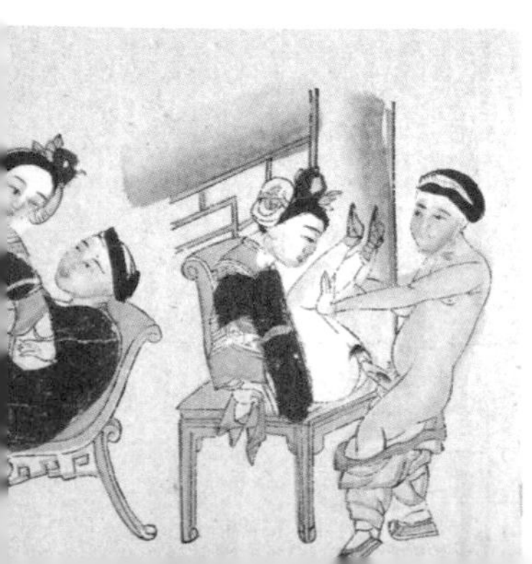

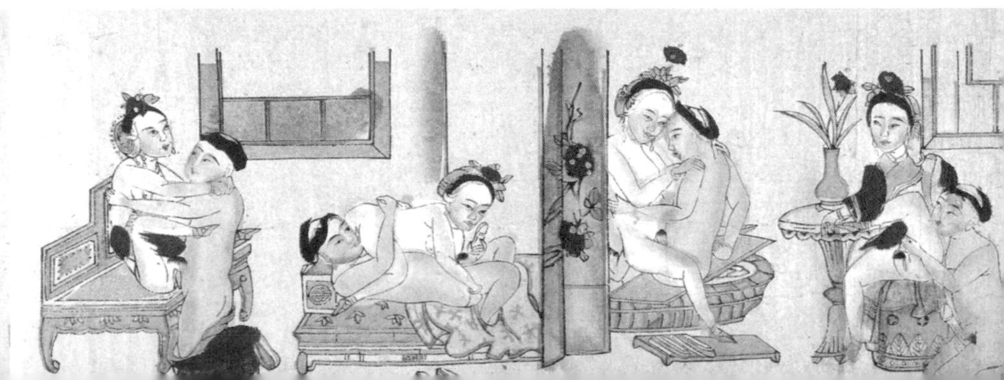

已至，男施女受，也算當時了。到了十五謂之『摘花』，在平常人家還算年小，惟有門戶人家以為過時……。」

良家婦女的新婚初夜要大宴賓客，青樓雛妓的初夜也少不得擺上一兩桌，把嫖客的好友和雛妓要好的姐妹請來，圍桌而坐，吃吃喝喝，並祝賀一對新人。明刊《金瓶梅詞話》第十一回裡，西門慶梳攏雛妓李桂姐，便是「拏了一錠大元寶，付與玳安（家僕）拏到（妓）院中，打頭面（首飾）、做衣服、定卓（桌）席，吹彈歌舞，花攢錦簇，做三日飲喜酒，應伯爵、謝希大，又約會了孫寡嘴、祝日念、常時節，每人出五分銀子人情作賀，都來囋他……。」

〈賣油郎獨佔花魁女〉裡面，雛妓王美娘初夜的情景又是如何呢？原來被拐賣到青樓中的「花魁娘子」王美娘，因為潔身自愛，不願接客破身，惹來旁人一番閒話，說她早已不是處女了；鴇母王九內心十分著急，便設計把她灌醉，讓付了三百兩銀子的金二員外任意行事：「……王美年方十五……未曾梳弄，西湖上子弟又編出一隻『挂枝兒』來：『王美兒，似木瓜，空好看，十五歲還不曾與人湯一湯（湯是挨著，接觸之意），有名無實成何幹？便不是石女，也是二行子（私生子）的娘。若還有個好好的羞羞（指私處）也如何熬得這些時癢？』王九媽聽得這些風聲，怕壞了門面，來勸女兒接客。王美執意不從，說道：『要我會客時，除非見了親生爹娘，他肯做主時方才使得。』王九媽心裡又惱她，又捨不得難為她，捱了她些時。偶然有個金二員外大富之家，情願出三百兩銀子，梳弄美娘。九媽得了這主大財，心生一計，與金二員外商議，若要她成就，除非如此如此。金二員外意會了，其日八月十五日，只說請王美湖上看潮，請至舟中，三、四個幫閒俱是會中之人，猜拳行令，做好做歉，將美娘灌得爛醉如泥，扶到王九媽家樓中，臥于床上，不省人事。此時天氣和暖，又沒

晚清天津楊柳青春畫，描繪嫖客在妓院狎妓的各種風光。

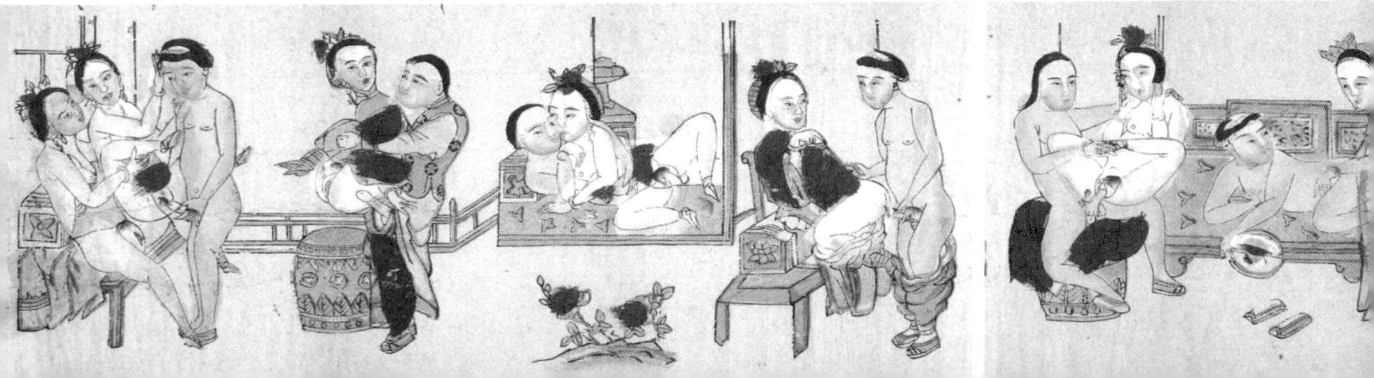

幾層衣服，媽兒親手伏侍，剝得赤條條，任憑金二員外行事。……比及美娘夢中覺痛，醒將轉來，已被金二員外耍得夠了……。」

如上所述，雛妓的初夜往往被「惡客」強行施暴，就算不是在醉夢中，嫖客也不是她自己挑選的，這些「腦滿腸肥」的富商大賈，怎能博得雛妓的歡心呢？再加上初夜的疼痛，就更令她們憎恨這些蠻橫的嫖客了，妓女迷信「開苞的客人永遠不會要好」，不是沒有道理的。

如果雛妓心目中已有了要好的恩客，在未點大蠟燭之前，會先跟恩客訂好密約，由老鴇挑的富商大賈花瘟錢點大蠟燭，第二天便與恩客去開房間，真個銷魂，這稱之為「挨城門」。那花大錢的惡客好似開馬路的小工，費了血汗力氣，把一條平坦的大道開出來，卻讓別人到馬路上去坐汽車兜風，所耗不多而大得實惠，所以門檻精的嫖客都不願去點大蠟燭而要去挨城門。

因為雛妓初夜可以賣大價錢，所以有些早已破瓜的妓女常冒充雛妓，騙客人的冤枉錢。清人珠泉居士《續板橋雜記》上就說：「（南京）院中……買雛教歌，認為己女，高其聲價，待客梳攏；愛俏者其名、愛鈔者其實。嘗有一女而上頭數次者，傖父大賈無難欺以其方，使彼慳囊頓破也。」在上海堂子裡，妓女有大先生、小先生、尖先生之別，已梳攏的叫「大先生」，否則叫「小先生」，未正式梳攏已失身的叫「尖先生」；尖先生慣在人前自詡其小，其實是上小下大，所以被人戲稱為「尖先生」。一般老鴇為貪圖重利，也往往一而再、再而三地以尖先生冒充小先生，騙取嫖客的重金。

妓女屢度初夜的情形，早在唐朝時就出現了。唐翰林學士孫棨在《北里誌》上說：長安妓女張住住與龐佛奴有私，後里中有陳小鳳者欲聘張住住，佛奴便髡雄雞冠取丹物託鄰嫗交給張住住，以應初夜之需。這才真是「憑你奸似鬼，也喫老娘洗腳水」哩！

明刊《金瓶梅詞話》描寫西門慶梳攏雛妓情景

青樓招徠顧客的花招

明朝春宮畫，描繪悍妻直搗金屋，把老公押解回家的情景。

晚清上海刊印的《點石齋畫報》裡，有一則新聞「誤認青樓」，說一群讀書人赴南京參加科舉考試之後，上某酒樓喝花酒；喝得意猶未盡，想找妓女陪宿，便乘興逛到廿條橋小弄內某人家敲門。敲了半天，有人出來開門，一看是不認識的醉漢，便把他們罵了一頓，這些尋芳客大怒，回罵說：何方龜奴，竟敢藐視我們文舉人。正擾嚷間，有人看到屋裡牆上掛著弓箭，心知弄錯了，趕緊朝外溜，後來才知他們來到了參加武舉考試的考生寓所。

在古代中國，青樓妓院都有招牌，有的在門首掛著小紙燈籠，有的掛著四方的玻璃燈，上方寫著「××書寓」，那些識途老馬一看就知道是妓院，絕不會弄錯的。宋朝時杭州的一般酒店，門口有紅杈子、鑲紅邊竹簾和紅紗梔子燈等招牌飾物；如果裡面有妓女陪宿，則在紅紗梔子燈上面罩一頂斗笠，行家一看就知道裡頭有花樣了。

還有的妓院不在招牌上寫「××書寓」，卻寫著「荷包出售」四個字，讓尋芳客去會意。晚清俞曲園《右臺仙館筆記》卷二裡就說：紹興某生到北京參加科舉，不幸落第，暫住親戚家，有一天他突然失蹤了，過了十多天才面無人色地跑回來，身上除了一件內衣、一件內褲外什麼也沒有。親戚問他去那裡了，他說那天四處閒逛，逛到內城西四牌樓的一個曲巷裡，看到有一家門口寫了「荷包出售」四個字，便叩門進去買荷包，有一個少婦拿出一枚舊的荷包給他看，他問有沒有新的？少婦說新的在內屋裡，兩人便來到臥室。少婦東扯西扯就是不提荷包的事。某生問荷包呢，少婦仍舊拿出那隻舊的來；說我們家就這麼一隻荷包。某生問：那妳們還開店賣什麼荷包？少婦笑著說：賣的不是這種荷包呀！某生會意，便問一隻賣多少錢，少婦說要數十兩銀子，某生便一連住了十多天，直到嫖得一文不名，還不肯走。這天他正跟少婦同榻而眠，門外忽有個男子大嚷大叫，少婦說：不好了，丈夫回來了。他匆匆跳窗而逃，所以身上只剩下一衫一褲。

在門上掛一盞紙燈籠或用斗笠罩在紅紗梔子燈上作記號，或在門上寫「荷包出售」，這全是政府下令禁娼時，娼家不得已的變通辦法，在允許娼妓營業的時候，妓院又有那些拉客的花招呢？

比較高級一點的妓女是在房子裡，由龜奴站在門外拉客的，像河南一些書寓門口的龜奴，勸誘過路的行人說：

來吧來吧——
剛換的褲頭兒，
剛洗的床單兒，
鄉下的——沒病兒；
屄是一樣的屄，
臉上兒見高低。

如果行人有意嫖妓，龜奴便引他進屋，一邊揚聲道：「姑娘們——見客。」書寓的格式是兩排面對面的小房間，每一小間一小間緊緊相鄰，每間裡都有一名妓女。這時無客之妓便掀簾探首，任客挑選。嫖客看中了某位姑娘，便進她房裡展開交易。

而一般下等的妓女，則需站在妓院門口、竹簾後面，探首向過路的行人拋媚眼、送秋波，呢聲軟語，甚而出來攔住過路的行人，軟硬兼施地拉他進去嫖，這稱之為「站關」。妓女也叫作「倚門婦」其原因在此。晚明人張岱在《陶庵夢憶》卷四裡，形容揚州二十四橋的青樓風月說：

《人鏡畫報》描寫妓院故意春光外洩以招徠顧客的情景

「廣陵二十四橋風月，邗溝尚存其意，渡鈔關橫亘半里許，為巷者九條。巷故九，凡周旋折旋於巷之左右前後者什百之。巷口狹而腸曲，寸寸節節有精房密戶，名妓歪妓雜處之，名妓匿不見人，非嚮導莫得入，歪妓多可五、六百人，每日傍晚，膏沐薰燒，出巷口，倚徙盤礴於茶館酒肆之前，謂之『站關』。茶館酒肆岸上紗燈百盞，諸妓掩映閃滅於其間，……遊子過客，往來如梭，摩睛相覷，有當意者，逼前牽之去；而是妓忽出身分，肅客先行，自緩步尾之；至巷口，有偵伺者，向巷門呼曰：『某姐有客了！』內應聲如雷……。」

清人徐珂《清稗類鈔》娼妓類，形容上海公共租界南京路一帶的妓院時也說：「……每當金烏西墜，玉兔東升，塗脂抹粉，遍倚市門，遇鄉氓之抱布貿絲者，輒目挑手招，必欲羅致幕下而後已也。」

有時行人無意嫖妓，妓女還會在拉拉扯扯之間搶下他的帽子、皮包或手鐲，回身就朝妓院裡跑，逼得行人非進屋不可。《點石齋畫報》上有一則〈拉客攫鐲〉就說：「（上海）四馬路胡家宅附近新興里內，有大姐朱阿昭，蘇人也，性淫蕩，專在里口勾引輕薄子弟，朝雲暮雨，穢褻不堪。……一日有某皮貨店夥沈瑞卿行經是里，朱阿昭見其手帶（戴）金鑲籐鐲，遽行攫取，邀之至家，遂成苟合……。」

青樓妓院更香艷而放蕩的拉客法見諸晚明人陰太山的〈梅圃餘談〉：「近世風俗淫靡，男女無恥，皇城外娼肆林立，笙歌雜遝，外城小民度日難者，往往勾引丐女數人，私設娼窩，謂之『窰子』。室中天窗洞開，擇向路邊屋壁，鑿小洞二、三，丐女修飾容貌、裸體居其中，口吟小詞，並作種種淫穢之態。屋外浮梁子弟過其處，就小洞內窺，情不自禁，則叩門入。丐女遂隊裸而前，擇其可者，投錢七文，便携手登牀，歷一時而出，謂之『打釘』。」

這種「活春宮」式的拉客法，在清朝時，天津的一些妓院還曾加以仿傚；晚清天津刊印的《人鏡畫報》上，有一則「太無忌憚」的新聞畫，就是批評青樓的這種作生意法：「津埠近年來雖商業蕭條，而娼界異常發達；如新開南市一帶，娼窰林立，櫛比鱗次，惟是各妓院矮窗臨街，僅限以鐵欄，屋內穢聲醜態，行人一覽無餘，毒害青年莫斯為烈，有該管之責者，倘能設法維持，令若輩略為掩蓋，或將鐵欄改為磚壁，以遮耳目，則造福於一方者，為無量之功德矣。」

儘管這種拉客法香艷刺激，但卻是下等妓院的下策，裡面的妓女根本賣不出高價，比起清人宣瘦梅《夜雨秋燈錄》卷二〈沉香街〉裡的青樓女子素嬌的手段：「富家子，金姓，名不換……偶遊於此街，經桃花門巷，忽一荔枝殼墜肩頭，仰視之，珠簾繡閣，一美女子憑欄，顧之微笑……。」箇中高下又豈止雲泥而已？

賺洋錢的妓女

晚清上海《點石齋畫報》描寫上海寶善街的東洋妓院

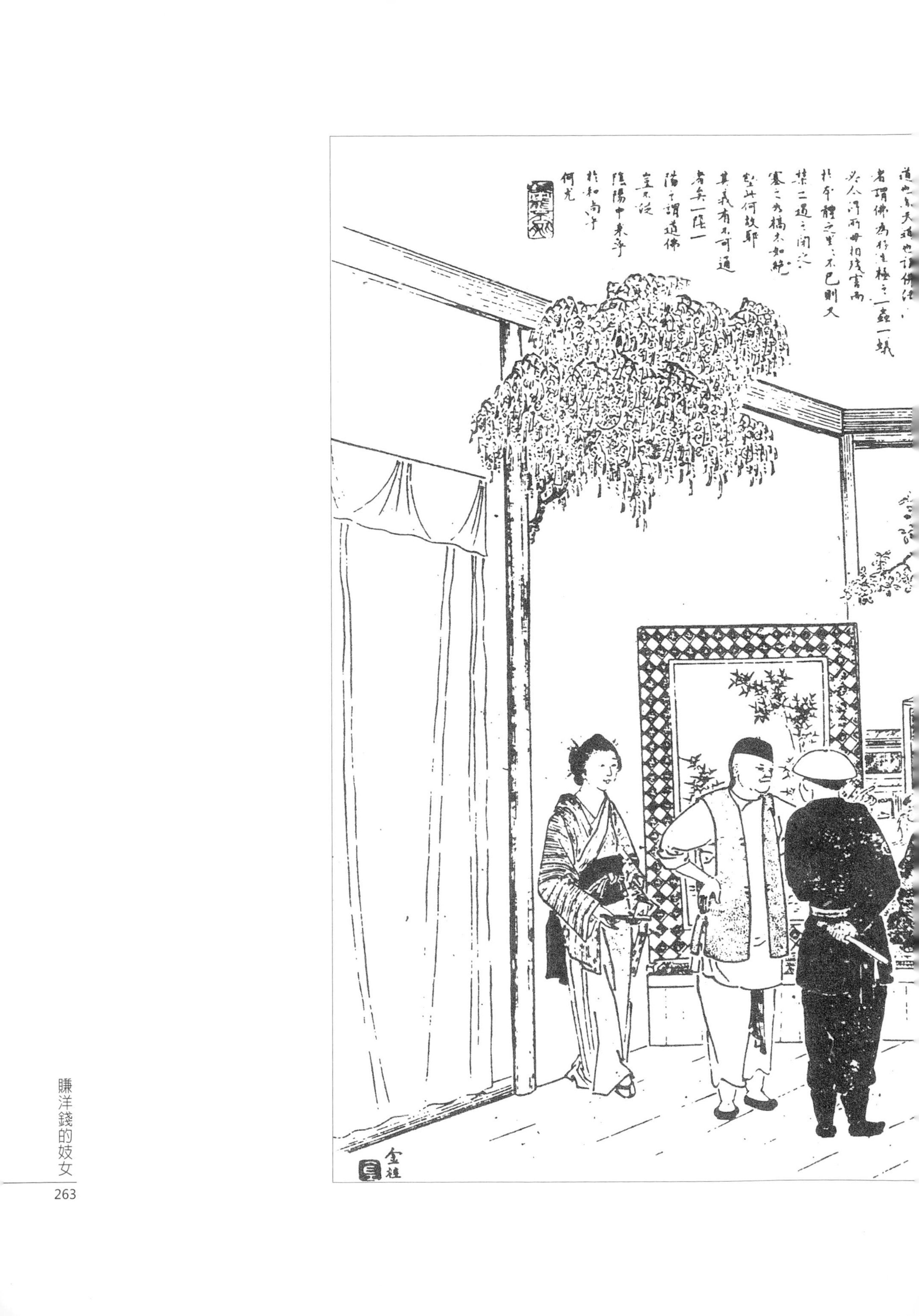

自古以來，商業發達的都市，往往也是妓館林立，藏污納垢之所；而一個國際性的大都會，不但住著各種不同種族的人，連妓女的國籍也隨之複雜起來。清朝中葉時上海的妓女，就是這樣的情形；在上海，有專門作外國人生意的妓女，也有千里迢迢來中國賣春的洋妓。

清中葉時，在上海接洋人的妓女大多來自粵東，稱為「鹹水妹」，民初人徐珂《清稗類鈔》娼妓類中有一條說：「同、光間，洋涇橋畔多粵東女子，靚妝炫服，窄袖革履，足長七、八寸，或跣而不韈，膚圓光緻，輒曳繡花高屧，挽椎髻，著羅褌，以棉帕裹首。其中妍媸不一。稍佳者，膚白如雪，眼明於波，意即粵東蜑婦，至滬牟利，為洋人所娛樂者；間有兼接本國人者。西人呼之為『鹹飛司妹』，華人效之，簡稱之曰『鹹水妹』，亦以其初棲宿海中，以船為家也。又有稱之『鹹酸梅』者，則謂其別有風味，能領略於酸鹹之外也……。」因為粵東等地不流行纏足，所以她們不為領略了纏足女子風味的中國男性所喜愛，這種大腳妓又叫「黃魚」，只好靠做外國人的生意維生了。

在上海也有洋妓，洋妓有來自東洋和來自西洋之分。東洋妓大多寄身於東洋堂子和東洋茶館裡，或明或暗地做著出賣皮肉的生意；晚清上海刊印的《點石齋畫報》上，有一則〈以身報國〉說：「倭人婦女……前此曾結隊來中國，在滬地開東洋堂子以及設茶館，為女堂倌者幾於遍處皆是，儘人調戲，全不知羞……。」另一則〈和尚尋歡〉也說：「一、二年前，本埠之東洋茶館止有三、五家，……今則望街對宇，且百十家矣。日前有一遊方僧，往寶善街日昇日妓館，出佛餅三圓，欲結皆大歡喜緣；日妓不吝玉體，遽爾首肯。其傭華人也，以干冒禁令之說進，時則和尚已作大解脫，事經中變，慾火未殺，憤火又從而熾之，其不肯干休，務遂所欲之情，令人不堪注目，後經巡捕再三勸導，不聽，挾之去……。」

比起日妓三圓一次的嫖金，西洋妓女的身價可高得多了；據清中葉人玉魫生「海陬冶遊錄」卷上說：「（上海）黃浦……其近虹口處，有西洋妓艘，歲一、二至，華人之能效彝言者，可易粧而往，纏頭費亦不過二十餘金。彼美人兮，西方之人兮，當不惜金錢，以領略此奇芬耳。」他們在黃浦江船上賣淫，或許是因為違法營業，為了躲避有司的耳目吧！

玉魫生沒體驗過洋妓的滋味，所以在談及洋妓時，筆端流露出無限企盼之情，而真正領略過洋妓的人，感受和滋味又是如何呢？晚清人羊朱翁《耳郵》卷二裡，引上海太守嚴伯雅的話說：「滬上不特有土妓，兼有洋妓；土妓猶或以絃索侑尊，洋妓則以淫嬲為事。有客嘗詣之，妓出延客，手一巵以進；視之，色黝然，嗅之，有異味，客不敢飲，妓亦不強也，乃導客入室，則已弛服橫陳矣。蓋妓上下衣相連屬，掀其衣以上覆其首，則自領至踵無寸縷矣。客見其膚理黧黑，腹及尻間毛茸茸然，殊可畏怖，乃不成歡而罷，然所費已不貲矣。」

在上海，還有專門接黑人的華妓，《海陬冶遊錄》卷上說：「黃浦中有船妓，略如蜑戶，然絕無佳者，今率與番舶黑人交，輿隸見之，皆掩鼻而過矣。」其實這種交易並非始於清中葉，早在唐朝時，揚州的妓女就接這些黑人番人了；當時揚州是中國最大的海港和商業中心，更是外商群聚之所；揚州既多狹斜曲巷，作生意的番人自難免流連其間了。唐人崔涯有一首詩說：「難得蘇方木，猶貪玳瑁皮；懷胎十個月，生下崑崙兒。」據近人陳裕菁的解釋說：「涯久游維揚，每題詩娼肆，立時傳誦。此詩蓋嘲揚妓之款接番客者。當時揚州為番客群聚之所，娼女貪其豪富，因而納款者，勢必有之。蘇方、玳瑁，均番貨，崑崙兒言所生胡種也。今妓女多接西人為諱，當時妓女，計亦有此心理，故涯以此嘲之。」這是很可靠的分析，亦可見國際混血歷史的悠久了。

性愛寶藏篇

古代的淫書

明朝中葉以後，戲曲小說在中國大為流行；為了吸引讀者、增加銷路，這些書裡多半都有男歡女愛的描寫，甚而通篇累牘全是色情的赤裸刻劃。像《西廂記》、《嬌紅記》、《金瓶梅詞話》、《隋煬帝艷史》、《拍案驚奇》、《禪真逸史》、《禪真後史》、《女仙外史》、《綠野仙蹤》、《品花寶鑑》等等戲曲小說，都還各有一個結構嚴謹、足以發人深省的故事，出現寫實或象徵的床戲描繪，往往只是為了更深入地刻劃人物、烘托故事；他如《肉蒲團》、《繡榻野史》、《如意君傳》、《癡婆子傳》、《株林野史》、《杏花天》、《燈草和尚》等等，從頭到尾全是為色情而編的故事，其內容荒誕不經、其文辭不暇修飾，其結果自然也就有害無益了。

這類半色情或全色情的戲曲小說，據歷代禁燬書目所載，總有一百五十種至兩百種左右。這些書的作者是誰？多半已不可考了；是誰出資刊印成書？有那些雕版印刷廠在出這些書？古籍裡也很少提到；提到的是這些書籍售賣的情形。

晚明人湯來賀在《內省齋文集》裡，說他小時候，大家只偷偷地買賣淫書，書賈把這些書藏在箱子的最底下。遇到熟識的人問，才取出來賣；這類淫書也因此被稱為「篋底書」。到了明天啟七年（西元一六二七年），湯來賀赴省城趕考時，看到城裡的書攤已經將這些篋底書公開擺出來賣了。可見明中葉時，有司查禁還十分嚴厲，到晚明最後十幾年時，這種有傷風化的行為，已到無人過問的情形。

明亡後，入主的清朝忙著平定南明勢力、平定三藩之亂，一時管不到書賈販賣何書之事，因而淫書的刊印售賣，竟猖獗到目無法紀的地步。乾隆元年（西元一七三六年），大臣便曾上奏說坊間：「淫詞穢說，疊架盈箱，列肆租賃。」（見清人俞正燮《癸巳存稿》卷九）面對這種淫書氾濫的情勢，清廷只有採取重罰的辦法來嚴查厲禁。

從康熙到同治，每個皇帝在位時，都曾不止一次地嚴敕有司查禁坊間刊印售賣淫詞小說，規定：「違者治罪，印者流，賣者徙。」規定：「如仍行造作刻印（淫書）者，係官革職，軍民杖一百、流三千里，市賣者杖一百、徙三年，該管官不行查出者，初次罰俸六個月，二次罰俸一年，三次降一級調用。」但這種雷厲風行的政令似乎並未收到預期的效果；正因為禁止無效，才需要一禁再禁。

在光緒三十三年七月初四日出版的《人鏡畫報》上，就有一則天津街頭書賈依舊售賣淫書的新聞：「津埠馬路一帶之擺設書攤者，隨在皆是，其表面設列各書，如封神演義、聊齋誌異、紅樓夢等，已在禁售之列，其餘種種淫蕩之劇本，幾至完備而無一缺點（「點」為「者」之誤）；尤可痛惡者，陰售極污穢、最淫邪之小說，敗俗傷風，莫斯為烈……。」在圖中描繪書商所售賣的各種小說裡，依稀可見《隋煬帝艷史》、《杏花天》、《耶蒲緣（肉蒲團）》、《綠野仙蹤》、《燈草和尚》等淫書，置放於桌上的木箱子裡，因而至今仍流傳於世。

對於撲滅淫書，除了有司三令五申地一再查禁外，社會上也有許多衛道之士，看到淫書就買就燒。像清中葉時，主持蘇州紫陽書院的石韞玉，就是個專燒淫書之人。據《池上草堂筆記》的作者梁恭辰說，石韞玉在年輕時，家裡設有一個專燒淫詞艷曲的焚化爐，稱作「孽海」，只要看到這類有傷風化的書，他就買回去燒了，他燒淫書燒了數十年，結果在乾隆五十五年時考中狀元。梁恭辰以為石韞玉考中狀元是幾十年燒淫書、積功德所致。

晚清人羊朱翁《耳郵》卷四裡，也有一個類似的故事，說「揚州諸生王姓者，素剛正，聞非禮之言，則掩耳走；見淫書淫畫，雖他人之物，必奪而焚之。丙子（光緒二年，西元一八七六年）秋得赴省試，而苦無貲；貸於友，莫之應，惘然而返。忽見地攤上有書數本，取視，乃金瓶梅也；怒曰：此物公然出售歟？適袖尚有青蚨（銅板）數百，遂買之歸，呼妻取火來，火至，將投之火，忽一紙飄墜，乃某銀號一千兩之券也。夫婦驚異，又檢視得書一函。生閱之，笑曰，此貪官贓吏之物，用之何害，遂取其銀而赴試……。」這是另一則燒淫書獲善報的例子。

和燒燬淫書獲善報相對的，是售賣淫書遭天譴。明人熊大木《日記故事全集》裡，就有一則〈淫書被燒〉的警世故事說：「江南有書賈朱祥者，好刻淫書小說及春宮畫像；友人皆勸以不宜刻此等害人之物，朱笑以為迂。不數年，目雙瞽，妻女多有醜名。一日火起，朱以兩目不見，逃避不及，半身燒爛，哀號痛苦，三日而死。死時自悔曰：我刻淫書淫畫，害人不少，應該如此，願天下同業人，早早劈板燒書，勿似我今日模樣也。後妻女以家資燒盡，無所依靠，流入娼家，嗣亦絕。」售淫書者這樣的下場，真可謂驚心怵目了。

在清朝時風行於下層社會的勸善書《玉歷寶鈔勸世文》裡，也說「藏貯悖謬淫書」之人，死後要在陰間第六殿下城王所轄的地獄中，飽嘗糞污屎浸、剝皮腰斬、鉗嘴含針、銜火閉喉等十六種苦刑，「畫春宮、作淫書」的人，也要在第九殿平等王的殿上「用空心銅柱，鍊其手足相抱，搧火焚燒燙爐心肝，遍受小獄諸刑（包括敲骨灼身、抽筋擂骨、身濺熱油、腦箍拔舌等十六種酷刑）」之後，「落足發入阿鼻大獄，刀穿肺腑，自口含心，漸漸陷下獄底，受痛無休……。」

在這樣嚴酷的責罰和天譴之下，中國為什麼還有那麼多的色情小說流傳至今呢？

春畫畫家是個謎

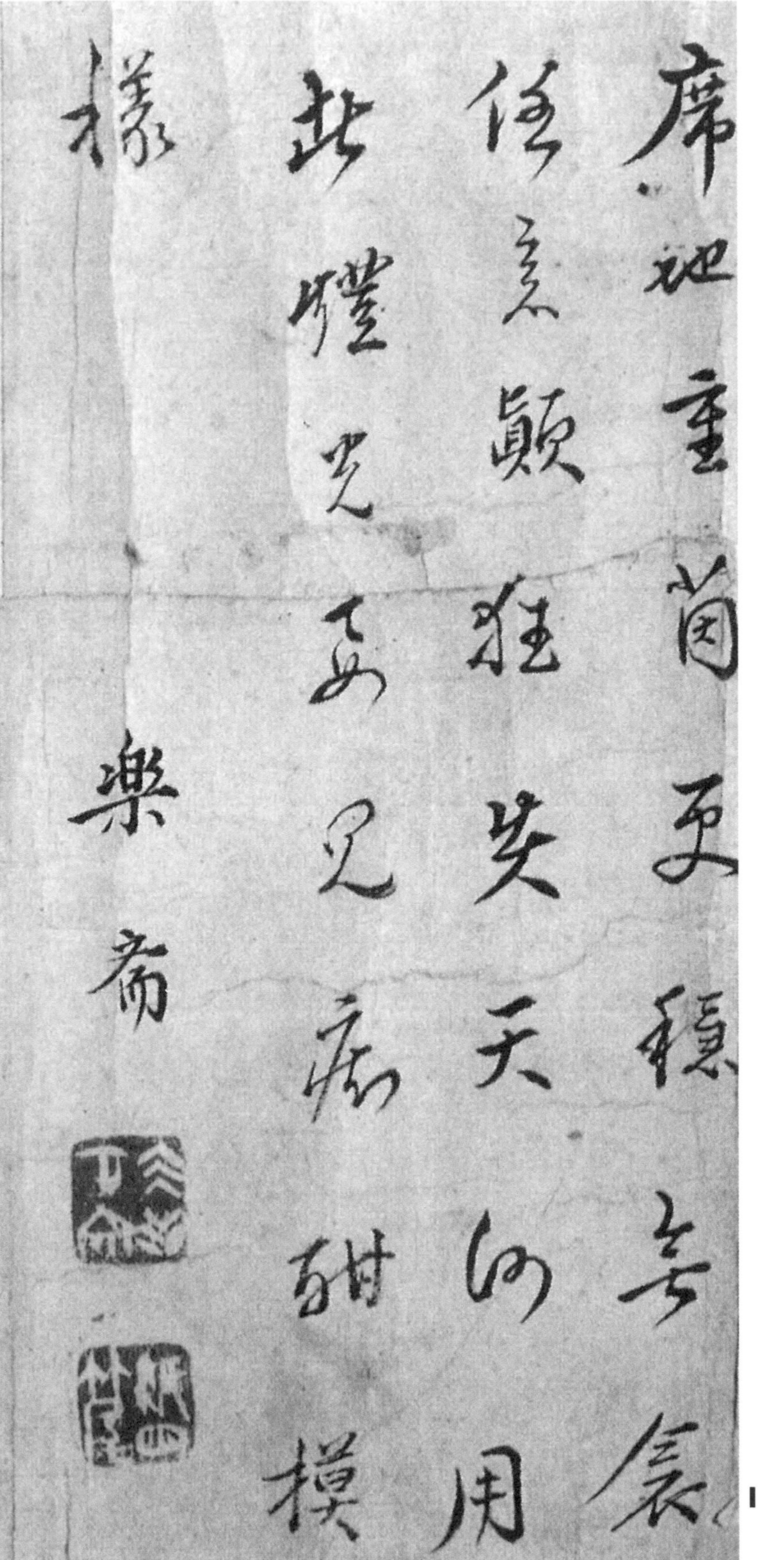

古代中國春畫大多沒有畫家的署名。（明朝佚名紙本春畫）

春畫在中國一向被視為晦淫之物（其實它還有宗教辟邪的功能和性教育的意義），因此絕大多數傳世的春畫上，都沒有畫家的署名。這些作品都是誰畫的呢？沒有簽名的春畫，往往只能依繪畫風格大致訂出創作的年代；如果想再進一步推測是誰的作品，除了要具備對古畫高度的鑑賞力外，還要對這些祕戲圖的繪畫者的作品風格下過很深的研究工夫，從而建立比較客觀的標準。但是前面說過，繪祕戲圖者既不簽名，後人就很難斷定什麼是他的真蹟、什麼是他的畫風了。春畫畫家個人畫風既無從建立，如何斷言那一幅是某人所畫的呢？

另一個可行的辦法是從談論繪畫的著錄裡去搜尋，看書上說誰曾經畫過，而後再從這些人所畫的其他可靠的非色情作品，了解他的畫風，再拿無款春畫作比較研究，判斷那些可能是他所畫的。當然，如果書中提到的那些祕戲畫家，沒有其他真蹟傳世，還是無從了解其畫風，更不用說正確地把一些無款春畫歸入他的名下了；而我們所面臨的，正是這種情形。

雖然不能正確地替無款春畫找到原創作者，但知道古代中國誰曾畫過春畫，畫過那些春畫，是深入了解這類作品所必定要先下的工夫。

中國第一個畫春畫而留名的畫家是唐人周昉。據明人顧復《平生壯觀》卷六說，周昉曾畫過〈春宵祕戲圖〉。這位晚明的大鑑賞家在看過〈春宵祕戲圖〉後，曾作如下的描述：〈春宵祕戲圖〉是畫在絹上的，絹高尺餘（約四十公分），長兩尺餘（約七十公分），是個橫卷；畫面上的人物約有五寸（不到二十公分）高。圖裡畫了一男五女，其中一個白皙豐潤的女人正臥在矮榻上，身旁有兩個眉目含春的侍女，托著她的頸臂和大腿，迎向坐在四輪方車上正欲「衝鋒陷陣」的男人；另外一位侍女站在車後，往來推送，極盡豔情之能事。這幅畫衣紋古簡，一定是唐人畫風，畫的可能是武則天皇后與情夫薛敖曹，也有人說是唐明皇和楊貴妃的故事。

〈春宵祕戲圖〉上雖然沒有唐、宋人的收藏印（從現存的其他春畫來看，一般中國人似乎沒有在自己收藏的春畫上蓋收藏印的勇氣和習慣，頂多是蓋上不具姓名的「閒章」而已）。但據明朝中葉的大畫家文徵明在這幅作品上所題的跋語，文徵明斷定最少這是一幅模仿周昉畫風的唐人傑作。可惜傳為周昉所畫的這幅〈春宵祕戲圖〉，如今

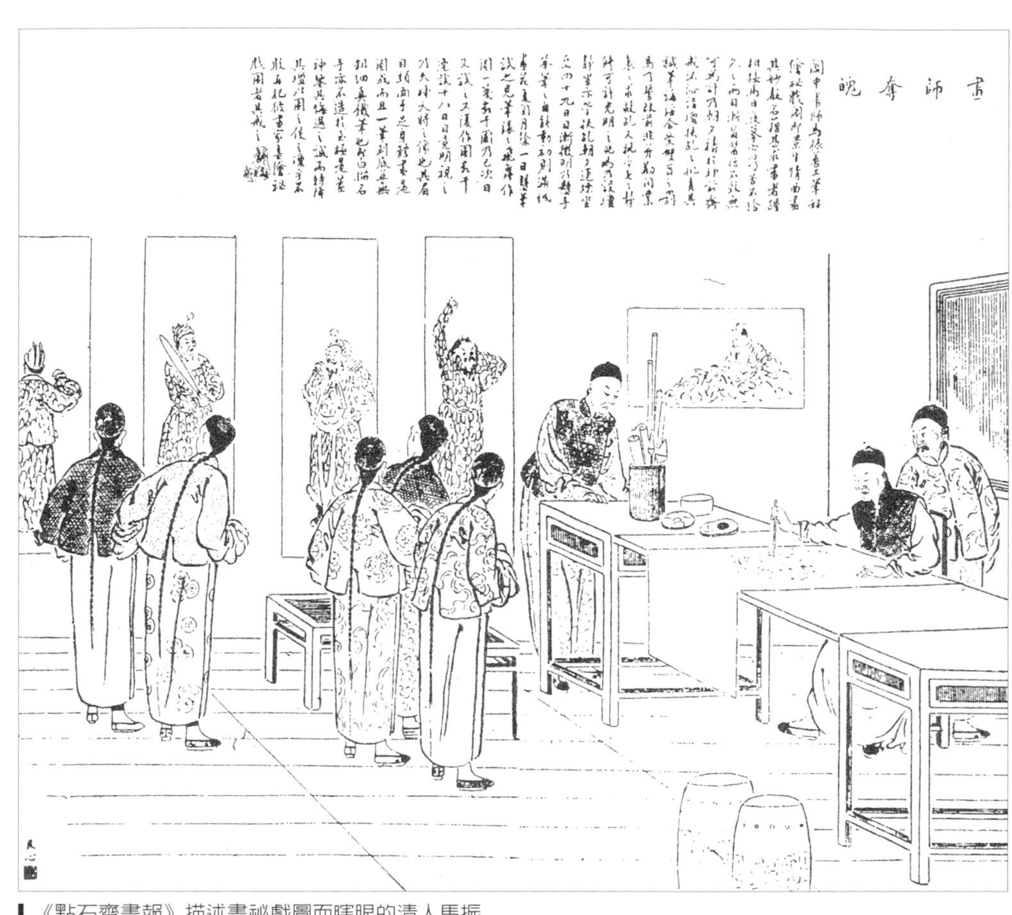

《點石齋畫報》描述畫祕戲圖而瞎眼的清人馬振

已下落不明了。

宋朝人在理學教條的規範下，雖然諱談淫穢之事，但是當時畫家照樣有祕戲之作，宋無名氏〈熙陵幸小周后圖〉就是個例子。

這是描寫宋太宗趙匡義逼姦南唐李後主小周后的情景，在明人沈德符《野獲篇》上說：「宋人畫〈熙陵幸小周后圖〉。太宗戴幞頭，面黔黑而體肥，周后肢體纖弱，數宮女抱持之，周后有蹙額不勝之態。」把被強暴的神情姿態都畫出來了，可見這幅祕戲圖畫得相當精彩。

在這幅畫上還有元人馮海粟的題詩：「江南賸有李花開，也被君王強折來；怪底金風吹地起，御園紅紫滿龍堆。」意思是說宋太宗強姦別人的老婆，他的後代（宋徽宗、欽宗和宗室三千人）也被金人強姦得一塌糊塗，這真是一報還一報哪！

元朝初年，大畫家趙孟頫似乎曾畫過

祕戲圖。明末的色情小說《肉蒲團》第二回裡，就提到蘇州畫舖出售傳為趙孟頫所畫三十六張一套的春宮圖冊；此外，在明天啟五年（西元一六二四年）刊行的祕戲圖冊《鴛鴦祕譜》的序文裡，也提到趙孟頫畫春宮圖的事。雖然缺乏實物來證明上述記載的真偽，但趙孟頫既然不惜以趙宋宗室之尊而入仕元朝，那他以自己熟練的人物畫技法畫一些春畫，來籠絡好色的韃靼權貴，也是極有可能的事。

明朝時的春畫作家，首推唐寅（伯虎）和仇英（十洲）兩人。

唐伯虎（西元一四七〇至一五二三年）是個狂放不羈而又才情橫溢的畫家，他曾自鐫一章曰「江南第一風流才子」，亦可見其人玩世不恭的瀟灑態度了。唐伯虎的仕女畫以用筆細密秀潤、設色妍麗典雅而見長，至今有〈孟宮蜀妓圖〉、〈班姬團扇圖〉、〈嫦娥奔月圖〉等作品傳世。但其大幅絹本的祕戲圖已不可見了。小幅的作品，據說於明神宗萬曆三十四年（西元一六〇六年）刊印的色情版畫《風流絕暢圖》冊（現存日本），就是徽派刻工黃一明根據唐伯虎的原作所摹刻的。

比唐寅稍晚的仇英，雖然出身於漆工，但卻肯苦學，從臨摹古人下手，兼取各家之長，熔於一爐而創出自己精麗秀雅的風格，終與沈周、文徵明、唐寅齊名，合為明代四大畫家。仇十洲的大幅絹本春畫，據說今藏北平故宮的一套《燕寢怡情圖》是他的真跡。此外，他還有一些絹本設色的斗方小品傳世，其中一幅畫得很含蓄，在江岸蘆荻間有一條小船，船上的男子立起求歡，坐著的女人正推拒著，而舟旁水面浮起一隻野鴨，仰首愕然，神韻生動。

唐、仇二人都擅長於精緻的工筆人物，且能在寫實之外，兼顧繪畫的神韻和詩境；更重要的是，他們的春畫對後世一些技巧較差、卻以繪製春畫餬口的職業畫家，提供了模擬的最佳典範，因此把晚明清初的春畫水準，整個地提高了。上述《風流絕暢圖》冊由繪畫而刻印，就是一個很好的例子。

清朝時的祕畫能手，留下名字的比較多，從文獻記載上來看，至少包括了清初浙西的石濂和尚、太倉的王式（無悅），清中葉大同的馬相舜（聖治、舜治）、關中的馬振和蘇州的顧畹香等人。

石濂和尚俗姓徐，明末清初人，本籍浙西，後居廣州長春菴，因為擅長丹青、工人物畫，遂作春宮以邀權貴。他最初跟屈大均等人交好，後來反目成仇，屈大均便寫文章攻訐石濂和尚偷詩及畫春宮導淫之事；後來潘耒遊粵，不為石濂所禮遇，潘也揭發其諸般不法之事（包括出家人犯淫，私通安南等等），於是石濂和尚被廣東廉使吳興祚（留邨）逮捕下獄，而後押回原籍，死於常山途次。這大約是發生於清康熙四十一年至四十四年（西元一七〇二至一七〇五年）的事。

屈大均在〈花怪〉一文中說：「吾聞禪者（指石濂和尚）工繪事，每為當路士大夫作春圖，舉閨房之祕戲曲折，一一得其精微……。即至好色人不能擬諸形容者，而禪者乃能無微不顯、無幽不出，盡其神而窮其變……。」他在回覆石濂和尚的信（〈屈翁山復石濂書〉）裡也譏諷對方說：「應酬之暇，即以淡繪蛾眉、濃描黛綠為事；作金釵之十二行、備房中之二十四法，素女仰伏之態，極其形容；牡丹採戰之神，窮其鉤索……。」若非屈某的攻擊文字，後人也許只知道石濂和尚寫過《海外紀事》（六卷）、《五燈會元》等書，未必知道他還是祕戲圖的創作能手。

太倉王式也是明末清初人，在明人藍瑛與清人謝彬纂輯的《圖繪寶鑑續纂》卷二裡，曾說：「王式，字無倪，太倉人，善畫宮妝美女，春宮尤妙。」

清人張庚《國朝畫徵錄》卷中，也提到王式和馬相舜擅畫春宮之事：「祕戲圖，不知作俑於何人……，大同馬相舜，字聖治；太倉王式，字無倪，其最著者也。嘗見一小冊八頁，人身僅三寸許，眉睫瑟瑟然欲動，眷戀燕昵之態，如喃喃作聲。至其布置種種，鉤勒點染，悉本宋人法，有嫣媚古雅之趣，無刻劃板實之習。又見手卷一，人身長八、九寸，多畫西番、北狄之狀，最動蕩人心目，其手筆均不與仇英類，其王、馬之徒之作歟！」可惜這樣的描寫，仍無助於我們對馬相舜、王無倪等人畫風的建立。

清中葉道光時人馬振擅畫祕戲之事，則見載於清人庸訥居士《咫聞錄》卷六：「關中馬振，近時畫家之著名者也，善工筆，一時風氣凡饋大憲禮，必有祕戲圖冊，而馬振之所畫者，……其值增至六六之數……。」馬振因日夜摹寫工筆祕戲圖，使用目力過度，竟把眼睛弄瞎了，衛道之士便紛傳他是遭天譴，他也扶乩禱神懺悔，後來才恢復視力。《咫聞錄》說：「於是（馬振）日夜摹寫，兩目成聲。……朝夕禱神，齋戒沐浴，詣壇扶乩，批曰：『名號丹青品至清，如何穢筆繪淫行？戒人以色人知戒，滋慾焉能不瞎睛？』馬又求曰：『嗣後當痛改前非，並勸友人亦不繪祕戲圖矣，求神救之。』（神）又批曰：『子非害病瞎雙睛，藥石何能挽此盲？七七靜修斷外慕，雲收霧去月光明。』馬乃設壇靜坐，亦學扶乩，朝夕運煉，坐至四十九日，前之不知朝暮，今見往來人影矣，乃懸手舉筆，筆自能動。初則滿紙畫花，後靜坐月餘，一日懸筆試之，見筆滾滾飛舞作圈，一籛數千圈而已。次日又試之，又復作圈數千，連試十八日，目竟明，視之，乃天神天將之像也。其眉目頭面、手足身體，盡是圈成，而且一筆到底，並無粗細，真鐵筆也。……從此馬振不圖淫形……。」這一則神奇的故事，曾被當成新聞刊登在上海《點石齋畫報》上。

和馬振一樣因畫祕戲圖而遭報應，最後痛改前非的是清中葉蘇州人顧畹香。據《點石齋畫報》載，顧畹香有三個女兒，年紀都已十五六七了，有一天顧某外出，女兒翻看他的畫稿，看到有一冊《繡像南樓記》，裡面全是顧畹香所繪祕戲圖。三個女兒又害羞又要看，結果鄰居少年聞聲扶梯攀上板壁，偷看顧家閨女之舉。正在此時，少年的一個朋友進來，開玩笑地用雞毛撣子把他的帽子一挑，掉到顧家來了。

三位少女一看有人，匆匆跑出畫室，顧畹香回來一看桌上零亂，旁邊還有男人的帽子，才醒悟自己平日戲筆作春畫的罪過，便把所有以前畫的祕戲圖全部燒掉了。

由馬振和顧畹香的故事，也可見一般中國人對祕戲圖所抱持的態度，難怪古代中國許多春宮畫家都不敢在自己的作品上簽名了。

▌顧畹香女兒翻看其父春畫手稿情景（《點石齋畫報》）

明清的色情版畫

由於手繪的紙本或絹本春畫價值昂貴，因此絕非一般人家所能擁有。在明朝萬曆年間（西元一五七三至一六一九年）刊印的《金瓶梅詞話》第十三回裡，提到山東清河縣的土財主西門慶，勾引了友人花子虛的老婆李瓶兒，瓶兒為了討好情夫，把丈夫得自淨身為宦的伯父從皇宮內取出的春宮冊子，在幽會時取出來助興。西門慶看了之後愛不忍釋，還特地借了回去，在愛妾潘金蓮面前獻寶。以豪富如西門慶者，平素尚且不易得見此類祕戲圖而珍若拱璧，更何況一般人了。

但隨著宋元以來木刻版印的技術逐漸地改進，到了明朝中葉以後，上述情況已逐漸改觀。由於版畫可以大量複印的特性，降低了它的價格，使得更多的市井小民，能夠欣賞並擁有一些木刻的色情版畫。

明朝木刻的色情版畫，大致可分兩類：一是附屬於戲曲小說中的插畫（也稱作「繡像」），一是獨立的、為色情而色情的祕戲圖冊。

先談第一類色情戲曲小說的木刻插畫。隨著經濟的繁榮和物質生活水準的提高，作為休閒娛樂的戲曲小說，在明中葉以後開始大行其道。為了迎合大眾口味，其中便不乏豔情的描述，而作為這些文學作品的插畫，隨著文字的描寫，自然就產生了部分色情作品。像明弘治十一年（西元一四九八年）北京金臺岳家刊印的《奇妙全相注釋西廂記》、崇禎四年（西元一六三一年）人瑞堂刊印的《新鐫全像通俗演義隋煬帝艷史》、崇禎年間刊印的《金瓶梅詞話》等等，都有部分色情木刻版畫。上述繡像往往為了降低成本，以便大量傾銷，而在繪、刻、印上都比較馬虎；但這些比較粗俗的作品，卻也另有一番古樸拙稚的趣味。

《風流絕暢圖》木刻版畫

和上述戲曲小說中的繡像比起來，獨立於文學之外的木刻本祕戲圖冊，就大膽而精緻多了。現今所知明中葉以後刊印的這類圖冊，至少有下列數種：

風流絕暢圖，一冊廿四幅，彩色套印，萬曆卅四年刊本。

花營錦陣圖，一冊廿四幅，彩色套印，萬曆間刊本。

鴛鴦祕譜圖，一冊卅餘幅，彩色套印，天啟四年刊本。

江南銷夏圖，幅數待考，朱色單色印，明末清初刊本。

上述祕戲圖冊，除了最後一種是有圖無文、單色印刷外，其他都是半頁圖畫、半頁詩文，以文解圖，並且用五彩套色精印的連環圖冊；集全國首富之區——江南地區繪、刻、印最高技巧於一堂，充份表現出作為中國版畫史上黃金時代（約從明萬曆以後到清初為止）的一流傑作。更值得注意的是，這種連環圖冊的設計，打破了單幅作品

明中末葉木刻版畫

的靜態感，串連成一個進行發展的情節，其間的起承轉合能帶給觀者最大的視覺滿足。

此外，這類木刻本祕戲連環圖冊，還有在崇禎三年（西元一六三〇年）刊印的《繁華麗錦》，和《青樓剟景》、《家隱祕傳》、《洞房春意》等等。據荷蘭學者高羅佩（Van Gulik）的估計，一共約還有二十冊左右，為中日收藏家所珍藏。在西元一九五〇年前後，高氏還在日本的一家古董店裡，購得《花營錦陣》初印時所使用的二十四片木版。高氏今已作古（西元一九一〇至一九六七年），這批珍貴的木版，大約也和他其餘的藏品（包括了一些罕見的中國房內醫書、道教祕典和色情小說），一同從他在日本的書齋「尊明閣」漂洋渡海，運往高氏在荷蘭海牙的老家中了吧！

清代以後的木刻色情版畫，存世的數量相當不少；此類作品以河北省天津楊柳青所印製者最是膾炙人口。晚清陳蓮痕《京華春夢錄》裡就說：「曲院艷姝，偶有藏祕戲圖像者，酒酣忘形，昵所懽坐牀頭偷玩之，亦溫柔鄉之趣事也……今如廊房頭條之燈畫舖皆有出售，上者繡以紡巾，次者圖以素紙，價雖不昂，特非熟稔，雖重金勿予。顧尚不足稱佳品，其最精貴者，則產於津沽所屬之楊柳青鎮。是鎮擅此盛名垂數百年未替，大都出自閨秀手，故能工細蔑倫也。」

楊柳青的版畫早在明朝萬曆年間就有了，當時的畫舖有「戴廉增」、「齊健隆」兩家。但明中末葉全國雕版印刷的中心是在江南，以金陵、蘇州、杭州為重鎮，楊柳青的版畫一直要到清朝康熙末年，才逐漸嶄露頭角，取代了明中葉以來江南地區版畫的獨霸地位。

楊柳青的版畫以年畫神禡為主，也有部分的連環春宮圖，夾在年畫之中，以辟火、辟邪為名而兜售給愛好者。這類作品通常只有六十四開大，以十二張或二十四張連環圖來敘述一個故事，圖上有簡單的文字來交代故事。這類色情版畫和前述《風流絕暢圖》等等祕戲圖冊有師承的淵緣關係，不同的是明代的五彩套色是把顏色刷在木版上，一塊版刷一種顏色，分好幾次套印而成，清朝時楊柳青版畫則是半印半繪，用一塊大版印出圖畫的全部輪廓線，然後由人工點染填色。為了方便起見，上色時一人只負責填一種色彩，由好幾個人分工合作完成全圖的塗色工作。楊柳青色情版畫只是一種家庭副業性質的產品，敷色的工作往往由當地的婦女來擔任（男人要下田種地或做工做事），母親領著女兒、婆婆帶著媳婦一同來填色，因此楊柳青的色情版畫還博得了「女兒春」的雅號哩！

楊柳青的版畫到光緒十年（西元一八八五年）時，發展到了極盛。以後就因受到西洋機器石印的艷彩「洋畫」的激烈競爭，和清廷因對外戰爭失利，屢屢賠款，因而加重賦稅下所造成農村經濟凋敝的雙重打擊，逐漸停滯而式微了。

《風流絕暢圖》木刻版畫

形形色色的祕戲圖

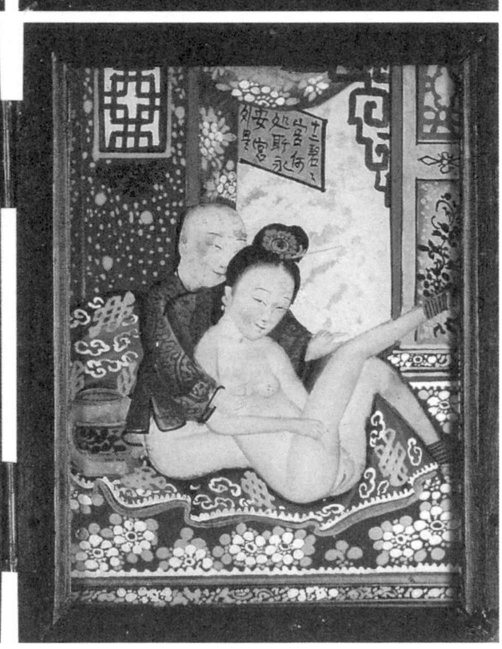

清中末葉時廣東生產專供外銷的嵌鏡式祕戲圖。

古代中國藝術家對祕戲圖的創作，要比後人所想像的更為熱衷，今人所習見的這類作品，多半是畫在紙上或絹上的春宮圖；除了紙和絹本外，古代中國祕戲圖的表達方式還有那些呢？以下就文獻資料略作說明。

壁畫　漢唐間的中國藝術家往往在牆壁上作畫，這是因為當時絹和紙都非常昂貴的緣故；這些牆上的藝術，當然也包括了祕戲圖在內。像西漢宣帝的宗室廣川王劉海陽，就曾「畫屋為男女贏（裸）交接，置酒請諸父姊妹飲，令仰觀圖。」（見《前漢書》卷五十三，景十三王傳）廣川在今河北省棗強縣東三十里，在此受封的劉海陽居然還曉得「獨樂樂不如眾樂樂」的道理，把伯伯叔叔和自己姊妹一齊請來觀賞壁上的春畫。又據明人沈德符《敝帚軒剩語》卷中〈春畫〉一則說，南北朝時的齊後廢帝也曾「於潘妃諸閣壁圖男女私褻之狀。」可惜這些壁畫，早就因歷代戰火而跟建築物本身一齊蕩然無存了。

蛤殼畫　從出土文物考察，中國人在東周晚期的戰國時代，已開始在蚌蛤的殼上作畫了；美國克里夫蘭美術館，便珍藏了兩個用彩筆繪有打獵情景的蚌蛤，年代約在東周末期或西漢初年。這類蚌殼畫大多是靠海附近居民的作品，裡面也有些是畫男女交歡之圖的。據明人李詡《戒菴老人漫筆》卷一說，明朝時人便曾在古墓裡挖出許多畫有祕戲圖的蛤殼：「青州（今山東臨淄、益都一帶）城北四十餘里、豐山下麥地（田）古塚，得厚蛤壳（原註：俗謂之「綿歪巵」者，蘇人謂之「倉蒲」）四、五千枚，以錦綺重重間鋪。錦皆毀化、壳背隨尖凋，就臍作嘴。二目、雙角，短長異狀，皆為鳥形。以漆畫之。每壳中各色畫樹木人物……，餘率倮形男女交感，橫斜俯仰、上下異態，不可具言，男間有作回回貌，并椎髻者。婦人或散髮在後，長乳尖足，毛竅陰陽之物顯然，抱持牽挽；一壳多者至十數對，正類今之春畫。」李詡在文末說「或是北朝時魔鎮物」，這話只說對了一半，它們是魔鎮物，卻並非南北朝時的東西，因為回教是唐朝時傳入我國的，南北朝時，地球上還沒有回教哩！但不管是唐墓也好，是宋墓也好，這段記載告訴我們古代中國人曾在蚌殼上畫過祕戲圖。

版畫　雕版印刷起源於唐末五代，到了北宋時，版刻的書籍、皇曆、年畫和神禡，已大量普及於民間了（參見宋人孟元老《東京夢華錄》卷十〈十二月〉一則）。版畫具備了物美價廉和能夠大量生產的兩大特色。當時從事手繪春畫的藝術家和商人，想必立刻採用這些優點來從事色情版畫的創作了。

但傳世的色情版畫只能上溯到明朝，明朝時有作為淫畫插圖的色情版畫（如《隋煬帝艷史》、《金瓶梅詞話》等等），也有一圖一文（詩）集二十四圖或三十六圖合為一個完整故事的色情版畫（如《風流絕暢圖》、《花營錦陣圖》、《江南銷夏圖》等等），更有印成「春意酒牌」（類似今日的裸女撲克牌），男女在深閨中抽到那一張，便照那張上面所繪姿式而交歡者（這種玩法見載於清初人李漁《肉蒲團》卷四）……，真是形形色色，不一而足。

玻璃罩畫　在玻璃上作畫，似乎是清朝初年時在嶺南兩廣所興起的一種藝術；清初人士王士禎《漁洋夜譚》裡，有一則「畫版」便說：「洋畫以京師為最……，至人物則以廣南玻璃畫為獨步，面目鬚髮，躍躍有欲飛之勢。」筆者於本書談到〈福建兩廣的女同性戀風俗〉一文中，曾介紹了一幅清朝時描寫女同性戀的玻璃畫，相信畫家也是嶺南人，並且直以嶺南的女同性戀為題材而作畫。

清乾隆年間瓷夜壺上燒繪的春宮圖

另外，在清中葉人陳森的《品花寶鑑》第三十四回裡，也提到玻璃畫，並且畫的是祕戲圖：「（魏）聘才新製了一架玻璃燈屏，擺在炕上，畫著二十四齣春畫……。」這部狎邪小說有大半的故事是以廣州為背景，似乎也證實了王士禎所云清朝時廣南以玻璃畫著稱於世，是相當可靠的論調。

活春宮　上述祕戲圖全是平面的，古代中國還有立體的祕戲圖，並且內藏機關，能夠自己表演動作。清初人李斗「揚州畫舫錄」卷六裡，提到當時揚州鹽商富可敵國，競誇奢靡，有的人吃一頓飯要花數十萬錢，有的人養狗養馬養蘭花，有的人「以木作裸體婦人，動以機關，置諸齋閣，往往座客為之驚避。」這是木製的祕戲圖，還有牙雕的；清初人紀曉嵐《閱微草堂筆記》卷八云：「丹陽縣署……前官幕友某……有雕牙祕像一盒，腹有機輪，自能運動，恆置枕函中，時出以戲玩。」

當然，也有些立體的祕戲圖是不會動的，像清朝中葉以迄民國以後無錫捏泥的祕戲圖，大陸北方捏江米人兒的祕戲圖（清人捧花生描寫南京妓女生活的《畫舫餘譚》裡便曾說：「擘兩半胡桃，去其肉而空其中，紐以細熟銅絲，俾可開闔，中用五色粉糍，捏成祕戲圖，掛之牀帳，巾舄皆具，向見於某姬家；不滿方寸之地，而陳設秩如，神情宛若，亦小技之精絕者。」文中所云五色粉糍，就是臺灣所謂的捏麵人，大陸所稱的捏江米人兒）等等，這些形形色色的祕戲圖，正足以說明古代中國人對祕戲圖一事也頗為偏好哩！

街頭巷尾的風情

《人鏡畫報》上呼籲禁絕天津街頭講述風流故事的藝人

中國人雖然是一個對「性」採取保守態度的民族，但也不如一般人所想像的那樣保守；在許多公開的場合裡，仍有一些跑江湖的賣藝人，靠著說葷笑話和風流故事、演唱淫曲小調以招徠顧客，藉以博取餬口之資。

先介紹說葷話的賣藝人。在清光緒三十三年九月七日出版的《人鏡畫報》上，有一則關於天津南市街頭出現了說葷話藝人的新聞：「自南市開闢以來，游人如鯽，異常熱鬧，終日喧囂，有如廟會。近有一種無業流氓，誘集多人童幼圍觀，據地而談，滿口都是淫聲穢語，不堪入耳……。」

怎樣的淫聲穢語呢？竟能吸引得人駐足圍聽，為了繼續往下聽而掏出懷裡的錢來，據從小在北平、天津長大的名小說家子于先生所述，在北平天橋下，有位用沙寫字的藝人，抓一把沙，從紙縫漏下，能寫出真草篆隸來，而且見著工夫。寫著寫著，先寫個「入」字，下頭跟著寫了個「肉」字；寫好了，歪著脖子左看右看，再抬起頭來看看四周的顧客說：當初造字的人考慮不周詳，就拿這個字來說吧，入肉是專說男女辦那件事，可是那邊的老先生正把地瓜朝嘴裡塞，不也是入肉嗎？

還有說落地相聲的，兩人一個鬥哏，一個捧哏，說老天造人造得巧，問怎麼巧，說腳面朝前造得巧，不然的話走路會給後頭的人踩著。又說鼻孔造得巧。問怎麼巧，說幸虧是朝下，若鼻孔朝天，下雨時可就慘啦！說可是眉毛造得不對，問怎麼不對，說眉毛應該生在手指頭上，這樣才好刷牙。又說這耳朵也生錯地方啦，問該生在那兒？說該生在胯骨兩邊，說這樣子玩相公時才有把手好抓。

還有說葷笑話的，全說《笑林廣記》上的笑話，故事雖然是早就聽過的，可是一經他們的嘴說出來，又有聲音又有動作，硬是不一樣。

民國二十八年，揚州城裡也有一位能表演色情口技的藝人，據杜負翁《蝸涎集續集》卷八〈隔壁戲〉一則裡說：「演此口技者無多，在吾鄉（揚州）為日人淪陷前後，聞有名老癟子者，以此為業，恆於娼家演之，惜語多猥褻……。」

這類說葷笑話、葷故事的藝人，可以上溯到唐朝中葉時，執俗講牛耳的文溆和尚。據唐德宗時的宰相趙璘在其《因話錄》卷四說：「有文溆僧者，公為聚眾譚說，假託經論，所言無非淫穢鄙褻之事。不逞之徒轉相鼓扇扶樹，愚夫治婦樂聞其說，聽者填咽。寺舍瞻禮崇奉，呼為和尚。」到了北宋時，汴京也有個說諢話的張山人，所說也無非風月之事（見孟元老《東京夢華錄》卷五〈京瓦伎藝〉條）。南宋杭城中也有個藝人蠻張四郎，擅說諢話（見周密《武林舊事》卷六〈諸色伎藝人〉條）。可惜他們所說諢話內容，古籍中並未提及。

拉洋片的藝人，也有些色情的把戲，這種玩藝兒也稱作「西洋景」或「西洋鏡」，因為鏡頭裡面的畫面大多是外國風景。拉洋片的人為了招徠顧客，往往在最後安插一兩張「大姑娘洗澡」或「妖精打架」的圖片。清光緒三年刊印的《增補都門紀略》裡，形容北平風俗的「都門雜詠」中有一首「西洋景」道：「西洋小畫妙無窮，千里山川掌握中；可笑不分人老幼，紛紛鏡裡看春宮。」後來民初《愛國報》上的〈燕市積弊〉一文裡，也批評拉洋片的說：「在早年，這種玩藝兒實在有傷風化，淨仗著饒頭（春冊）哄愚人的錢。」那一聲聲「唉！往裡頭瞧，往裡頭看」的吆喝聲，對男女老少還真是不可抗拒的招喚哩！

其次再談唱淫曲小調的藝人。這類淫曲以曲調、樂器之不同，可分唱俗曲小調、唱道情等等。

俗曲小調中的鹹水歌、繡荷包、剪靛花、窰調，大多是腔調冶蕩、唱詞褻穢之作。清同治年間刊印的《都門紀略》裡有一首〈唱窰調詩〉說：「愛唱淫詞窰調歌，街頭信口任開河，錯聽疑是讀家譜，或者出身履歷多。」正是形容北京下等妓院中人唱淫曲的情形。當時北京還有唱什不閑的，據清人富察敦崇《燕京歲時記》裡說：「什不閑有旦有丑而無生，所唱歌詞別有腔調，低徊婉轉，冶蕩不堪。」

上述是北京的情形，江南市鎮的街頭也不例外。據清人捧花生《畫舫餘譚》說，南京泮宮（學校）前，有一男一女「塗脂抹粉，手捻三尺長菸筒，扭捏作態，相與對唱繡荷包，及淫媟各小曲。」捧花生又說南京有灰糞船，長可三丈、闊四、五尺，平時裝運糞草，到了端午節時，刷洗乾淨了，載運觀賞競渡的遊客；舟子載運客人時，便唱淫褻山歌自娛娛人：「傖父四、五輩手握長篙，裸體圍尺布，相率唱淫褻山歌。三兩句內，必以『小娘子』、『海棠花』間之……。」這一段描寫讓人想起繡像小說《九美圖》（即《三笑姻緣》）裡，唐伯虎遊蘇州虎丘，看上了官船上的秋香，便坐上小船一路追去；船家邊搖櫓邊唱山歌的情景，在《九美圖》第四回裡，作者引述舟子米田共所唱山歌共有四首，抄錄兩首以見一斑：

一個姐姐生來俏身材，
有情有義的情郎走進來，
姐道郎啊！我這兩日嘴裡饞嘮，要想葷腥吃！
不得知我愛吃的東西可曾帶得來。

＊　＊

二八姐姐二八郎，
夜夜成雙共一床；
鴛鴦枕上說不盡多多少少風流話，
雲雨巫山會襄王。

這樣的山歌，比起明末馮夢龍所輯蘇州民謠《山歌》，算是十分含蓄的了。

晚清人百一居士在《壺天錄》卷中，也提到江南市鎮有人唱淫蕩的俗曲〈鹹水歌〉：「近世倡淫之端，指不勝屈，而禍之大、害之甚者，則惟鹹水歌、春意鏡為最烈。鹹水歌始於蛋戶，繼及民居，集惡語以為文，當通衢而散佈，高聲朗唱，邪音直達閨門，字淺值廉，毒乎先加童稚……。」

上海還有演唱淫穢花鼓戲的，據清中葉人楊光輔纂《淞南樂府》上說：「淞南好，官禁役生財，地棍盆堂牛劫數，村優花鼓婦淫媒，革俗待誰來？」註云：「男敲鑼、婦打兩頭鼓，和以胡琴笛板，所唱皆淫穢之詞，賓白亦用土語，村愚悉能通曉，曰花鼓戲。演必以夜，鄰村男女鍵戶往觀。」男女雜沓觀淫戲，自然容易滋生事端了。

至於唱道情的，常往來於鄉間，他們背著一個三尺多長的竹筒、一頭蒙蛇皮的漁鼓，從這村走到那村地賣唱，農民圍著他蹲在樹下，聽他左手臂抱漁鼓、手中掐著一副簡板，右手拍著鼓，扎嘣嘣、扎嘣嘣地邊敲打、邊講述《包公奇案》或《拍案驚奇》裡的某個故事；講一段唱一段拍一通，講唱了一兩個鐘頭，村民給他一點米、幾根醃蘿蔔或一點銅子兒，頂多事後招待他一頓飯。唱到天快黑了，老太太、小孩子都先回家來了，光剩下些男的，大夥兒圍攏得更近了，唱道情的人把嘣嘣嘣的漁鼓聲敲得更低沉，開始講唱那些結尾總是戒淫勸善的風流故事……。

近人羅香林《粵東之風》裡有一首〈笑脫牙〉說得好：「黃牛過坑角嵯嵯，十八老妹懶績麻；講到績麻心火起，講到風流笑脫牙。」如果不是大多數人都愛聽愛看這類的表演，街頭巷尾靠賣弄風情餬口藝人早就自動改行了，何至於氾濫到無時無之、無地無之的地步，而有勞關心風化的人一再地呼籲禁絕呢？

古代的煽情戲

《人鏡畫報》描寫天津鳴盛茶園男女雜坐觀看煽情戲

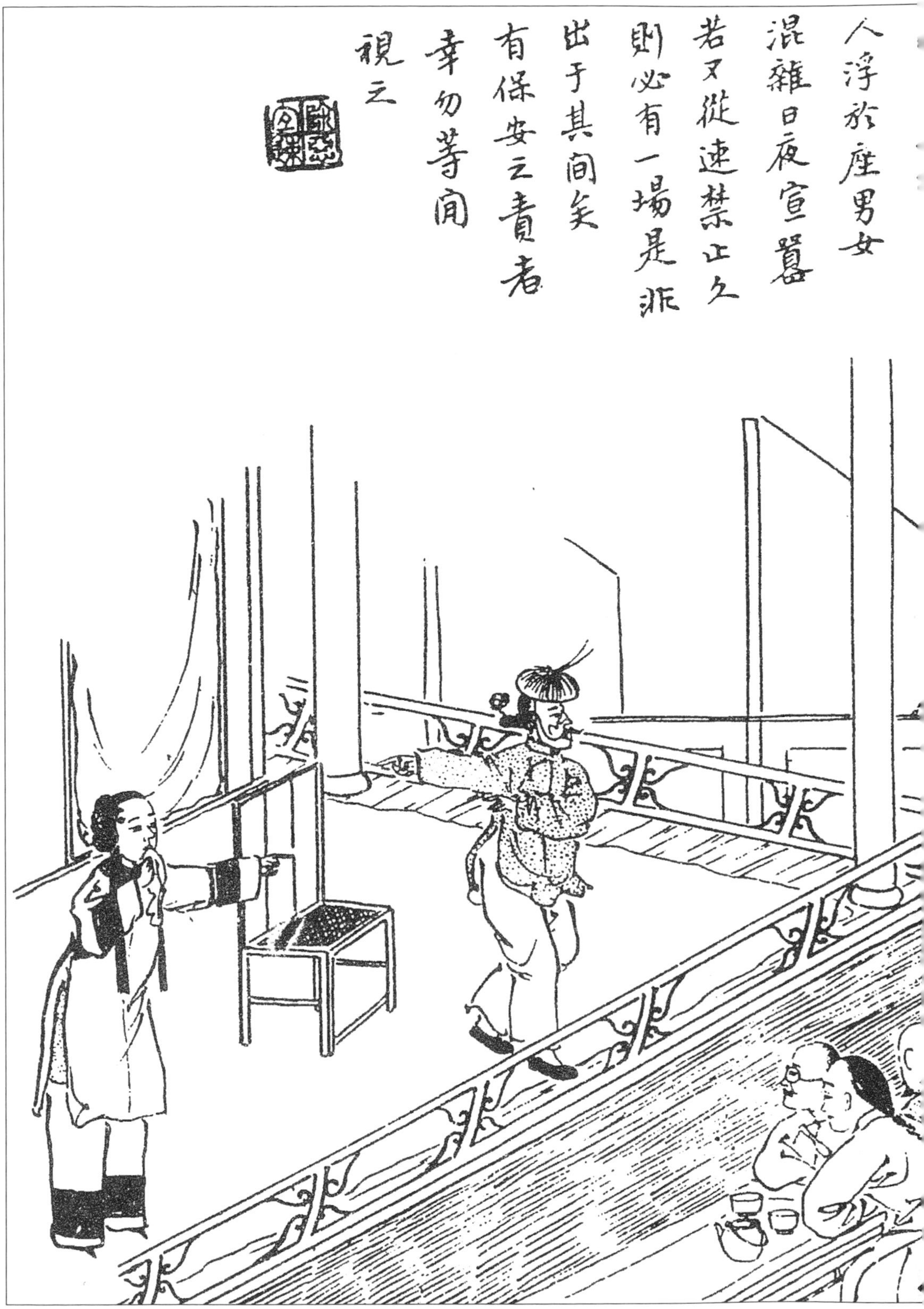
人浮於座男女
混雜日夜宣囂
若又從速禁止久
則必有一場是非
出于其間矣
有保安之責者
幸勿等閒
視之

在今天，一般人最尋常的娛樂是看電影或看電視，古代中國人則是聽戲；電影或電視裡，常有擁吻乃至床戲的描寫，古時候在茶館戲園或神廟前戲台上演出的各種地方戲裡，同樣也有許多齣煽情的淫戲。

戲園演淫戲是為了招徠顧客，因此每當要演這類戲時，常四處張貼海報，清初人吳長元《燕蘭小譜》（乾隆五十年刊本）上，就形容北京戲園子說：「近日歌樓演劇，冶艷成風，凡報條有『大鬧銷金帳』者（原註：以紅紙書所演之戲，貼於門牌，名曰『報條』），是日坐客必滿。」「大鬧銷金帳」不知是否扮演西門慶與潘金蓮的故事。

晚清《人鏡畫報》上，也有一幅新聞畫，描寫天津戲園在街道旁粘貼的報條上，乾脆明寫「淫戲」二字，以致往來市民爭相圍睹的情景。

淫戲真正開場時，又是怎樣的「盛況」呢？晚清百本張鈔本子弟書中，有一首北平俗曲〈鬍子譜〉，正是形容客人上戲園聽煽情戲的情景：「來至了廣德樓內擇單座，樓上面包了一張整桌會了錢，看座的假殷勤他遞和氣，抵搯壺茶說外打的開水香片毛尖。看了看已經過了開場軸子二、三齣，文武的戲兒他們嫌厭煩。猛聽得噹啷啷一聲手鑼響，個個機伶長笑顏，出場他每（們）認識拐磨子，毛三說這個浪旦的名子叫玉蘭，換場又是花旦的戲，最可愛挑簾裁衣的潘金蓮，此戲唱罷開軸子，果然演的肉蒲團，個個聽得皆得意，買了些瓜子勒刻藏餅一道滾完。」

這種情形到民國初年仍沒有改變，據民初學者胡樸安《中華全國風俗志》下篇卷一裡，談到天津的戲園子時說：「津埠……戲園隨在皆有，日夜開台，均男女合演，惜無甚名角。在租界各園，常演淫蕩過甚之劇，以迎合社會心理。」胡樸安只說演淫戲，沒說演什麼戲；清光緒三十三年八月二十二日印行的《人鏡畫報》裡，則說天津市南馬路鳴盛茶園「終日開台演戲，名曰哈哈腔，醜態淫聲，不堪聞見……。」哈哈腔也叫「喝喝腔」，原是河北涿縣各地農人所唱腔調，以四胡、鼓板為樂器，搬演情形與其他戲劇類似，所唱腔調詞句較為生僻，不如嘣嘣戲通俗。

北方的大城市如北平、天津，戲園演出煽情戲的情形已如上述，江南又如何呢？江南搬演淫戲的情形，從地方官三令五申的嚴飭厲禁就可略知一、二了。清人余治《得一錄》（同治八年序刊）卷十一裡，有一則〈翼化堂條約〉說：「梨園演劇，例所不禁，而淫戲害俗，則流毒實甚。特近世習俗移人，每逢觀劇，往往喜點風流淫戲，以相取樂……。」同卷「禁止花鼓串客戲議」條也說：「近日民間惡俗，其最足以導淫傷化者，莫如花鼓淫戲（原註：吳俗名攤簧，楚中名對對戲，寧波名串客班，江西名三腳班），所演者類皆鑽穴踰牆之事，言詞粗穢，煽動尤多……。」

《得一錄》卷十一裡，還說江南人在廟宇前演戲酬神時，往往也喜點淫戲，這種舉措是冒犯神明、褻瀆神明，必遭天譴。在〈京江誠意堂戒演淫戲說〉一則裡，就舉了一個實例：「甲午年（道光十四年）本郡（指京江，即今江蘇丹徒縣）嶽廟戲臺樓屋一進，突於十一月廿一日焚燬淨盡。人咸駭然，覺神廟不應如是，及推原其故，乃前一日鞋店演戲酬神，曾點挑簾裁衣、賣臙脂等淫戲，故廿一日晚，即有此異。核並無人，只貯戲箱數隻，竟不識火所自來。且台後木香亭，地至切近，而花藤絲毫無損，惟獨燬斯台，足見淫褻之上干神怒也……。」這樣的推論當然頗值商榷。

清中葉時，江南各地梨園戲館和廟會前搬演淫戲的盛況，從一長串淫戲的戲目也可略知一、二。《得一錄》卷十一〈永禁淫戲目單〉條列了八十齣淫戲，戲目如下：

晉陽宮　打花鼓　翠華宮　賣臙脂　打連相　別妻
服藥　關王廟　葡萄架　翠屏山　困龍船　捉垃圾
思春　倭袍　蕩河船　賣甲魚　前後誘　拾玉鐲
打櫻桃　思凡　下山　打麵缸　鬧花燈　唱山歌
賣橄欖　賣青炭　借茶　三笑　賣草囤　紅樓夢
把斗關　財星照　端午門　遊殿　送東　請宴
琴心　跳牆著棋　佳期　拷紅　長亭　齋飯　搬家
吃醋　挑簾裁衣　偷詩　三戲白牡丹　交賬　送禮
滾樓　月下琵琶　琴挑　追舟　私訂　定情　跌毬
奇箭　送燈　嫖院　梳粧擲戟　修腳　捉姦　爬灰
搖會　戲鳳　墜鞭入院　亭會　秋江　弔孝　背娃
吞舟　醉妃　扶頭　種情受吐　勸嫖　達旦　上坟
賣餅　踏月　窺醉

這些戲有些至今仍在上演，可見並不如想像中那麼不堪入耳。列此戲目的鄉紳在單後還說：「右誨淫各種戲文，如敢點演，立將班頭送官究責，或罰扣戲錢三千文，以儆將來。」不罰點淫戲的人，只罰演淫戲的人，還是欺軟怕硬。

淫戲並非清朝時才出現、才搬演，推想在元朝時，這類煽情戲就該盛行一時了；像元人王實甫的《西廂記》裡，就有幾段赤裸大膽的色情描寫；正因人們愛看，這類煽情戲才會出現。明中葉人陸容《菽園雜記》卷十二裡也說：「……譬之觀戲，有觀至關目處，或點頭、或按節、或感泣，此皆知音者，彼庸夫孺子，環列左右不解也。一遇優人插科打諢，作無恥狀，君子方為之羞，而彼則莫不歡笑自動，蓋此態固易動人，而彼所好者正在此耳。」明朝如此，元朝時想亦必如此，這是人同此心的事；奈何天下「庸夫孺子」比「知音君子」多。

對於梨園演出煽情戲，古代中國的官紳往往表現了過份的關切和疑慮，像前引《人鏡畫報》上的一則新聞畫「是非場」說：「戲園之賣女座已屬不可，乃更有履舄交錯、男女雜座者，則尤傷風敗俗之甚者也……。」今日的電影院那有男女分座的？在一片漆黑裡，也很少聽到有什麼非禮鄰座的新聞傳出，男女混座馬上就想到會傷風敗俗，那是神經過敏，《得一錄》卷十一〈禁止花鼓串客戲議〉一則中說：「今觀於某鄉，因演攤簧數日，兩月內屈指其地寡婦改醮者十四人；多係守節有年一旦改志者。更有守節十餘年，孤子年已近冠，素矢不嫁，而忽焉不安其室，托媒改醮者。」其實寡婦再嫁，在近日已無人非議，古代中國也不以為寡婦一定要守寡，逼寡婦守寡是宋朝末年以迄清朝末年這七百年裡的特殊現象（和五千年中國歷史比起來，七百年間的此一現象，當然只能算是「特殊」了）。寡婦守或不守，原本只是她個人的事，與是非善惡毫無瓜葛；旁人逼寡婦守寡把寡婦改嫁看成不貞或失節，那是不合情理的多管閒事。

對於古代中國梨園戲館或廟會前的戲台上「屢禁屢演」煽情戲一事，有司大概也束手無策吧。孔子不是曾經說過嗎：「吾未見好德如好色者也。」這句話一針見血地道盡了後世煽情戲無法禁絕的癥結所在。

《人鏡畫報》描寫天津居民爭看淫戲海報的情景

古代中國邊疆民族的性愛與婚姻

在浩瀚的古籍裡，有許多關於邊疆民族性愛婚姻的史料，這些充滿旖旎浪漫氣息的奇風異俗，往往讓我們現代人覺得好奇、驚訝，甚而有些憧憬；以下就按照滿族、蒙族、回族、藏族、苗傜、僰撣、羅緬的順序，一一加以介紹。

滿族

滿族是定居於東北，以漁獵、遊牧和粗耕維生的邊疆民族。

從歷史上看來，滿族人可分為東胡和肅慎兩大系統；東胡系包括了先秦時的烏桓、兩漢魏晉時的鮮卑、唐末五代以迄北宋時的契丹（遼）；肅慎系則有秦漢時的挹婁、南北朝時的勿吉、唐時的渤海國、五代以迄北宋時的女真（金）和明以後的滿洲人。

烏桓是春秋時代東胡人的後裔，他們以遊牧維生，社會組織有強烈的母系社會遺痕——未婚男女不但是「先上車後補票」，而且是夫到妻家去補。「魏書」烏桓傳上說：「其嫁娶者，皆先私通，或半歲百日，然後遣媒人送馬牛羊以為聘禮；婿隨妻歸，見妻家無尊卑皆拜，而不自拜其父母。為妻家僕役二年，妻家乃厚遣女……。」這是東漢末年時的情形，南北朝時的鮮卑人，婚俗大致與烏桓近似。

唐朝時，在東北建國的渤海國，婦女極善於妒嫉，她們彼此結盟、互相偵察彼此的丈夫有無「感情走私」，一旦男子在外頭有了早妻或午妻，立刻通風報信，大夥兒必聯手把這個「野女人」幹掉。宋人洪皓《松漠記聞》說：「渤海國去燕京女真所都，皆千五百里，以石纍城足，東並海。其王舊以大為姓。右姓曰高、張、楊、竇、烏、李，不過數種，部曲奴婢無姓者，皆從其主。婦人皆悍妬，大氏與他姓相結為十姐妹，迭幾察其夫，不容側室、及他遊。聞則必謀寘（置）毒死其所愛。一夫有所犯，而妻不知覺者，九人則群聚而詬之，爭以忌嫉相誇。故契丹女真諸國皆有女倡，而其良人皆有小婦侍婢，惟渤海無之。」

當渤海國鼎盛時，在她西邊有一支契丹人也逐漸興起。五代十國時，渤海勢衰，契丹就滅了渤海國而囊括東北之地，建立了遼國。

關於契丹人的婚俗，史書中語焉不詳。《遼史》禮志上有一段關於皇室婚禮的記載說：皇帝的婚禮事宜，由皇族中的大禮官（稱「惕隱」）來主持。大婚時，由惕隱率皇族親迎坐在禮車中的皇后來到便殿，再由惕隱之夫人迎皇后下車，負銀罌、捧縢囊、履黃道而行。前一人捧鏡卻行導引，後一人張羊裘蔽日，路上置一馬鞍，皇后跨過馬鞍，而後入神主室，謁拜神主，遂成婚禮。民間是否如此，就不得而知了。

有趣的是契丹人在每年正月十六日，有「放偷」之俗，要偷情的未婚男女，可以在這天公然而合法地偷情。《松漠記聞》上說：「金國治盜甚嚴，每捕獲，論罪外，皆七倍責償，唯正月十六日，則縱偷一日以為戲，妻女寶貨車馬，為人所竊，皆不加刑。……亦有先與室女私約，至期而竊去者，女願留則聽之。自契丹以來皆然，今燕亦如此。」可見放偷是契丹人和女真人共有之習俗。

五代時興起的女真人，其婚俗典雅而別致，有錢人家多半指腹為婚，既有婚約，日後絕不可因貧富美醜而悔約；貧窮人家則任由子女自由戀愛，已屆適婚年齡卻仍無情郎的貧家少女，往往在路上唱歌，自述其身世和求偶之心意，如果男子看中意了，即可將她攜歸，等「生米煮成熟飯」後，再具備禮物往女家求婚。

女真人主張女人在婚前可享有充份的性愛自由，一旦結了婚，有了丈夫，就只能跟丈夫要好，不能夠紅杏出牆。女真人還未崛起茁壯時，大遼帝國的使節來到女真後，每晚都要找女人陪睡，女真人便以未婚少女去接待這些使節，後來一些大遼使節要自己挑，挑到有丈夫的女人去了，女真人大為憤怒，便「揭竿而起」，跟遼國幹了起來，最後竟滅亡了遼國。宋人徐夢華《三朝北盟會編》卷二十說：「（遼）又有使者，號「天使」，佩銀牌，每至其國（女真），必欲薦枕者，（女真）以未出室女侍之。後使者絡繹，恃大國使命，惟擇美好婦人，不問其有夫及閥閱高者，女真浸忿，由是諸部皆怨叛……。」契丹人不重視未婚的處女，卻喜歡有經驗、成熟的婦人。

女真人兼行烝報婚制，父死則子妻其母，兄死則弟妻其嫂，在今人視為亂倫之舉，女真人卻因游牧民族重視人口蕃衍而我行我素。《三朝北盟會編》卷三說：「（女真）父死則妻其母，兄死則妻其嫂，叔伯死則侄亦如之，故無論貴賤，人皆有數妻。」而《金史》卷六十四貞懿皇后傳上也說：「舊俗：婦女寡居，宗族接續之。」可見在女真社會裡，是沒有「寡婦」這種身份的女人的。

如前所述，女真人在正月十六日也有放偷之俗，《松漠記聞》說：「兀室第三子撻撻，……勁勇有智，力兼百人。……正月十六日，挾奴僕十輩入寡嬸家，烝焉。」挑正月十六，正是因為這一天百無禁忌。

遼金時代，東北混同江附近有一個小國叫嘔熱，也屬於滿族之一，國中婦女以能嫁給契丹、女真男子為榮，往往熱情主動地以身相許。《松漠記聞》上說：「嘔熱者，國小，不知其始所居，後為契丹徙置黃龍府南百餘里，曰

晚清時盛裝的滿州貴婦
（侍立者為家僮）

賓州，賓州近混同江，即古之粟末河、黑水也。部落雜處，以其族類之長為千戶統之。契丹女真貴游子弟及富家兒，月夕被酒，則相率攜尊馳馬，戲飲其地。婦女聞其至，多聚觀之，間令侍坐，與之酒即飲，亦有起舞歌謳以侑觴者。醉後相契，調謔往反，即載以歸；不為所顧者，至追逐馬足，不遠數里。其攜去者，父母皆不問，留數歲，有子，始具茶食酒數車歸寧，謂之拜門，因執子婿之禮。其俗謂男女自媒，勝于納幣而婚者。」其實，這不就是今日大行其道的「自由戀愛」嗎！

金國被蒙古人滅亡後，殘存的女真後裔便散居在松花江兩岸；至明初時，又逐漸壯大，稱為滿洲人，最後南下入關，建立了清朝。

清廷很有計劃地把明朝和明朝以前描述滿人生活真貌、有損其威嚴的書籍全銷毀了，所以明朝人、清朝人談滿洲人的書籍，多半是有褒無貶、不得其實。但是從民國以後的一些筆記小說的敘述來看，滿洲人對男女關係並不是看得很嚴重的，像民初燕北老人輯《滿清十三朝宮闈祕史》裡說清太宗后與獵戶王皋、鄧胯子有私，生清世祖（順治帝），清軍入關時，為勸降明將洪承疇，太宗后竟以身許洪，用美人計使洪降清；以國母之尊尚且如此，可見其未被禮教的一斑了。

民初人柴小梵《梵天廬叢錄》卷十四裡，也提到清宮貴婦的淫亂故事說：「某福晉，慶邸之近親也，某王死，福晉寡居無偶，常苦鬱蒸，遂出作汗漫遊，而自以女裝多不便，乃易男子服，薙額髮，結一大辮，不知者以為一翩翩裙屐少年也。積久，醜聲播宮中，慶王適當大權，令禁諸宗人府之高牆。福晉日嬲宗室之在囹圄中者，無分叔姪祖孫輩，一一淫之。慶王聞之，大怒，令除玉牒之名而逐之，福晉既出，益終日與惡少處，三五十人更迭淫之，猶不足，特畜一西洋巨獒……。」

當然，上述記載或許只是特例，不能以偏概全，但是，民初人胡僕安在《中華全國風俗志》下篇卷一〈黑龍江風俗瑣記〉裡，提到當地滿人的風俗時也說：「邊俗不甚別男女，出則同川而浴、居則短垣可逾，一二守禮者，往往為蕩子所指目，百計剔嬲，務即敗行乃已。倡妓之輩，其始流人賤戶，迫於凍餒為之；近則士人亦漸不失自惜，狂夫引邪入室，公然與母、妻雜坐。良家婦女，率好容治豔飾，出入叢祠鬧市間，甚至恣為狎媟，不可問也。」

同書下篇卷一〈滿洲之婚制〉也說：「滿洲地方，血族結婚甚多，致有張張氏、李李氏之笑話，在貧賤婦女中愈多。滿洲住民之族制甚不嚴密，無如他省之有宗祠，又無家譜者甚多，因此不能辨別血統之同否也。」

上述這些零星的記載，或許稍稍透露了一些滿洲人在未接受中原文化薰陶前的性愛婚姻的真貌吧！

蒙族

蒙古人十二世紀崛起於大漠南北（今內外蒙古），在十二世紀以前，這塊地方先後為匈奴、鮮卑、突厥、回紇、契丹各族所佔領，而蒙古人的來源，可能就是這些民族在當地揉合的結果。

蒙古人憑其精湛的騎馬射箭之術，和游牧民族逐水草而居所訓練出來的刻苦耐勞精神，在歐亞草原上建立了空前未有的大帝國。關於蒙古人的婚俗，一般而言是行族外婚姻制，求婚時，男方家長需携子親赴女方，因馬上行國、牧地遼闊，所以求婚時跋涉甚遠、備極辛苦。

等到女方允婚後，男家便以約定的牛羊馬匹送往女家，納采給聘，準新郎留在岳丈家，新郎之家長先回自己家去，等數年之後，始於女家舉行婚禮。這種新郎在婚前到岳家服役的婚俗，跟前述某些滿族人十分近似。

有趣的是在婚禮當天，盛宴賓客後，新娘立即乘昏暗之際騎馬逃匿，必欲新郎馳騎於曠野追獲之後，新娘才是新郎的人。《虜俗記》上說：「（婚）宴畢，諸親友皆已散去，時將昏矣。婦則乘騎避匿於鄰家，婿亦乘騎追之，獲則同返婦家……。倘追至鄰家，婦以羊酒為謝，鄰家乃贈婦以馬，縱之於外，必欲婿從曠野獲之。」所謂「鄰家」可不是中國內地三五步遠的鄰家，在大漠裡，最近的鄰家也有十幾里甚而幾十里路遠，當然得騎馬追了，這種婚俗可見其上古掠奪婚的遺痕。

新郎把新娘從野外「捉」回後，交給其他的婦女，擁入預置的帳幕中，而後相執羊骨，交拜天地，婚禮才告完成。《虜俗記》上說：「婦家預置一帳房，豎其所居之側，如貳室焉……。其（返）至婦家也，諸婦女擁抱推入幕中，婿與婦將羊骨互相捧持，然後交拜天地。」

跟其他民族婚禮不同的是，有些蒙族在洞房花燭夜裡是「休兵」的，婚禮的第二天晚上，才行「周公之禮」。

《中國風情》一書中敘述綏遠省伊克昭盟的婚俗時說：「伊克昭盟為內蒙古西二盟……據傳說：洞房之夜，屋內有鬼，夫婦不能就睡在一起，必須請一位口齒犀利詼諧的老媼，出來關說一番，到第二夜，夫妻才能同床。」這位老媼到底「關說」些什麼？作者雖未說明，猜想不外是插科打諢地告訴新郎新娘一些男女交歡時應該注意的事情吧！

蒙人行一夫多妻制，只要養得活，男人要多少老婆也沒人干涉；宋人彭大雅在描述韃靼人風俗民情的《黑韃事略》一書裡說：「（韃靼）兵數多寡不得知，但一夫而數妻……。」替《黑韃事略》作疏證的宋人徐霆也說：「霆見其俗，一夫有數十妻、或百數妻……。」西人多桑《蒙古史》（馮承鈞譯）上也說：「其人妻妾之數，任其娶取，能贍養若干人，即娶若干人。」這種婚俗在今日看來，恐怕要令不少男人羨慕萬分吧！

蒙人在擇妻時，常是婚寡孕婦皆不拒的，《新元史》后妃傳上說：「太祖禿該妃子與朵列格捏，均為蔑兒乞部長，脫黑脫阿長子忽禿之妻。太祖敗蔑兒乞，擄禿該及朵列格捏，以朵列格捏賜太宗，自納禿該。」多桑《蒙古史》上也說：「成吉思汗一日問那顏不兒古赤，人生何

元世祖忽必烈和皇后徹伯爾的長相妝扮。

者最樂？答曰：春日騎駿馬，拳鷹鶻出獵……，斯為最樂。……汗曰：不然，人生最大之樂，即在勝敵逐敵，奪其所有……納其妻女也。」連皇帝也不在意娶別人的妻女，就更甭說一般蒙古人了。

和女真人一樣，十二、三世紀時的蒙人也行烝報婚制，《新元史》后妃傳上說：「太祖女阿剌海別吉……，始適汪主部長長子不顏昔班，改適其兄子鎮國，再遇趙王孛要合。」孛要合是不顏昔班的幼子，也就是阿剌海別吉的兒子。《馬哥孛羅遊記》上也說：「（韃靼人）父死，可娶其父之妻，惟不取生母耳。娶者為長子，他子則否，兄弟死，亦娶兄弟之妻。」都可以為證。

蒙古人行烝報婚制的原因，當然主要是為了蕃衍子孫，只有男丁眾多，一個國家才能抵禦外來的侵略；在大草原上，隨時都有異族入侵，那些戰死的男子，所留下來的寡婦，就立刻被男子的兄弟或兒子娶走了，這樣才能使所有的蒙古女人都在蕃衍後代。

為了使烝報婚制順利推行，韃靼人還製造了有利的客觀條件，從思想下手。岷峨山人《譯語》說：「胡俗：婦喪夫，其家男子即收為妻妾，父子兄弟不論。他適，則人笑不能贍其婦。」社會風俗嘲笑改嫁外人的寡婦，認為是夫家養不活她才不要她，正助長了烝報婚制的流行。

元朝時的蒙古人還有一種奇特的貞操觀，那就是該族婦女的「性感帶」和「禁地」是那一雙手，她們的渾身上下別人都可以碰，唯獨那一雙手碰不得。明人李詡《戒菴老人漫筆》卷三說：「韃婦至中國，人戲弄其乳則喜，以為是其子也，至隱處亦不為意，惟執其手則怒，謂執手為夫婦，動挾刃刺其人。」這和阿拉伯婦女以面孔為「性感帶」以紗巾蒙住，禁人窺看一樣，有異曲同功之妙。

除了這種視手為禁地的貞操觀外，韃靼人也和其他游牧民族一樣，重視女子婚後的貞操。《黑韃事略》上說：「相與淫奔者，誅其身。」成吉思汗頒布的《大雅薩法典》也說：「第二不要姦淫。」都說明了韃靼人嚴禁婦女在婚後背著丈夫跟野男人通姦苟合。

最後值得一提的是，一夫多妻制的蒙古人以「媳婦充公」來限制夫妻的離婚，以確保人口的正常蕃育。

在《中國民俗搜奇》裡，有一篇民初人蓋青平介紹塞外風光的短文〈媳婦充公〉說：「……伊克昭盟的□□□旗的婚姻，本來是買賣式的，……想娶妻子的人，至少就

▍綏遠河套蒙古男女的妝扮。（廖未林畫）

得要花一百多個白洋（約合法幣一萬幾千元）就成了，如果當丈夫的要嫌自己的『媳婦』不好，把她拋棄，想另外娶一個，經濟上第一個就大感不便。……政府的法律有了『媳婦充公』這一條規定，也許在某種意味上，可以說是限制離婚的一種辦法。如果一對夫婦，他們的感情破裂了，雙方要請求離異的話，只要到旗政府去申請，那是有求必應的。不過，一經離異後，這個媳婦不但與她的丈夫脫離了關係，而且也與她的『娘家』、『婆家』一同脫離了關係，此後她的所有權，完全操在公家了。她歸公後的生活，由公家來養活，養活一天，政府要算她一天的錢；養活一年，政府要算她一年的費。到了某一個時期，旗政府把這個媳婦的年齡、籍貫、姓名、身價標出來，公開的候人來『估標』，誰出的身價多，就歸誰，除了錢外，其他的一切都不管。萬一這個媳婦生得不漂亮，或者她的年齡太大了，一連『出標』好幾次，卻沒有一個人來問津，政府當局又有特別的妙法，他們會把這個『媳婦』送還給她的娘家，而且把她充公時的費用，叫她娘家來償付。」

正因為媳婦充公後，作丈夫的當初結婚時的花費就全部泡了湯，所以蒙古男子對妻子特別好，離婚的事情也不多見，這倒是一個值得令人借鏡的好辦法。

回族

回族的名稱，係淵源於唐代的回紇、回鶻，清朝時稱新疆以南的地方為回部，稱其人曰回民，後乃稱為回族。追溯歷史，秦漢時的匈奴人、南北朝末期以迄唐初的突厥人、唐中葉時的回紇人、宋元明時的畏兀兒（維吾爾）人、清朝的回部都屬於回族。

據說匈奴的前身就是唐虞時中國北境的葷粥、獫狁，當時在蒙古高原上還有許多其他的游牧民族，到了紀元前三世紀時，匈奴人旋風似地興起，在北亞建立了世界史上第一個游牧大帝國。在漢朝初年，匈奴人屢屢南侵，給漢人帶來極大的威脅。

和其他游牧民族一樣，匈奴人也流行烝報婚制，如果父、兄死了，子、弟接收除了生母以外的父兄配偶。西漢元帝時，宮妃王昭君下嫁匈奴王呼韓邪單于，呼韓邪死，子世違繼立，稱復株繁單于。依照胡俗，父死則子妻其母，昭君問世違：「汝為漢為胡？」世違曰：「願為胡。」昭君乃吞藥自殺（一說昭君乃續嫁復株纍單于，並生有二女），這件事也可作為匈奴人行烝報婚制的一個例證。

在烝報婚制外，匈奴人還通行姊妹共嫁一夫的姊妹婚制、一夫多妻制與外婚制，這也是其他游牧民族所共有的婚姻制度。姊妹婚制與一夫多妻制實乃烝報婚制的延長，是基於人口繁殖特殊需要的理由而流行的，這與漢族男子貪圖個人逸樂而納妾，納妾又代表個人財富或社會地位的意義，迥然不同。外婚制與漢族「同姓不婚」的婚姻法相同，但在防止近親結婚所造成的子嗣智力低劣的流弊外，匈奴人還藉外婚制來達成強化氏族間相互援助的效果。

西漢武帝時十餘次北伐匈奴，東漢時又採分化離間的政策，使匈奴人自相殘殺，於是北匈奴西走、南匈奴降漢，漠北等匈奴故地遂為東胡系的鮮卑人（滿族）所佔，及鮮卑族南遷，漠北又為鮮卑及匈奴所遺下的各小支系所分據，到南北朝末期時，匈奴系中突厥人便在漠北崛起，隋唐時，突厥的勢力更盛極一時。突厥的婚俗，大致與匈奴相同。

隋朝時突厥分裂為東西二部，唐玄宗天寶四年，東突厥亡於回紇之手，唐中宗時，西突厥也分裂成許多小國，其中的一支——鐵勒人共分十五個部落，回紇人就是鐵勒十五部之一。

回紇人自唐中葉興起後，據有內蒙之地，後改稱回鶻，唐末時被逐於外蒙，宋時還淹有新疆，元時臣服於韃靼人，改稱畏兀兒（畏吾兒、委兀），歷經明、清以迄今，又演變成維吾爾族，可謂源遠流長。

關於宋朝時回鶻人播遷的情形，宋人洪皓《松漠記聞》上有一段話說：「回鶻自唐末浸微，本朝（宋）盛時，有入居秦川（今陝西、甘肅兩省）為熟戶者。女真破陝，悉徙之燕山（今寧夏省東南）。甘（今甘肅張掖）、涼（今甘肅武威）、瓜（今甘肅安西）、沙（今甘肅敦煌）舊皆有族帳，後悉羈縻（臣伏）于西夏（屬藏族），唯居四郡外地者，頗自為國。」可見宋朝時，回鶻人勢衰，只能在蒙古、新疆等較為荒寒不毛之地建立獨立自主的小國了。

洪皓又在書上談到回鶻的風土民情說：「婦人類男子，白皙著青衣，如中國道服焉，以薄青紗冪首而不見其面。其居秦川時，女未嫁者先與漢人通，有數子，年近三十，始能配其種類。媒妁來議者，父母則曰：『吾女嘗與某人某人呢。』以多為勝，風俗皆然。」

除了回鶻少女不重婚前貞操，並以跟漢人偷情為榮外，回鶻也行烝報婚制；《舊唐書》卷一九五〈迴紇傳〉說：「甯國公主之行也，肅宗念其遠出，封榮王琬女為小甯國公主以媵之。寧國（公主）歸，小甯國（公主）留虜中，歷配英武、英義二可汗，至天親可汗時始居外……。」宋人王溥《唐會要》上也說：「咸安大長公主，本嫁天親可汗，（天親可汗）卒，子忠貞可汗；忠貞可汗卒，子奉誠可汗；奉誠可汗卒，國人立其相，是為懷信可汗；皆從胡法，繼尚（娶）公主。」

元朝時，來華旅遊的義大利人馬可孛羅在其《馬哥孛羅遊記》裡，對新疆一帶回人的性風俗，也頗多記述；如敘述新疆扞彌人說：「人民崇拜摩訶末（穆罕默德），臣服大可汗（蒙古帝國）。……結過婚的男子，因出門旅行不得不離開他的妻，假如在外面需勾留二十天以上，他一出門，他的妻就可另嫁他人。這是他們風俗，所以女子如此並無損節操；而丈夫也是如此，不論走到那裡，皆可另娶一妻。」

同書敘述新疆哈密回民的風俗時說：「哈密在兩沙漠之間，……有外人來家留宿，主人極喜，即命其妻厚待來客，並與該客共度春宵，男主人避往他處，引以為榮。客人居留之久暫，全以客人本身意向為依歸。」

馬哥波羅還說涼州回族婦女有剃去恥毛之習俗：「從甘州起程，東向騎行五日，有國名額珍奴（今涼州）……婦女除頭髮外，其餘全身到處一根毛也沒有；她們顏色非常白，皮膚極好看，四肢勻稱……。」

更為世人所熟知的，則是回族有將男子包皮割除的習俗，稱為「割禮」。

包皮會妨礙男子行房，所以過長者均需切除，回人稱此種手術為「遜乃提」。晚清時，上海刊印的《點石齋畫報》裡，有一則〈冠禮異聞〉說：「……彼（回）族男女，例於成童擇配而後諏吉行冠笄禮，預備羊隻酒殽，讌會親朋，擇其教中之老成人深諳禮制者為之主持。屆期，以車駕迎送新郎新婦到教堂中，男則捧酸柑一枚，端坐堂上，另設一盆，盛沙少許，置於膝下；而主持禮教者，則手執利刃並用禮器如箸子然，夾新郎之陽具而略去皮膜，見血即止，點滴沙盆，眾皆喝采道賀，禮成而退。」

民初學者胡樸安《中華全國風俗志》下篇卷八〈回疆

近人廖未林畫載歌載舞的新疆維吾爾男女

風俗記〉裡，記載的與此稍異：「回男不蓄髮辮、不薙髭鬚，惟剪唇鬚，便於飲食。生子五、六歲，其父母邀請阿渾念經，以刀挑斷勢皮。」

割禮原是件有益無害的禮俗，但是在不行此俗的漢人看來就頗覺可笑了，前引《點石齋畫報》上〈冠禮異聞〉裡就說：「近日小坡王府邊有新郎名烏賓曼者，舉行冠禮，因教牧手法未精，奏刀時用力過猛，誤將新郎之陽具割傷太重，以致鮮血噴注、洶湧如泉，陋俗如是，其亦悔於心乎？」其實，這只能怪操刀者手術不好，怎能怪割禮之俗鄙陋呢？

回人的性風俗，胡樸安在《中華全國風俗志》下篇卷八〈回疆風俗記〉裡還說：「回男……十四、五、六歲，初知人道，即聚群童於樹林中，使觀牝驢交媾。再長，則覓婦女為『朶斯』。『朶斯』者，相交好也。」

關於回民的婚俗，《中國風情》一書裡說：「新疆省之居民以纏回為多……他們的男女擇偶不大講求門第年歲，更不論生辰八字，也不是自由戀愛，概以投標形式，以媒妁為介，誰家出得聘禮重，就嫁給誰，不須相看對方。擇偶的範圍，除同乳兄妹姊弟外，都可論婚；例如堂兄妹、叔姪、舅甥、姑姪等均可嫁娶，甚至同父不同母的兄妹都可以。」

《中華全國風俗志》下篇卷八〈回疆風俗記〉也說：「回俗鰥男寡女，每於齊集摩哈默德墳禮拜之日，以婚姻事叩問阿渾，阿渾翻閱經典，指眾人隊內一人云：此天已配定，勿誤良緣。即將男女頭上小帽互相換戴，雖非甚願，無敢違者，是名『天定』。亦有男女互相慕悅，逕自成婚，託言父母遺囑者，是名『奉遺』。貴族婚姻，必選媒定禮期，以荊芭襯花毯，坐女其上，紅錦蒙頭，舁至壻家，拜翁姑如戚。三日內親戚麕至，曰待喜驗紅。有則設『巴克遜』慶賀。巴克遜者，回釀名，如內地之黃酒。」亦可見回族婚禮形式的不一了。

藏族

西藏之名始於清朝，明稱烏斯藏，元稱吐番或西番，唐宋為吐蕃，在唐以前，中原還不知有西藏這塊地方；所以西藏的興起，是始於唐代的吐蕃。

西藏的歷史雖是始於唐代的吐蕃，但藏族為我國西部

《點石齋畫報》描寫回人割禮的情景

的大族，其民族的活動當然早於唐代，在唐朝以前，我國西部的邊疆民族有西戎、氐、羌各族，藏族即是由這些族系發展而成的。有些史家將藏族分為氐羌系和吐蕃系兩支。

關於西戎、氐、西羌人的婚俗習慣，史籍語焉不詳，像《後漢書》卷八十六〈白馬氐〉卷八十七〈西羌傳〉說：「秦厲公時有羌無弋爰劍者，其子孫畏秦穆公之威，與眾羌絕，各自為種，任隨所之，……其留湟中者為忍及弟舜，並多娶妻婦……。」說羌人無弋爰劍的子孫留在青海東南部湟中的有忍和舜等人，妻妾眾多，但一般羌人是一夫一妻抑或一夫多妻，就沒有詳說了。

漢朝時西域羌人中的黨項支，在宋仁宗明道元年（西元一〇三二）建立了西夏國，西夏建國一百九十六年，佔有今綏遠省南部河套以內，陝西省北部長城以外，寧夏省南部和甘肅省西北之境，後為蒙古成吉思汗所滅。關於西夏人的性愛風俗，在宋人彭大雅撰、徐霆疏記的《黑韃事略》裡，有一段描述說：「霆見王檝云：某向隨成吉思攻西夏，西夏國俗，自其主以下皆敬國師，凡有女子，必先以薦國師，而後敢適人。……國師者，比丘僧也。」這是說西夏人有將處女獻給僧人享受的習俗；西夏僧人這種特權很像蒙古、西藏的喇嘛僧，民初人胡樸安《中華全國風俗志》下篇卷九說：「喇嘛戒律雖嚴，惟高級喇嘛實行之，下級喇嘛則眠娼宿妓，無所不為；名不娶妻，輒多妾媵。……而蒙古婦女又有一種特別迷信，謂與喇嘛私通而生佳兒，故諺有云：石頭砌牆屋不倒，喇嘛入室狗不咬。」看來天下的和尚要算西夏僧和喇嘛僧最幸運了。

唐朝初年，棄宗弄讚以今日的西藏為據點，建立了吐蕃王國，一時武力甚盛，創下了千餘年藏族的歷史。

關於居住在西藏地方的藏人來源，說者不一，西人格桑悅希《西藏紀年史》上的一種說法很有意思：「釋迦牟尼佛圓寂後，觀世音菩薩化身猿猴，降臨西藏，修道於一黑山中。山中有一女魔，化身為一母猿，來向菩薩作種種求愛表示；菩薩卻無動於中，不為所惑。女魔威脅說：汝若不允與我結為夫婦，我將與別一公魔結婚，生出無數小魔，將西藏變為一魔鬼世界，吃盡一切生靈。菩薩聞言，善心發動，便和女魔同居，生子女六人，菩薩以神穀飼其子女，體毛漸脫，長尾漸消，就成了今日藏人的祖先。」這種神魔交媾的思想背景，是西藏佛教變質、出現喇嘛教、膜拜歡喜佛的關鍵性因素。

關於藏民膜拜歡喜佛的情形，《中華全國風俗志》下篇卷十〈藏民之歲時令節〉一文中，也有一段話約略可見一斑：「四月十五日，龍王塘大會。塘在山下，廟在水中，周匝水環，須以舟渡。廟塑神像極多，而正殿旁特塑一大祕戲像，即俗所謂『歡喜佛』；喇嘛云是佛公佛母。四壁四畫亦皆此式，甚為不雅……。」歡喜佛不但有銅塑鍍金者，還有畫在牆上的壁畫，繡畫在絹帛上的絹畫……形式不一，種類極多。

藏人的性愛風俗，古籍中也不乏記載；十二世紀時義大利人馬哥孛羅的《馬哥孛羅遊記》中有一段話說：「從（四川）成都府起行，騎行五日，抵一廣大森林，屬土番州地帶。騎行二十日，不見人煙，二十日後始見城村，當地居民有一奇怪習俗：當地無人娶處女為妻，如女子未經破身而結婚便受人輕視；女子婚前必先與無數男子發生性關係，次數越多則越光榮。當地婦女往往把閨女呈獻到外來旅客的面前，旅客每抵達一村，往往有二三十個老婦攜二三十個閨女同時往獻，旅客可任意挑選，擇一閨女與其共寢，被挑中的閨女輒感到無限光榮。旅客與閨女交歡

藏人膜拜的曼陀羅（哲壇）裡繪有歡喜佛（十八世紀絹畫）。

後，需以小金環或其他禮物相贈，以便女子於結婚時可以出示人前，證明自己已非處女，曾與男子共寢過；贈物愈多則表示新娘愈受人所喜愛。但在結婚之後，夫妻情篤，女子就不再有偷情野合之舉了。」

古代藏民這種婚前野合之俗，在晚近似已不存，而藏民最奇特而膾炙人口的婚俗，就是一妻多夫之制了。

《中國風情》一書裡有一段話說：「藏人尚有一極端特殊的婚姻制度，即所謂一妻多夫制。……西藏之一妻多夫制約可分為兄弟共妻與非兄弟共妻兩式。兄弟共妻者，生育子女，長子或長女為長兄所有，其次育產者行序而分配之；結婚之日，長兄為當然新郎。非兄弟共妻式，則有叔侄共妻者、有朋友鄉鄰共妻者。男子欲娶妻，則先謁女之父母，述己之願望，且為訂約，得許可者始為婿，起臥女家，列為家族制一人。如果其他男子欲分受此豔福，則亦來盟約如前夫，同列於家族為副夫，三四人來皆可如此。諸夫均小心翼翼，謹慎從事，冀求博取其妻歡心，時有因嫉妬而一人獨去者，為數不多。若婦欲擇定一人，則更為盟約，悉禮待他夫退去。他夫入家所攜帶之禮金，受擇定之夫，當加息償還；若女已生兒，則不復為此。」

一妻多夫制盛行於西藏各階層之間，發生這種婚俗的原因有許多種解釋：有謂兄弟共妻可免家產分散，有謂兄弟共妻乃家庭和諧之象徵，也有的人說西藏牧地廣大，需用多數男子來管理，於是一妻多夫制便流行開來。

藏人一妻多夫之制不始於晚近，清人余慶遠《維西見聞記》說：「古宗，即吐番舊民者，……兄弟三四人，共娶一妻；由兄及弟，指各有玦（指環），入房，則繫之門以為誌，不紊不爭。共生子（謂兄弟）三四人仍共妻，至六七人始二妻；或獨妻，則群謂之不友，而女家不許。土官頭目，亦共娶；兄弟之子女，即互配……。」除古宗人外，西康省境內的藏族支系康巴人，也有兄弟共妻的一妻多夫制婚俗。

除一妻多夫制外，藏民也施行一夫一妻制和一夫多妻制，富豪之家常納有二、三妾，大妾且常為妻之姐妹。娶妻時，婚禮頗為舖張，宴請親友之人數常超過三百，均分為二、三十組，每組竟日饗以佳肴。如果要納妾，則婚禮稍減於妻，二妾又減於大妾。

大體上說，平均二十家藏民裡，屬於一夫一妻的有十家，一妻多夫有七家，一夫多妻的有三家。而除了這三

藏族支系康巴人有兄弟共妻之俗（廖未林繪）

種婚俗外，藏民還流行頂妻、讓妻和換妻之俗；《中國風情》說：

> 頂妻：分招婿與招夫兩種，如有女無子，則招婿承宗。招夫，即寡後無子女者，慮其宗祀斷絕，可招一夫承原夫之宗，並襲原夫姓氏。
>
> 讓妻：即將自己之妻轉贈好友，其友則襲用自己的姓名。
>
> 換妻：互換者，為自己之婦久而不孕，必雙方或有一罹病，然其病在男抑在女？為實驗起見，遂與極好之友商定互易妻子，如生子後，除將子女據為己有外，兩婦仍各歸其夫；如互易猶無結果，則永久交換，西藏達官貴人中不乏此例。

藏人婚姻制度不一，更有香豔旖旎、匪夷所思者，難怪西藏要被人稱為「神祕的高原」了。

苗傜

苗傜是泛指今日居住在貴州、廣東、廣西、福建、浙江境內的邊疆民族。

傜人是苗人的分支，而苗人之名，始見於宋朝而習見於元朝，《元史》世祖本紀上有「諸洞苗蠻」、「桑州生苗」諸名，但並非專指今日之苗民而言，到了明朝時，「苗」這個名詞才漸固定而專用，更進而有多種苗之名稱，如「大明會典」、「大明一統志」上所說的「苗族」、「苗人」、「苗蠻」、「東苗」、「西苗」、「紫薑苗」等等。在元明以前，中原漢人稱今之苗人為「蠻」，且各時代也不一樣，像兩宋及唐代稱「峒蠻」、「溪蠻」、「蠻傜」，六朝時稱「荊蠻」、「雍蠻」、「豫州蠻」、「五溪蠻」，兩漢時稱「南蠻」、「五陵蠻」、「長沙蠻」、「黔中蠻」，周朝時則概稱「蠻荊」。

苗人的老家在長江上游的鴉礱江、岷江、嘉陵江和巴江諸流域，在周朝以前，因羌人自西北遷來此一地區，苗人受到壓迫而由四川遷到洞庭湖流域，這就是秦漢時的武陵蠻。

唐朝時，漢人已注意到洞庭湖地區的開發，居住在湖南五溪的苗蠻便從南往西移，移入貴州者，後世通稱為苗人，移入廣西、廣東的，則稱為傜人，由兩廣再遷入福建

清乾隆時《皇清職貢圖》裡所描繪藏族的男女

《苗蠻圖冊》描寫狳家苗婚前自由戀愛情景

浙江的，則稱為畬民；上述苗人大多陸居，此一區域內水居的苗人則稱為蜑民。以下就分述苗、傜、畬、蜑這四支民族在性愛婚姻方面的習俗。

苗族聚居在湖南西部和貴州東半部的山間，各崇山峻嶺間的氣候、土壤、雨量、水源都不一致，散居其間的苗人生活習慣、風土民情也就稍有歧異；漢人又按居住地區把這些苗人細分為花苗、紅苗、白苗、青苗、黑苗、東苗、西苗、夭苗、獚苗等數十個部落。苗人大多施行自由戀愛，在婚前享有充份的性自由，結婚後還分居，直到懷孕生子，新娘才住到夫家來。

清朝時旗人納蘭常安在「宦遊筆記」卷三十八裡說：「西苗在（貴州）平越及清平所屬，有謝、馬、何、羅、盧、雷等姓，衣尚青，男以青布纏頭、白布裹腿，婦人挽髮盤頭，籠以木梳。娶婦分牀異寢，必私通孕育後乃同室。」

清人「苗蠻圖冊」裡，也圖文並茂地說：「西苗有馬、謝、羅、何等姓，在貴陽平越，娶婦異寢，育後方歸……。」同書還說：「夭苗又名夭家，在平越直隸州，多姬姓……，女子及笄，造竹樓野處，未婚男子吹笙誘

清刊《苗蠻圖冊》裡的西苗婚禮圖

之……。」「狑家苗在荔波縣……男女俱用藍布花蒙首，未婚帕稍長。仲冬，男女相聚歌，情洽者約而奔之，後用媒妁，生子方歸，名曰『回親』，未生子，終不成家。」「八寨黑苗在都匀府……，女子於曠野之處起屋，名曰『馬郎房』。未婚男女相聚歡者，以牛酒致聘，出嫁三日即歸，周年後，舅氏向婿索其頭錢，名曰『鬼頭錢』。」「西溪苗在天柱縣，女穿花邊裙，未婚男子携笙、女子携鰪，相聚戲謔歌舞，隨而奔之，生子後，方過聘。」

苗人最膾炙人口的就是「跳月」之俗了，這是苗族未婚男女擇偶的狂歡舞會；清康熙間陸次雲《峒谿纖志》裡，有一篇〈跳月記〉，形容苗人跳月之俗說：「苗人之婚禮曰『跳月』，跳月者，及春月而跳舞求偶也。載陽展候，杏花柳稊，庶蟄蠕蠕，箐處穴居者蒸然蠢動；其父母各率子女，擇佳地而為跳月之會。父母群處於平原之上，……原之下：男則椎髻當前，纏以苗帨，襖不迨腰，褌不迨膝，褌襖之際，錦帶束焉，植雞羽于髻顛，飄飄然當風而顫；執蘆笙，笙六管、長二尺……。女亦植雞羽於髻如男，尺簪寸環，衫襟袖領，悉錦為緣……，聯珠以為纓，珠纍纍擾兩鬢；綴貝以為絡，貝搖搖翻兩肩。裙細褶

廖未林畫歌舞跳月的苗族男女。

如蝶版，……裙衫之際，亦錦帶束焉，執綉籠，編竹為之，飾以繪，即綵毬是焉；而妍與媸雜然於其中矣。「女並執籠，未歌也，原上者與之歌而無不歌；男並執笙，未吹也，原上者語以吹而無不吹。其歌哀豔，每盡一韻三疊，曼音以繚繞之；而笙節參差，與為縹緲而相赴，吹且歌；手則翔矣、足則揚矣，睞轉肢迴、首旋神蕩矣。初則欲接還離，少且酣飛暢舞，交馳迅逐矣。是時也；有男近女而女去之者，有女近男而男去之者；有數女爭近一男而男不知所擇者，有數男競近一女而女不知所避者；有相近復捨、相捨仍相盼者；目許心成、籠來笙往，忽然挽結。於是妍者負妍者，媸者負媸者，媸與媸不為人負，不得已而復相負者……，彼負而去矣，渡澗越溪，選幽而合，解錦帶而互繫焉，相攜以還於跳月之所，各隨父母以還，而後議聘……。」跳月也稱「跳花」或「跳馬郎」，花前月下的歌舞求合即稱「跳月」、「跳花」，在馬郎房前的歌舞求合即稱「跳馬郎」，這種自由戀愛遍行於苗人和傜人各部落之間。

散居於廣西東部、廣東北部和湖南南部的傜人，其性愛婚姻之俗大致與苗人相同，民初小橫香室主人《清代述異》卷上說：「粵西土民及滇黔苗猓風俗……每春月趁墟唱歌。……當墟場唱歌時，諸婦女雜坐，凡遊客素不相識者，皆可與之嘲弄，甚而相偎抱亦所不禁，並有夫妻同在墟場，夫見其妻為人所調笑，不嗔而反喜者，謂妻美能使人悅也，否則或歸而相詬焉……。」

除了跳月時妻子可任人調戲外，明人王脩在《君子堂日詢手鏡》裡還形容橫州（廣西南寧）的傜民說：「（橫州）有一種人，名曰『山子』，即夷獠之屬……。其俗語音與華不同，男婦皆徒跣短裳，婦人以他髮雜己髮，盤髻作大堆，重可數斤，上覆青布，簪大頭銀剜耳，至百餘，耳綴數鬟；男子花青布裹頭，亦以耕織為生。……其夫妻未嘗同宿，但於晴晝牽臂入山，擇僻處盡一日之樂。既入，則於路口插松竹以斷來者，謂之『插青』，見者即返。或誤入，則加以刀弩，死且不顧。」夫妻不同床而宿，想要時才擇地野合，倒也能保持彼此間的新鮮感。

明人王臨亨《粵劍編》卷二則說：「端州（今廣東高要縣）深山中，婦人悉裸體浴溪中，見人僅掩其乳，了不為異，不知者見而哂之，則詬詈相隨矣；大抵皆猺民也。」晚清人朱翊清《埋憂集》裡有一則〈夷俗〉也說：

「粵西猺獞山居者，婦人四月即入水浴，至九月方止。男女時亦相雜，或觸其私不忌，惟觸其乳，則怒相擊殺，以為此乃婦道所分，故極重之。」婦人重視乳房尤甚於私處的貞操觀，和前述韃靼婦女只重視雙手，有異曲同功之妙。

畲民又稱余民、社民，散居閩、浙兩省，在福建境內，以建寧府、汀州府屬的山區為最多，在浙江省境內，以處州府、溫州府屬的山區為多。

畲民普通採一夫一妻制，雖然婚嫁之權操於父母，但青年男女大多自由戀愛，惟不和漢人通婚。婚娶時，由新郎親自到女方家迎親，岳家以酒飯款待；但就席時，桌上卻空無一物，必須新郎一一指名而歌，如要碗則唱「碗歌」、要筷則唱「筷歌」、要酒則唱「酒歌」，司廚隨即和歌而將所要之物奉上，稱為「調新郎」。席罷，新郎新娘交拜成禮，並懸一狗頭人身的祖像（代表始祖槃瓠）於堂上，大家圍拜而歌，婚禮便告結束。而後新郎攜新娘告辭岳家，各人手執雨傘一把，斜撐而遮住半邊身子，一邊走一邊合唱結婚歌徒步回家；婚禮簡單而富情趣。

畲民很重貞操，如果男女在外野合而被人發現，則男人的衣褲定會被人強行剝光，女人的首飾也會全被人摘走，甚而全村的人會起來將他們驅逐，但畲人潔身自好，這種事例很少發生。

蜑人也稱「蛋戶」，他們原亦陸居，宋朝以後才游居水上，以艇為家；宋人周去非《嶺外代答》有一則〈蜒蠻〉描寫蛋戶的水上生涯說：「以舟為室，視水如陸，浮生江海者，蜒也，欽（州）之蜒有三：一為魚蜒，善舉網垂綸；二為蠔蜒，善沒海取蠔；三為木蜒，善伐山取材。凡蜒極貧，衣皆鶉結，得掬米，妻子共之。夫婦居短篷之下，生子乃猥多；一舟不下十子，兒自能孩，其母以軟帛束之背上，蕩槳自如；兒能匍匐，則以長繩繫其腰，於繩末繫短木焉，兒忽墜水，則緣繩汲出之；兒學行，往來篷脊，殊不驚也；能行則已能浮沒。蜒舟泊岸，群兒聚戲沙中，冬夏身無一縷，真類獺……。」

關於蜑人的性愛生活，清初人李調元《粵東筆記》卷一〈粵俗好歌〉說：「蛋女子蕩恣，如吳下唱楊花者，曰綰髻。有謠曰：清河綰髻春意鬧，三十不嫁隨意樂；江行水宿寄此生，搖櫓唱歌槳過滘。」滘讀如叫，是水匯合相通之處，亦可見蜑民風流之一斑了。

廖未林畫歌舞跳月的苗族男女

僰撣族系

僰撣族系的邊疆民族，其遠古祖先是西南夷族群中的濮人；濮人見載於《左傳》文公十六年：「楚大飢，庸人（南蠻國名）率群蠻以叛楚，僰人（西南蠻國名）率百濮聚於選（楚地名），將伐楚。」註：「百濮，夷也。」疏：「建寧郡（今雲南省境）南有濮夷，無君長總統，各以邑落自聚，故稱百濮。」濮人經過世代的種族融合後，後世稱為僰（音僕）人。撣（音泰）則是住在中國境外中南半島（泰國、寮國、柬埔寨、越南西部、緬甸東部）、印度東北部、婆羅洲等地的僰人。僰人的老家在雲南，他們曾兩次大規模從雲南移往中南半島等地，一次是西元七世紀中葉，當南詔（屬羅緬族系）稱盛時，另一次則在西元十三世紀中葉，蒙古人進軍雲南時，受壓迫的僰人遂移殖中南半島等地。

僰撣族系雖住在我國西南邊山區地帶，但卻大多住在山谷中的盆地，或水邊的平原地帶，僰字從棘從人，便是卑居棘下的意思，明人謝肇淛《滇略》上也說：「僰性柔

西溪苗男女自由戀愛，生子方行婚禮。（《苗蠻圖冊》）

弱，耐濕，好居卑。」僰撣族系之人，見載於我國古籍的有犵狫、峒人、黎人、擺夷、獞人、木老等等；他們在性愛婚姻方面的習俗，今略述於下。

犵狫　犵狫的祖先是南北朝時的獠人，唐時稱葛獠，宋以後始稱犵狫或犵獠。犵狫分佈的地區遍及貴州省西半部的安順、普定、織金、郎岱、鑪山等縣，湖南省西部之乾城、古丈、瀘溪等縣，廣西省北部、西北部之三江、上思、西隆、西林等縣；因為與漢人混處，至今大多已漢化，真正原始的犵狫人只剩下兩三萬而已。

古代犵狫人流行掠奪婚，宋人陸游《老學庵筆記》卷四說：「辰、沅、靖州（均在今湖南境內）蠻，有犵羚、有犵獠、有犵獚、有山猺，俗亦土著，外愚內黠，皆焚山而耕，食不足，則獵野獸，至燒龜蛇啖之。……男未娶者，以金雞羽插髻；女未嫁者，以海螺為數珠掛頸上。嫁娶先密約，乃伺女於路，劫縛以歸。亦忿爭叫號求救，其實皆偽也。」新郎把新娘搶回家，等她有了身孕，生下兒女後，才一起回岳父家補行婚禮：「生子，乃持牛酒拜女父母；初亦佯怒卻之，鄰里共勸，乃受。飲酒以鼻，一飲至數升，名鈎藤酒；不知何物。醉則男女聚而蹈歌。」

陸游還說犵狫山歌曼妙動聽，有一首翻譯成漢語是：「小娘子，葉底花，無事出來吃盞茶。」一語雙關而質樸可聽。

犵狫在明朝時分為五支，田汝成《炎徼紀聞》說：「犵狫，蠻族名，今廣西、湖南、貴州等處有之。其種有五：一曰花犵狫，……二曰紅犵狫，……三曰打牙犵狫，……四曰翦頭犵狫，……五曰猪屎犵狫……。」清朝時，除了上述五支外，又多了鍋圈犵狫、披袍犵狫和水犵狫（見清人李宗昉《黔記》）。這些犵狫在清人《苗蠻圖冊》裡，也多有記述；如說：「打牙犵狫，在黔西平越，女將嫁，先折去門牙二齒，俗言恐傷夫家⋯⋯。」「水犵狫在施秉、餘慶之間，善捕魚……，婚喪如苗俗。」「花犵狫……在鎮遠、施秉、石阡、龍泉、平越、黃平等處，男子懶耕好獵⋯⋯。」

峒人　峒人也稱狪人、洞人、峒家，峒人自稱為「老漢人」，因為他們的祖先原是中原的漢人，被苗人脅同南遷，才移居至今日湖南、貴州、廣西二省的交界地區；人數約五十萬以上。他們刀耕火種，並以打獵伐木維生；性多猜忌，出入夫婦必偶，挾鏢鎗弩箭不離手。

廖末林筆下的水擺夷少女

峒人有個奇特的風俗，那就是作丈夫的常把妻子陪嫁過來的婢女殺了，以給妻子一個「下馬威」。宋人周去非《嶺外代答》說：「邕州諸溪，峒相為婚姻，峒官多姓黃，悉同姓婚也。其婚嫁也，唯以粗豪痛擾為尚。送定禮儀多至千人，金銀幣帛固無，而酒酢為多，然其費亦云甚矣。壻來就親女家，於所居五里之外，結草屋百餘間與居，謂之『入寮』。壻家以鼓樂送壻入寮，女家亦以鼓樂送女往寮。女之婢妾百餘，壻之僕從至數百人。結婚之夕，男女家各盛兵為備，少有所爭，則兵刃交接。成婚之後，壻常袖刀而行；妻之婢少迕其意，即手殺之，謂之『逞英雄』；入寮半年，而後婦歸夫家；夫自入寮以來，必殺婢數十，而後妻黨畏之，否則以為懦。」這是指作官的峒人，一般的峒民當然沒有這種「排場」。

黎人　黎人即東漢之里蠻、隋唐時的俚，到宋朝時才稱作「黎」，黎人聚居於海南島，島中心的黎母山，傳即黎人之發源地；海南島共十六個縣，只有文昌縣沒有黎人，其餘十五縣共住了四十萬左右的黎人。居住在深山裡的稱「生黎」，狩獵維生；住在靠近山麓和平地的稱「熟黎」，多已開化，以農耕維生，婦女則桑蠶紡織，與漢人無異。

黎人男子不紋身，女子在出嫁時有繡面之俗；宋人范成大《桂海虞衡志》說：「黎，海南四郡、隖上蠻也。隖直雷州，由徐聞渡半日至。隖之中有黎母山。諸蠻環居四旁，號『黎人』……蠻皆椎髻跣足、插銀銅錫釵，婦人加銅環耳墜垂肩。女及笄，即黥頰為細花紋，謂之『繡面』。女既黥，集親客相慶賀……。」

黎女在出嫁時要繡面，但婚禮前他們早就偷嚐禁果了。清人袁枚《新齊諧》說：「黎民婚嫁不用輿馬，吉日，新郎以紅布一疋，往岳家裹新婦，負背上而歸。其俗，未成親之先，壻私至翁家，要其妻苟合，謂之『進舍』。若能生子而後負婦者，則群以為榮，鄰里交賀，各以白紙封番錢幾元，至其門首拋竹筐中，其主人以大甕貯酒，陳於門前，甕內插細竹筩數條，賀客至，各伏筩甕而飲，飲畢，又無迎送拜跪之禮……。」黎人這種婚禮，不正和今日所流行的婚禮大同小異嗎！

木老　舊稱猲狫，散居於廣西北部的南丹、河池，貴州中南部的貴定、都勻等縣，人數約兩萬多人。木老人以善製鐵刀而著稱，在婚俗方面，有夫妻分房而睡，婦女生

居住水邊，自由戀愛的水擺夷（廖末林畫）

子後始同床之習俗；清人納蘭常安「宦遊筆記」卷三十八「木老」說：「木老所在多有，王、黎、金、文等姓，在貴定黔西者，娶婦異寢；生育後乃同室……。」

僮人　舊作「獞」（音撞），訛作「僮」（音童）。僮人是邊疆地區各民族中人數最多的一支，約在五百萬左右，散佈於廣西省全境、廣東北部和貴州南部。

僮人的漢化程度頗深，清朝時，僮人除了「欄居」外，幾乎已經跟漢人無異了；清初李調元《粵東筆記》卷七說：「獞惟粵西多有之，自荔浦至平南，獞與民雜居不可辨，大抵屋居者民、欄居者獞。欄架木為之，上以棲人，下以棲群畜，名『欄房』，亦曰『高欄』、『麻欄子』……。」

獞人的婚俗大體與木老相同，《粵東筆記》卷七說：「獞女相娶日，其女即還母家，與鄰女作處，間與其夫野合。既有身，乃潛告其夫，作欄以待，生子後始稱為婦。」這種習慣和福建兩廣漢族婦女的「金蘭會」、「不落家」頗有近似之處。

獞人沒有貞操觀念，《粵東筆記》卷七說：「獞婦女無人與狎，則其夫必怒而去之。」如果妻子沒有別的男

新娘臨嫁去齒的打牙犵犵（《苗蠻圖冊》）

人欣賞、沒有別的男人吃豆腐，作丈夫的就感到顏面無光，怒火中燒而把她給休了，這樣的觀念真是跟漢人大異其趣。

擺夷　一作伯彝，他們自稱為「泰」，因此又有「泰族」的別稱。擺夷屬於古代哀牢夷的後裔，史籍中也稱之為「玀夷」；今日擺夷分佈於雲南西南部的瀾滄江、李仙江、元江、瑞麗江、大金沙江各流域，車里、佛海、思茅、鎮沅、景谷、普洱、保山等縣皆屬擺夷居地。世俗常以其居地地勢區別，稱山居者為「漢擺夷」或「旱擺夷」、傍水而居的為「水擺夷」，此外更有從粧飾來區分的「花腰擺夷」等等，擺夷人口約在四十萬以上，其中水擺夷超過一半。

擺夷男女大多早婚，十五六歲即已成家，既無父母之命，也不必媒妁之言，只要男歡女愛，即可結婚。但婚後男子多半住到女家，只有獨生子才不入贅。結婚以後，擺夷女子勤勞操作，田務家務一身任之，男子反成了坐食的閒人。

擺夷以清明節過後第十天為「歲朝」（元旦），在這一天早上沐浴更衣，到佛寺中「賧佛」（以財物獻佛），婦女則各自挑水一擔，向佛像傾潑，由寺中和尚將佛像抹淨。浴佛後，男女互以水相澆，表示祝福，所以這天也叫「潑水節」。在相互灑水之際，大多盡情任意，寓謔于戲，頗多由此而結成夫婦的，說他們是「戲水鴛鴦」亦不為過吧！

羅緬族系

羅緬族系的稱號，是羅羅族群與緬甸族群的合稱，也有人從該族系的語言系統來稱她為羅麼族系，或藏緬族系。屬於羅羅族群的有羅羅、和泥、阿卡、栗粟，屬於緬甸族群的有山頭、阿繫、喇傒、馬喇、阿昌，此外，如麼些、怒子、俅子等族支，也被列入羅緬族系。羅緬族系並非一單純「血緣」的匯合集體的稱謂，地緣的關係與文化（語言）的因素實兼而有之，因此羅緬族系比他族系更為複雜。

羅緬族系的總人口約為兩百七、八十萬人，居住在雲嶺、怒山、高黎貢山、野人山、大雪山、峨嵋山、大涼山等深山峻嶺的山嶽地帶，以大涼山為其主要聚居地區。這

廖未林筆下的窩泥族男女

些山大多在五、六千公尺以上，所以羅緬人是真正名副其實的「高山族」。

羅緬人大多以耕種維生而輔以牧、獵，在高山上種植黍稷、包穀、薯芋，這些植物也是羅緬人的主食。他們所住的深山峻嶺中，雖蘊藏著極為豐富的礦產、生長著極為珍貴的藥材，但是受到交通的限制，羅緬人並未能加以開發利用，因此他們仍停滯在自給難足的處境中。以下略述羅緬族系中羅羅、栗粟、和泥、阿卡人的性愛風俗。

羅羅 古籍中作「猓猓」、「倮倮」、「猓玀」或「玀玀」，他們主要分佈在川、康兩省間的大涼山區，前人所通稱的「涼山夷」，便是指住在此區的羅羅族群。在西康省種內的羅羅人約有七、八十萬，在雲南省境內的約七十萬，四川、貴州兩省較少，廣西更少。

羅羅社會階級很嚴，有「烏貴白賤」之分，黑羅羅是羅羅本支，白羅羅則是擄自外族之人，尤以漢人為多。白羅羅又分二娃子與三娃子，二娃子可算是自由人，但得聽命於原主人，並附屬於其原主人的社區，由原主人授以居室及土地，三娃子則全屬奴隸，可由主人任意買賣或贈送。

關於羅羅人的婚俗，元人李京《雲南志略》上有一段話說：「羅羅即烏蠻也，……夫婦之禮，晝不相見，夜同寢。……嫁娶尚舅家，無可匹者，方許別娶。……凡娶婦，必先與大奚婆（男巫）通，次則諸房昆弟皆舞之，謂之『和睦』，後方與其夫成婚；昆弟有一人不如此者，則為不義，反相為惡。」羅羅人「夫婦之禮，晝不相見，夜同寢」，其實正是今日工商業社會大多數夫妻日常生活的寫照；而新娘在婚前得把處女膜獻給男巫，在同時代的地緣關係上，讓人想起元人周達觀「真臘風土記」裡「室女」一則所述的高棉（柬埔寨）土人舊俗：「人家養女，……富室之女，自七歲至九歲；至貧之家，則止於十一歲，必命僧道去其童身，名曰『陣毯』……。」

《雲南志略》裡還說羅羅土官之妻子稱「耐德」，只有耐德所生之子可以繼承父親的官位，如果耐德之子早夭，則耐德替亡子娶妻（冥婚），所娶入門新娘任人苟合，生子則入嗣正統。如果土官無嗣或有子年幼，則他死後由妻女繼位，繼位的耐德沒有女侍，身旁有十幾個男子侍奉她，也都跟她發生關係。這種辦法和唐后武則天如出一轍，真是確實做到了「男女平等」。

清人納蘭常安《宦遊筆記》卷三十八〈黑玀玀〉一則也說：「玀玀本盧鹿，訛為今稱，大定有黑、白二種，黑者為大姓，深目長身、黑面白齒、鈎鼻、薙髭而留髯，名『烏蠻』。……男子以青布纏頭，籠髮其中，而束於額、若角狀，短衣大袖、繫藍裙。女人辮髮，亦用青布纏首，多帶銀，梅花貼額，耳戴大環、垂至項，拖長裙三十餘幅，悉報旁通，靦不恧也，惟不與下姓結婚。正妻曰『耐德』，非耐德所生，不得繼立，嗣子幼，不能主事。耐德即為女官……。」

羅羅人行掠奪婚，女人在懷孕前也不守貞操；清初人劉獻廷《廣陽雜記》卷一說：「倮倮娶婦，則請兵于官以劫之，婦家亦以兵守；劫歸未合，婦輒逃去，入深山中，與私男子野合。有孕而後迎婦，所歡曰『馬郎』，歸夫家，永與馬郎斷絕矣。」民初人胡樸安《中華民國風俗志》下篇卷十裡，也形容「猓猓之婚俗」說「猓猓……至婚期，婦家偏招親族知己，行離別之式，俟親族畢至，侍婢悲歌一曲……，既而新郎之兄弟親戚等，來迎新婦。新郎負新婦於背，使之乘馬，疾馳至家，最貴神速。自旁人觀之，殊形粗暴，然為之不如此，終不能迎娶；蓋是日婦家親族侍婢等，悉持棍棒，以拒迎娶者，男家親族等亦防之；至於撒麵粉木灰，所以表親迎者敢於前進之意。雖擁新婦，一有疎虞，輒被毆擊……。」掠奪婚是遠古時流行的婚姻形式，只有在崇山僻壤間的倮倮人，乃能保存到晚近。

羅羅人婚前採行自由戀愛，唐人樊綽「蠻書」說：「（倮倮）俗法，處子孀婦，出入不禁，少年子弟暮夜遊行，閭巷吹壺盧笙或吹樹葉，聲韻之中皆寄情言，用相呼召。」則又充滿了無限浪漫的情調，比今日自由戀愛的青年男女，可是羅曼蒂克多了。

栗粟　舊作⿰犭栗⿰犭栗，也作來蘇、黎蘇、力些，即唐朝時的「栗粟蠻」。栗粟性勇猛，人口約二十五萬以上，散佈于雲南迤西沿瀾滄江、怒江、恩梅開江等流域之瀘水、碧江、福貢、貢山等縣，西康東南境與雲南接壤的地區也有少數栗粟人。他們以遊耕為主要生計，兼事牧、獵、漁。

栗粟青年男女也行自由戀愛，並且是少女就男子而私奔，等懷孕生子後，男子方以牛為聘，至女家請吉期行婚禮。

和泥　一作窩泥、哈尼、俄尼、阿尼、斡泥或倭泥，皆為同音譯轉，唐朝時屬於南詔之「強現蠻」部。和泥人約三十萬左右，分黑和泥、白和泥，散居於雲南南端毗近越南邊境之地。

和泥男子剪髮齊眉，衣不掩脛，環耳、赤足。婦女穿花布衫，紅、黑布裙，頸圍石珠圈，以紅白錦帶纏髮，辮結數綹，盤旋成螺髻。已婚婦女則以籐圈束膝下為別。和泥人秉持漢人「不孝有三，無後為大」的觀念，如果結婚後好幾年，婦女還沒生男孩，男子可以出妻。

阿卡 也稱阿戞，「卡」是擺夷所加予的稱號，意為「蠻子」或「賊民」。阿卡人數約兩萬左右，散佈於和泥與擺夷居地之間的深山裡。

阿卡人男子剃髮，頭頂蓄小髮辮，年輕時則在頸間圍銀質大項圈，直到當了父親時才卸去。婦女上身穿青黑色短褂，露出性感的肚臍眼來；下身穿褶裙，長齊膝蓋，膝以下紮綁腿，頭戴綴滿野珠串的竹帽，頸項間也圍有珠圈。

阿卡人喜樓居，住屋用木架支起，竹編草蓋成樓房，下層無牆，為養豬、飼雞和儲藏木柴的處所；緣梯而上才是住屋。在每一家住屋前，另有一座小小的竹樓，室內竹編的地板，光滑清潔，內中徒有四壁，空無一物，是專供阿卡人性交用的「性房」。

原來阿卡人是男女分居的，就是夫婦也不能同住一室。阿卡的樓房全屬長方形，中隔半壁，分成前後兩室，夜裡不分老幼，悉依男女分宿、男宿外間、女宿裡間的禮法，不得紊亂。如果丈夫想找太太親熱一番，他就起床到裡間去，把她輕輕推醒，她就會乖乖跟著丈夫到「性房」裡去，然後再各自回窩睡覺。如果夫妻倆來到性房，發現性房裡已經有人捷足先登了，那他們也會耐心地蹲在梯子旁邊，吸著旱煙，等屋裡的人辦完事下樓，空出性房來。屋裡的人走下來，他們走上，雙方都不用打招呼，也不用不好意思，那怕下來的是父母或兒媳，都不必臉紅或迴避；因為男女性愛是阿卡人心目中最正當、最神聖的一件事。他們上性房就跟上餐廳一樣，父母兒女在餐廳門口碰面了，有什麼好臉紅的？

雖然丈夫主動找妻子去性房、或妻子主動找丈夫去性房都無所謂，但阿卡人的性愛也不是「百無禁忌」的，如果夫妻倆同時都想要，一起下床來而在走道上相遇的話，那麼這場「雲雨」就得取消；阿卡人心想：「奇怪！我想要，他也想要，天下那裡有這麼巧的事？這裡頭一定有鬼，還是改期吧，可別上了鬼當。」夫妻倆有一方想要，另一方絕對沒有拒絕的權利；兩人同時想要卻得懸崖勒馬、另擇佳期，這對漢人來說恐怕是件很不可思議的事吧！

新銳藝術16　PE0081

新銳文創
INDEPENDENT & UNIQUE

色
——中國古代情色文學和春宮祕戲圖

作　　者	殷登國
責任編輯	蔡曉雯
校　　對	殷登國
圖文排版	楊家齊
封面設計	王嵩賀

出版策劃	新銳文創
發 行 人	宋政坤
法律顧問	毛國樑　律師
製作發行	秀威資訊科技股份有限公司 114 台北市內湖區瑞光路76巷65號1樓 電話：+886-2-2796-3638　傳真：+886-2-2796-1377 服務信箱：service@showwe.com.tw http://www.showwe.com.tw
郵政劃撥	19563868　戶名：秀威資訊科技股份有限公司
展售門市	國家書店【松江門市】 104 台北市中山區松江路209號1樓 電話：+886-2-2518-0207　傳真：+886-2-2518-0778
網路訂購	秀威網路書店：http://www.bodbooks.com.tw 國家網路書店：http://www.govbooks.com.tw

出版日期	2015年6月　BOD一版
定　　價	1000元

Printed in Taiwan

國家圖書館出版品預行編目

色：中國古代情色文學和春宮祕戲圖 / 殷登國著.
-- 一版. -- 臺北市：新銳文創, 2015.06
面； 公分. -- (新銳藝術16 ; PE0081)
BOD版
ISBN 978-986-5716-60-8(精裝)

1. 情色文學 2. 情色藝術

544.79 104005325

讀者回函卡

感謝您購買本書，為提升服務品質，請填妥以下資料，將讀者回函卡直接寄回或傳真本公司，收到您的寶貴意見後，我們會收藏記錄及檢討，謝謝！如您需要了解本公司最新出版書目、購書優惠或企劃活動，歡迎您上網查詢或下載相關資料：http:// www.showwe.com.tw

您購買的書名：______________________________

出生日期：________年________月________日

學歷：□高中（含）以下　□大專　□研究所（含）以上

職業：□製造業　□金融業　□資訊業　□軍警　□傳播業　□自由業

□服務業　□公務員　□教職　□學生　□家管　□其它_____

購書地點：□網路書店　□實體書店　□書展　□郵購　□贈閱　□其他

您從何得知本書的消息？

□網路書店　□實體書店　□網路搜尋　□電子報　□書訊　□雜誌

□傳播媒體　□親友推薦　□網站推薦　□部落格　□其他__________

您對本書的評價：（請填代號　1.非常滿意　2.滿意　3.尚可　4.再改進）

封面設計____　版面編排____　內容____　文／譯筆____　價格____

讀完書後您覺得：

□很有收穫　□有收穫　□收穫不多　□沒收穫

對我們的建議：______________________________

____

____

____

請貼
郵票

11466
台北市內湖區瑞光路 76 巷 65 號 1 樓
秀威資訊科技股份有限公司 收
BOD 數位出版事業部

(請沿線對折寄回，謝謝！)

姓　名：＿＿＿＿＿＿＿＿　年齡：＿＿＿＿　性別：□女　□男

郵遞區號：□□□□□

地　址：＿＿＿＿＿＿＿＿＿＿＿＿＿＿＿＿

聯絡電話：(日)＿＿＿＿＿＿＿＿(夜)＿＿＿＿＿＿＿＿

E-mail：＿＿＿＿＿＿＿＿＿＿＿＿＿＿＿＿